プラグマティズムの歩き方

上巻

——21世紀のためのアメリカ哲学案内——

著者　シェリル・ミサック
訳者　加藤隆文

現代プラグマティズム叢書

勁草書房

The American Pragmatists by Cheryl Misak

日本語版に寄せて

拙著 *The American Pragmatists* が日本語に翻訳されることを、嬉しく思います。そして将来、日本の研究者たちと交流することを楽しみにしています。

本書の締めくくりにおいて私は、未来のプラグマティズム、つまりサイモン・ブラックバーン（Simon Blackburn）、ロバート・ブランダム（Robert Brandom）、ヒュー・プライス（Huw Price）などの面々によって打ち出されている新しい種類のプラグマティズムに首肯しています。本書が出版された二〇一三年以来、私は時代を遡って、ブラックバーンとプライスの両名が着想源とした、とある先駆的な自然主義のプラグマティストと向き合ってきました。それは、分析哲学史上で最も優れた思想家の一人、フランク・ラムジー（Frank Ramsey）です。この、ケンブリッジ大学の哲学者であり、数学者であり、経済学者であり、現代の決定理論の創設者である人物は、ちょうど学士号を取得したばかりであった一九二三年に、C・S・パースから甚大な影響を受けました。一九二六年から彼は、信念とは行為の習慣であり、そういうものとして評価されるのだというパースの考えに基づいて、とびきりに洗練された種類のプラグマティズムを展開しました。現代のプラグマティスト全員にお勧めしたいのですが、ぜひともラムジーの仕事を再検討し、彼の有望な立場に気づいて下さい。彼の仕事はその大部分が誤解されてきました。その大きな原因として、一九三〇年にラムジーが二十六歳の若さで悲劇的な死を遂げてしまったことがあります。もし読者が〔ラムジーについての〕手引きをご所望ならば、拙著『ケンブリッジのプラグマティズム——パースとジェイムズからラムジーとウィトゲンシュタインへ』(*Cambridge Pragmatism: From Peirce and James to Ramsey and Wittgenstein*) がその物語を述べてくれることでしょう。

シェリル・ミサック

訳者はしがき

本書は、Cheryl Misak（2013）The American Pragmatists（Oxford University Press）の全訳である。原著は一冊にまとまっているが、本邦訳書においては、分量を勘案し、二分冊とした。上巻では、原著の第一部と第二部に相当する部分を翻訳しており、内容的には、プラグマティズムの揺籃期から中期にかけての歴史と思想の展開を記述したものとなっている。下巻では、論理経験主義の興隆についての論述に始まり、二十世紀から現代にかけてのプラグマティズム、そして二十一世紀にふさわしい未来のプラグマティズム思想の展望を描いている。このことを踏まえれば、上巻は「歴史篇」、下巻は「現代篇」とでも呼ぶことができるだろうか。本書全体を通して、上巻で論じられるパースの思想が通奏低音のように響き渡り続けているので、上巻から通読されることが望ましい。とはいえ、リチャード・ローティ没後十年を経て姿を変えつつある現代の英語圏哲学の議論状況を概観するという意味では、手っ取り早く下巻から読んでいただいても良いかもしれない。

著者のシェリル・ミサックは、今般最も華々しく活躍していると言ってよいであろう気鋭のプラグマティズム研究者の一人で、現在はトロント大学の哲学教授である。ミサックの活動については、ぜひ彼女自身のウェブサイト（https://www.cherylmisak.com）を訪問してほしい。見やすく、清潔感があり、すっきりとした設えで、関西弁で言うところの「シュッとした」という表現がぴったりのサイトだ。

ミサックの立場は明快である。ローティがネオプラグマティズムの主張を介して示した考え、すなわち分析哲学とプラグマティズムを対照的な思想的態度として描き出し、分析哲学へのカウンターとしてプラグマティズム思想の再評価を訴えるという考えから、ミサックは明確に距離をとる。彼女はむしろ、分析哲学とプラグマティズムはお互いに影響を及ぼし合いつつ、多くの場面では足並みを揃えながら相互に発展してきたということを丁寧に例証してゆく。こうした主張の鍵となる人物が、プラグマティズムの創始者の一人でありながら不遇のままに逝った天才、チャールズ・サンダース・パースである。現代のプラグマティズムをめぐる議論状況におけるミサックの位置づけや分析哲学との関連については、下巻の訳者解説で述べることにする。上巻では、特にパースについて論じた第三章に注目してほしい。これは訳者が個人的に抱いた印象であるが、この第三章には飛び抜けて著者の情熱がこもっているように感じる。（他方、例えばジョン・デューイについての論述には、デューイ研究の専門家からすると首肯しかねる部分も見つかるかもしれない。）

原著は、The Oxford History of Philosophy という定評のある比較的新しいシリーズ（二〇一一年から始まっている）の三冊目にあたる本で、プラグマティズムが産声をあげる少し前から現代に至るまでのアメリカ哲学の展開を概観するには、まさにうってつけの著作である。また、このシリーズの特性上、初学者、大学の学部生、哲学を専門としないが興味はあるという人たちに読まれることを念頭に置いて執筆されている。邦題を付けるにあたり、原著のこうした性質を踏まえて、初学者等にもとっつきやすくなるようにしたいと考えた。そこで、原著の記述に旅行のメタファーが散見されることを受けて、本書をプラグマティズムの風景の中を歩き回るための案内書にたとえることを思いついた。こうして、読者がご覧になっている邦題を付けるに至った。

邦訳にあたっては、様々な方々にお力添えいただいた。この上巻では特に、入江哲朗さん、ジミー・エイムズさん、大厩諒さん、岸本智典さん、谷川嘉浩さんに訳稿の下書きを読んでいただき、貴重なご意見を賜った。ここに記して感謝を申し上げたい。また、ここに全員の方のお名前をあげる紙幅は無いが、個別のポイントでさらに様々な方々のお知恵を借りた。とても感謝している。とはいえ、思わぬ誤解や誤訳が、本邦訳のところどころに残っているのではないかという危惧もある。それらは全て訳者に責任がある。お気付きの点があれば、どうか忌憚なく読者諸賢がご指摘くださることを期待している。今後本書が重版となり、ご指摘いただいた諸点を修正するチャンスを得られることを願いながら。

加藤隆文

序言

プラグマティズムは、アメリカで生まれ育った哲学である。それは、一八六〇年代後半から一八七〇年代前半のマサチューセッツ州ケンブリッジにて、メタフィジカル・クラブという読書会において始まった。メタフィジカル・クラブのメンバーには、オリヴァー・ウェンデル・ホームズ、ウィリアム・ジェイムズ、チャールズ・サンダース・パース、ニコラス・セント・ジョン・グリーン（Nicholas St. John Green）、ジョン・フィスク（John Fiske）、そしてチョンシー・ライトがいた。ジェイムズ、パース、ホームズは、ニューイングランドの知的階層の息子たちであった。ジェイムズの父はよく知られたスウェーデンボルグ主義の神学者で、ひとかどの相続財産を有していた。パースの父はハーヴァード大学の高名な数学教授であり、ホームズの父は解剖学と生理学の教授であった。ライトの出自はそれほど華やかなものではないが、彼はメタフィジカル・クラブの最古参メンバーであり、他のメンバーからは先導的な知的影響力を持っていると認められていた。

メタフィジカル・クラブの面々は、自分たちはアメリカ思想史の重要な転換点にいると感じていた。彼らは、哲学と宗教との間には距離があるものと考えるようになった最初の世代の哲学者である。プラグマティストたちがキャリアを展開し始めたとき、アメリカでは、ともあれ何かしらの種類のプロテスタンティズムが支配的であった。大学の哲学者は同時に大学の聖堂の講師や道徳講師でもあることが多く、哲学を任されるのは宗教的に正統派とされた者だけであった。[1] この状況が、まさに変わろうとしていたのである。科学と哲学について、二つの心踊るような関連しあう考えが欧州で広まっており、それらが大西洋を渡って伝わってきていた。一つは、科学的方法がとてつもない勢いで哲学に持ち込まれるようになってきていたということである。ヒューム（David Hume）がかの名著に『人間本性論：推理の実験的方法を道徳的主題に導入する試み』（*A Treatise of Human Nature: An Attempt to Introduce the Experimental Method of Reasoning into Moral Subjects*）という題名をつけたのは一七四〇年のことだが、それから一世紀を経て、ヒュームの好んだ種類の自然主義がいよいよ根を張ったのである。メタフィジカル・クラブの会合が始まった当時、コント（Auguste Comte）の実証主義とダーウィン（Charles Darwin）の『種の起源』（*On the Origin of Species*）がどういう含意を持つのかについて、ほうぼうの大学やサロンで白熱した議論が行われていた。科学は、神や宗教的絶対者を中心に据えた世界観を棄却することを含意するように思われたのである。

もう一つの考えは、哲学は科学というものを精査すべき主題の一つに据えるべきだというものであった。ライト、ジェイムズ、パースという、アメリカン・プラグマティズムを打ち立てることになるメタフィジカル・クラブの三人は、みな現役の科学者であり、科学が哲学に情報をもたらすようにしようとしただけでなく、科学の哲学を展開しようともしたのである。彼らが切り開いた道筋は、以後数世代のアメリカ哲学の道行きを変えた。

メタフィジカル・クラブの面々が表舞台から退く頃の知的世界は、若い彼らが参入した頃の知的世界とは非常に異なるものとなっていた。ジェイムズとパースが晩年に差し掛かる頃には、哲学者はもはや大学の道徳講師ではなくなっていた。むしろ哲学者には独自に従事すべきもろもろの主題があり、独自の職務があり、大学院生の教育をしたり、輪郭の定まっている下位分野に合わせて哲学的教説を専門化したりすることに照準が合わされた。哲学教授は、少なくともジョンズ・ホプキンズやハーヴァード、ミシガン、シカゴといった卓越した研究機関においては、学部学生の教師であると同時に、研究者であり、大学院生の指導者であるのが当然であった(2)。

メタフィジカル・クラブの面々の人生は、非常に多様な仕方で転回した。ホームズはアメリカで最も有名な法理論家になり、最高裁に加わった。ライトは話術の達人であったが、鬱に苦しみ、最小限の療養しかせず、少量ではあるが印象深い書き物を残しながらも、四十歳代前半で亡くなった。ジェイムズは、ほどなくして心理学と哲学において世界で最も有名な学者の一人となったが、その間ずっと自分自身の鬱を、一八七〇年代に激しく苛まれた鬱を、克服しようと奮闘していた。天才パースは、誰に聞いても並外れて気難しかったらしく、学術界での終身雇用の地位をついに確保できなかった。彼は生前ほとんど名をなすことがなく、無一文で惨めなままに逝った。知的世界における大躍進がその最前線にいる面々に大きな衝撃を与え、時としてその結果、ジェイムズの唤情的な言い回しを借りるならば、頭では理解不能になってしまうこともあった（*CWJ* 1: 177; 1872）のではないかと思われる。

初期のプラグマティストたちは、哲学のほぼ全ての分野とその他のもろもろの研究分野に重要な貢献をした。例えば、パースは論理学や記号の理論、ジェイムズは心理学、デューイは教育に貢献している。しかし本書の焦点は、バートランド・ラッセル（Bertrand Russell）が「プラグマティズムの哲学の枢要点」と呼ぶもの、つまり「その真理の理論」にある（Russell 1992［1909］: 261）。真理と知識についての見解こそが、プラグマティズムと最も密接に結びついており、プラグマティズムをその他の伝統から区別するものである。実際、本書の背後に『真理・知識・価値』という隠れた副題を見てとる読者もいるだろう。プラグマティストの仕事の中でも面白い沢山のものが、他のところにあるかもしれない。しかし、私がたどろうとしている物語はプラグマティズムを際立った伝統として語る物語であり、どのようにして例えばジェイムズが心理学の様相を一変させたのか、というようなことを洗練された仕方で示すことは、他の人に委ねたい。

プラグマティズムの創設者たちは、自分たちと協調している最も重要な哲学的伝統は経験論とカント哲学であると考えた。一九〇五年にパースは、F・C・S・シラーへの手紙の中でこのことを見事に述べている。彼いわく、自身のプラグマティズムはバークリー（George Berkeley）とカント（Immanuel Kant）から学んだのだという。バークリー、カント、あるいはその他、ヘーゲル（G. W. F. Hegel）のようにプラグマティストに影響を与えた面々について議論を続けることは控えておこう。こうした偉大な哲学者たちを列挙しただけでも、仮に彼らの見解を説明しようとすれば本書が長大すぎるものになることは明白なはずだ。そういうことはせず、彼らがプラグマティストに与えた影響と、彼らの思想のプラグマティストとは対照的な諸点について、読者に感覚を摑んでもらうだけで十分ということにしよう。同様にして、いくつかの話題はあっさりと片付けてしまわざるをえない。プラグマティズムに先駆けて存在したアメリカの思想家たちについて、はたまたウィルフリド・セラーズについて、もっと詳しく述べられたらとも思うが、〔本書では〕ごくわずかしか言及できない。

プラグマティストは、信念が経験と結びつくことを要求するという点では経験論者である。プラグマティストは地に足のついた（超自然的ではなく自然な）説明と存在論を望んでおり、哲学的理論は私たちの実践から生起しなければならないと考えている。パースがプラグマティズムの格率で提示したように、概念を理解するためには、私たちは、それらの概念がもたらす結果を参照しなければならない（*CP* 5. 4; 1901）。しかし、初期のプラグマティストは、イングランドとスコットランドの彼らの先駆者たちの経験論と自然主義を全て受け入れたわけではない。彼らは、経験論のうち、私たちの信念は全て経験に起源を持ち、私たちの信念はばらばらの経験に原子論的に結びつけられる、とする部分については拒絶している。後から見るように、信念と経験との間に要求される結びつきの本性は、プラグマティストにとって悩ましい問題である。さらに彼らは、実体あるいは物理性に存在論的な優位性を認める自然主義を拒絶する。つまり、価値、一般性、偶然などが自然界の一部かもしれないのかどうかを考えようとしているのだ。彼らは全体論者（holists）であり、その視野は、科学、論理、数学、芸術、宗教、倫理、政治の全てを包摂する。彼らの先達の経験論者たちのほとんどとは違って、プラグマティストは、最初に打ち出す原理から、いかなる探究領域も除外しないのである。

ラッセルやサンタヤナその他の多くの論者が示唆してきたように、プラグマティズム内の経験論的な特徴は、実践的、産業的、起業的な事柄を志向するアメリカ的傾向性とどこかしら関係があるのではないかと思われるかもしれないが、ジョン・デューイはこうした考えを切り捨てている。いわく、そんなものは、「イングランドの新実在論はイングランド人のスノッブな貴族制度の反映であり、フランス思想の二元論的傾向は妻のほかに愛人を持とうとするいわゆるガリア的傾向の現れである」(Dewey 1939: 526)と言うようなものである。

これから見るように、プラグマティズムに通底する主だったカント的見解とは、私たちが実践を続けてゆくならば、ある事柄を想定する必要がある、ということである。私は、カントの統制的想定(regulative assumptions)を真剣に受け止めるプラグマティズムこそが最良の種類のプラグマティズムであると論じるつもりだ。パースは、自分にとってカントがいかに重要であるかを、次のように述べている。「私は、少なくとも純粋理性批判の超越論的分析論に関する限りで、熱烈なカント支持者であった。私は判断表とカテゴリー表を、それらがシナイ山から運ばれていたとした場合よりもさらに暗に信奉していた」(*CP* 4. 2; 1898)。しかし、パースがカントを自然化しようとしていたことも明らかになるだろう。カントが私たちの実践の根底にある想定に認めていた「必然性」は、地上に降ろされる。つまり、これらの想定は単に、私たちがそれを捨て去ろうとは考えない実践を続けてゆくならば必要とされるにすぎないのだ。

プラグマティズム全体に関わっている問題は、経験論者たちとカントの両方が取り組んだ問題である。真に規範的あるいは束縛的な合理性・真理・価値の基準を、それらが極めて人間的な現象であることを承知した上で、どのように理解できるのだろうか。どのようにして、規範性や権威性は、人間の経験と実践の世界内から生起するのだろうか。パースはこの問題に最も注意深く洗練された答えを導いた古典的プラグマティストである、と私は論じるつもりだ。彼に続く世代では、ルイスとセラーズの注意深さと洗練度合いが顕著である。

読者のお察しの通り、私が本書で成し遂げるプロジェクトは観念史と哲学の二本柱から成る。目標の一つは、哲学史の勘所を捉えた物語を述べること、つまり、プラグマティズムがどのようにして生起し、発展し、分派していったのかについての物語を述べることである。しかしそれと同じくらいに重要なもう一つの目標は、プラグマティズムの何が良いのかを示すことである。どこで哲学的な失敗が起こったのか。プラグマティストはどうすれば最良の仕方で前進できるのか。つまるところ、本書の続くページにはたくさんの評価と議論が溢れることになる。そのせいできっと、むしろ歴史に焦点を合わせて、現在の様々な立場において何が受容可能で何が受容不可能なのかということは可能な限り考えないようにしたい人たちを、苛立たせることになるだろう。また、私が最も擁護すべきものとして論じるプラグマティズムの系譜には属さないプラグマティストたちを苛立たせもするだろう。私の議論の一部は、リチャード・ローティこそが、プラグマティズムの伝統が進めていた方針とは袂を分かち、プラグマティズムにとって不幸なことに、ジェイムズやデューイの行き過ぎた方向へと歩みを後退させてしまった張本人だというものである。私は、私の議論に同意しない人でも私の議論を真剣に検討してくれるものと信じているし、今後のやり取りがあることを楽しみにしている。

私が描き出すプラグマティズムの系譜はプラグマティズムの伝統についての「分析的な」読みを特権化しているとか、分析哲学はプラグマティズムとは正反対のものだとか考える向きもあるかもしれない。しかし、分析哲学と分析的でない哲学の区別が何かしらの効力を持つ限りにおいて、プラグマティズムの創設者たちは分析哲学の先駆者である、と私は論じよう。私が概要を述べる見解は、とりわけライトやパースなどのプラグマティズムの創設者たちの仕事に非常に緊密に根を張っており、彼らの仕事が伸ばした蔓は古典的プラグマティストたち一人ひとりの仕事に巻きついている。本書の背負う責務の一つは、こうした見解が興味深く、擁護されて然るべきものであるということを示すことである。私以外のプラグマティズム研究者にも同様の解釈を述べてきた者たちがおり、今もそうだろう。それどころか、この系譜を慫慂する論評者たちを、まさにその系譜に属しているプラグマティストたちから区別することは不可能なのだ。

哲学的立場の歴史について述べると同時に、最初にはっきり述べられたのは一八六七年であったとはいえ現在なお生き生きとしている思想を評価する、というこうした種類の本を執筆するにあたって、時制の問題がどうしても生じる。私は、個々人について述べるときとその人の見解の発展のあらましについて述べるときには過去形を用い、見解それ自体について述べるときには現在形を用いることにして、その問題を解消しようと試みることにする。

注

（1） Schneider（1963 [1946]: 208ff.）、Campbell（2006: 107）、そして Wilson（1990: 13ff.）を参照。
（2） この変容の説明については Campbell（2006: 107）参照。

謝辞

本書執筆にあたっては、次の方々の洞察や論評から恩恵を得ている。ドナルド・アインスリー（Donald Ainslie）、ダグ・アンダーソン（Doug Anderson）、デイヴィッド・バクハースト（David Bakhurst）、エリック・デイトン（Eric Dayton）、ドン・ハワード（Don Howard）、アレックス・クライン（Alex Klein）、マーク・ランス（Mark Lance）、デイヴィッド・マッカーサー（David Macarthur）、マーク・ミゴッティ（Mark Migotti）、トレヴォル・ピアス（Trevor Pearce）、ヒュー・プライス（Huw Price）、アラン・リチャードソン（Alan Richardson）、ボブ・シュワルツ（Bob Schwarts）、ロブ・シンクレア（Rob Sinclair）、グレン・ティラー（Glenn Tiller）、ジェニファー・ウェルチマン（Jennifer Welchman）、オックスフォード大学出版局の依頼で本書を査読してくれた三人、そして、たくさんの会議やほうぼうの哲学科で聴衆となってくれた方々。二人の非常に特別なアメリカン・プラグマティスト、リチャード・バーンスタイン（Richard Bernstein）とモートン・ホワイト（Morton White）は、自らもアメリカン・プラグマティズム史の主要な立役者であり、大変親切に、その歴史の様々な時期について私と会って議論する機会を持ってくださった。この〔アメリカン・プラグマティズム史の〕物語の中に見られるもろもろの決定的瞬間についての、彼らの一人称視点での洞察は、とてつもなく有り難く、興味深かった。アブティン・デズフーリ（Abtin Dezfuli）、ケン・ボイド（Ken Boyd）にも感謝したい。さらに、ダイアナ・ハニー（Dianna Heney）には、とびきり特別の感謝を述べたい。彼女は、ロバーツ図書館に通って書籍の借り出し・返却に駆け回り、参照文献の確認作業をしてくれた。そしてダイアナの場合は、本書の全原稿の編集作業を、甚大な知性と注意深さでやってくれた。

これらの助け全てがあっても本書を十分に仕上げるには足りないかと思われたところ、ロバート・タリース（Robert Talisse）が二〇一一年の秋にヴァンダービルト大学で、本書の草稿についてのワークショップを企画してくれた。彼とスコット・エイキン（Scott Aikin）、マイケル・ホッジス（Michael Hodges）、クリス・フックウェイ（Chris Hookway）、ヘンリー・ジャックマン（Henry Jackman）、そしてジョン・ラックス（John Lachs）とともに過ごした〔そのワークショップの〕二日間は、私にとって、様々な質疑が交わされて原稿内容がどんどん改善されてゆく、非常に濃密で充実した期間であった。

こうしたことを引っくるめれば、本書には間違いなど無いはずだと思う人もいるかもしれないが、残念なことに、そうはなっていないだろう。依然残っている間違いや至らない箇所については、全て私に責任がある。また、本書の話題のうちのいくつかについては以前に既に述べたことだということも断っておかねばならない。本書のいくつかの部分は、文献目録にその詳細情報を示してある私の以前の著作を活用しており、願わくば、そうした以前の議論を改善させられていると良いと思っている。

本書を執筆する傍ら、私はトロント大学で身にこたえる学務をせねばならなかった。〔二〇一三年〕

現在、私は副学長の任に就いている。昨今、公立大学にとっては厳しい時期が続いており、私の在籍している古株の大学機関がこの荒波をうまく切り抜けてゆけるように舵取りの手助けをすることは、決して小さな仕事ではない。たくさんの同僚たち、とりわけ学長のデイヴィッド・ネイラー（David Naylor）はとてつもない気前の良さを示して、私がこの大変だけれどもやりがいのある仕事と哲学的活動とを両立してゆくことを奨励してくれている。オックスフォード大学出版局の私の担当編集者であるピーター・モッチロフ（Peter Momtchiloff）は、私が大学執行部の新しい役職に就くことになって、本書を素早く仕上げるという道筋の途上で作業が滞ってしまうたびに、それに応じて品位と忍耐強さを示してくれた。

読者の皆さんは案の定と思われるだろうが、私の家族——デイヴィッド（David）、アレグザンダー（Alexander）、そしてソフィー・ディゼンハウス（Sophie Dyzenhaus）——は、普段よりもはるかに忍耐強くあらねばならなかった。しかしいつもながら、彼らは大いなる愛情と気さくなユーモアで耐えてくれた。彼らに本書を捧げる。

プラグマティズムの歩き方——21世紀のためのアメリカ哲学案内〔上巻〕　目　次

【上巻】

第二部　中期プラグマティズム

文献参照方針

古典的プラグマティストたちの著作に関する私の文献参照方針は、下記のとおりである。

C・S・パースの著作を参照する場合

新しい方のパース著作集である *Writings of Charles S. Peirce: Chronological Edition* に出てくる文章を引用する場合には、「W n: m; 年記」の形式で表記する。ただし n は巻数、m はページ数、年記は引用されている文章の年記である。この著作集 *Writings* には〔執筆段階ではまだ〕収録されていないが、古い方の著作集 *Collected Papers* には収録されている文章を引用する際には、「*CP* n. m; 年記」の形式で表記する。ただし n は巻数、m はページ数、年記は引用されている文章の年記である。*New Elements of Mathematics* でしか公刊されていない文章を引用する際には、「*NE* n: m」の形式で表記する。ただし n は巻数、m はページ数である。これらの著作集には収録されていない文章を参照する場合には、私はパースの原稿のマイクロフィルム版を参照しており、その手稿番号を「*MS* n」の形式で表記する。n が手稿番号である。これらの書誌の詳細情報については、文献目録を参照されたい。

ウィリアム・ジェイムズの著作を参照する場合

それ以外の参照元を明記している場合を除き、ウィリアム・ジェイムズの引用は全て、彼の著作集 *The Works of William James* を参照している。ジェイムズの書簡を参照する場合は *The Correspondence of William James* を参照しており、「*CWJ* n: m; 年記」の形式で表記する。ただし n は巻数、m はページ数、年記は引用されている文章の年記である。これらの書誌の詳細情報については、文献目録を参照されたい。

ジョン・デューイの著作を参照する場合

それ以外の参照元を明記している場合を除き、ジョン・デューイの引用は全て、彼の著作集 *Collected Works* を参照している。*The Early Works of John Dewey, 1882-1898* を参照している場合は「*EW* n: m; 年記」の形式で表記している。ただし n は巻数、m はページ数、年記は引用されている文章の年記である。同様にして、*The Middle Works of John Dewey, 1899-1924* を参照している場合は「*MW* n: m; 年記」の形式で表記し、*The Later Works of John Dewey, 1925-1953* を参照している場合は「*LW* n: m; 年記」の形式で表記している。デューイの書簡を参照する場合は *The Correspondence of John Dewey* を参照しており、「*CJD* n: 年記, i」の形式で表記する。ただし n は巻数、年記は引用されている文章の年記、i は当該項目番号である。これらの書誌の詳細情報については、文献目録を参照されたい。

オリヴァー・ウェンデル・ホームズJr.の書簡を参照する場合

ホームズとフレデリック・ポロック（Frederick Pollock）の間の書簡を参照する場合は、マーク・デウォルフ・ホウ（Mark DeWolfe Howe）編集の *Holmes-Pollock letters: The Correspondence of Mr. Justice Holmes and Sir Frederick Pollock, 1874-1932* から引用する。引用は「Holmes-Pollock Letters（n: m; 年記）」の形式で示す。ただしｎは巻数、ｍはページ数、年記は引用されている文章の年記である。これらの書誌の詳細情報については、文献目録を参照されたい。

ジョージ・サンタヤナの書簡を参照する場合

サンタヤナの書簡は、ウィリアム・G・ホルツバーガー（William G. Holzberger）編集の八巻から成る *The Letters of George Santayana* から引用する。引用は「Letters, n: m」の形式で示す。ただしｎは巻数、ｍはページ数である。これらの書誌の詳細情報については、文献目録を参照されたい。

その他の著者の文章を参照する場合

上記以外の著者による文章を参照する場合は、下記の方針を採っている。ラルフ・ウォルド・エマソン（Ralph Waldo Emerson）の著作については、彼の *Collected Works* から引用し、「CW n: m; 年記」の形式で表記する。ただしｎは巻数、ｍはページ数、年記は引用されている文章の年記である。バートランド・ラッセル（Bertrand Russell）の著作を引用する場合は、可能な限り、マックマスター（McMaster）版の *The Collected Papers of Bertrand Russell* を参照し、「*CP* n: m; 年記」の形式で表記する。ただしnは巻数、mはページ数、年記は引用されている文章の年記である。デイヴィッド・ヒューム（David Hume）の著作を引用する場合は、ニディッチ（Nidditch）版を参照し、セクション番号とページ数を示す。ルードウィヒ・ウィトゲンシュタイン（Ludwig Wittgenstein）の著作を引用する場合もセクション番号を示し、文献目録にて当該箇所の翻訳と版を明記する。

いずれにせよ当該著者について権威ある著作集が公刊されている場合は、できる限り、著作集バージョンにてその著者の文献を示すようにする。

凡例

一　本書はMisak, C. (2013). *The American Pragmatists*. New York, NY: Oxford University Press の全訳である。

一　カッコの使用規則は以下の通りである。

「　」引用符、論文名に用いる。

『　』書名、引用符内引用符に用いる。

〔　〕訳者による補足をする際に用いる。

（　）原著で用いられている（　）記号をこのカッコで処理する。

［　］原著で用いられている［　］記号をこのカッコで処理する。また、引用文の省略箇所は［…］で表す。

〈　〉文章の構造がわかりづらい場合に語句のまとまりを表すために使う。

《　》筆者の意見ではなく、間接話法的に誰かの考えや想定を示している場合に用いる。

例：X説は次のように想定している。《YはZである。》

一　原著の（　）記号を反映した（　）とは別に、必要と判断した場合は原語を（　）内に示した。また、論文名や書名、目次に登場する以外の人名は、各章内初出時にその英字表記を（　）内に示した。

一　強調を表す原文中のイタリック体は、本文右側に傍点（「、」）を付して示した。ただし、外来語であることを表すイタリック体については、特別な処理は施していない。

一　原著の注は本文右側に（1）、（2）……などの番号を付し、各章末に示した。また、訳注は本文右側に［1］、［2］……などの番号を付し、各章末の原注の後に示した。

一　引用文の転記ミスや典拠表示のミスなどが原著中にいくつか見られたが、これらの軽微なミスについては、気づいた限りで、いちいち断らずに修正した。

一　原著に引用された著作で、既に日本語訳のあるものについては、逐一ページ数等を明示してはいないが、訳出にあたって大いに参考にさせていただいた。参照した邦訳書は巻末の文献目録に示してある。ここに記して感謝します。

序論　アメリカン・プラグマティズムの軌跡

一九〇七年、ジェイムズの著作『プラグマティズム——ある古い考え方を表す新しい名前』（*Pragmatism: A New Name for Some Old Ways of Thinking*）が、「私たちの知的地平に彗星のごとく」（Carus 2001 [1911]: 44）出現した。プラグマティズムのめぐり合わせについての定説的見解では、プラグマティズムは一九五二年のデューイ逝去のときまでは輝いており、その後ほとんど燃え尽きてしまった。この見解によると、リチャード・ローティがプラグマティズムの再生をもたらした一九七〇年代には、アメリカの上位大学にはプラグマティストやアメリカ哲学を専攻する学生はごくわずかしかおらず、イギリスではプラグマティズムへの関心はすこぶる低かった。ディックスタイン（Morris Dickstein）はこうした定説的見解を次のように言い表している。すなわち、プラグマティズムは辺境で行われているにすぎず、覇権を握る分析哲学によって哲学科から追いやられていた（Dickstein 1998: 1）。ローティは、確信犯的に反分析的な読み方、つまり、〔当時〕支配的であった哲学者集団からは蔑まれるような形でではあるが、プラグマティズムを取り戻した。要するにその〔ローティの〕考えはこうだ。プラグマティズムは分析哲学とは反対の立場にあり、見当違いをおかしながらも哲学において覇権を握っている分析哲学に、苦心して対抗してきた。それゆえデューイの死後、アメリカのプラグマティズムの一部は、ある意味で迫害されていたという。しかしこれから見るように、本書の物語は、そうした定説的見解の語るそれとは異なる。

「分析哲学」〔という用語〕は、バートランド・ラッセル（Bertrand Russell）のような人たちが用いていたときには明晰な意味を有していた。「論理分析」とは、概念をその構成要素である諸部分に還元する形式的手法を用いて、概念を明晰にする試みのことであった。一九〇〇年代中庸から後半に至るまでのいくらかの時期には、プラグマティストがこうした種類の分析から自分たちを区別すること、さらには、私たちが実世界で現に直面している問題とは無関係であるとプラグマティストが考えていたような、ある種の精巧に拵えられた哲学から、プラグマティストが距離をとることには、それなりの理由があったということも正しいのかもしれない。しかし、論理分析は、哲学を遂行する方法としては過ぎ去ったものである。いま「分析哲学」は、言語哲学が哲学の基盤であるということや、あるいはひょっとすると、論理学が哲学の基盤であるということを示唆するのかもしれない。だが、この用語はもう、かつて有していたきちんとした意味を失ってしまったのだ、と考える方が現実的である。

「分析哲学」をどちらかというと緩い意味で捉え、論理に注意を払って厳密な思考を称揚する伝統であると考えるならば、ライトやパースはアメリカにおける分析哲学の先駆者と見なせるに違いない。また、近代的な分析哲学のスターたち——少しだけ名前を挙げるとすれば、C・I・ルイス、W・V・クワイン、ネルソン・グッドマン（Nelson Goodman）——もまた、分析哲学者らによってプラグマティズムが哲学科から追いやられていたとされている年代に、アメリカン・プラグマティズムと非常にうまく協調している思想を展開していた。つまりプラグマティズムには、強力で断ち切りようのない、分析的伝統の系譜があるのだ。本書の責務の一部には、この系譜を辿り、これは価値あるものであると論じることが含まれる。

また、アメリカン・プラグマティズムの軌跡は、ルイ・メナンド（Louis Menand）のピュリッツァー賞を受賞したベストセラー本『メタフィジカル・クラブ』（*The Metaphysical Club*）で記述されていたようなものではない。メナンドがプラグマティストたちについての歴史的詳細を豊富に集約し、彼らの人柄を手際よく描いてくれたのはありがたいが、メナンドの話は哲学的には見当違いである。メナンドが主張するところによると、初期のプラグマティストたちは、「様々なものが混ざり合っていて工業化が進んでいる巨大市場社会を生き抜く上で役立つ、一種の懐疑論を教えてくれた」――「教会や国家、アカデミズム公認のイデオロギーへの従属状態から思想を解放する」助けとなった懐疑論である（Menand 2001: xii）。彼いわく、プラグマティズムは、「アメリカ文化にある、国教制廃止論的な衝動に属する」（Menand 2001: 89）。メナンドの描く初期のプラグマティストたちはローティによく似ている。彼らは、確実性、真理、客観性などは手にできない、私たちが手にできるのは共同体内での合意だけだ、と論じる。メナンドの主張によると、とりわけ南北戦争は、理念の失敗であった。南北戦争は「北部の知的文化のほとんど全てを払拭してしまい」、「合衆国がそれに代わる文化を見出し、近代人の生活条件に対応してゆくのに役立つであろう新たな理念群と考え方を見つけ出すまでに、じつに半世紀近くもかかった」（Menand 2001: x）。その理念群がプラグマティズムに見出されると彼は論じる。南北戦争で「確固たる信念は暴力に至る」という教訓を得た人々は、そのトラウマがあって、絶対主義的哲学を求めようという気分にはならなかった（Menand 2001: 61）。こうしてプラグマティズムが興隆し、繁栄したが、その可謬主義と寛容さは、一九五〇年代・六〇年代の冷戦下の知的情勢によって、疑いの目を向けられるようになる。ジェイムズとデューイは「ナイーヴで少々危険ですらある」と見なされるようになった(1)。冷戦終結に伴って不確実性は再び容認されるようになり、結果、一九八〇年代・九〇年代にローティがプラグマティズムを復活させられるようになった。「というのも、二つだけにとどまらない多数の信念体系が競合する冷戦後の世界では、ある特定の信念群が最終的なものであるとは思わない懐疑論が、一部の人たちにとっては重要な価値を持つように再び思えてきたからである」（Menand 2001: 441）。

これはなるほど息をのむような説ではある。私は本書の第一部と第二部で、この説がプラグマティズム受容の最良の理解の仕方であるわけではないことを示そう。精確な物語はこの説ほど華々しいものではないが、現代的な分析哲学の発展という観点からすれば、実際にはメナンドの説よりはるかに興味深い。南北戦争が、初期のプラグマティストたちの人生を灼熱で苛む恐怖の釜であったことは間違いない。ホームズは最悪の戦闘のうちのいくつかに従軍し、一度ならず負傷した。ジェイムズの弟の一人は、戦争から帰ってきたときには満身創痍になっていた。しかし、表明されている動機や初期プラグマティストの著作物の中には、南北戦争はいっさい現れない。また、冷戦はデューイの政治的見解に深い影響を及ぼしたけれども、冷戦が彼の認識論に影響したことを示すような要素はない。

私がメナンド説の代わりに語る物語の中心にあるのは、ジェイムズこそがプラグマティズムを公衆に向けて——一八九八年のカリフォルニア大学での講演において——発表した人物であり、プラグマティズムの最も高名な主唱者であり続けた、という事実である。ジェイムズいわく、哲学とは「人間の探究活動のうちで最も崇高であると同時に最も些細なものである。哲学は最も小さな裂け目のうちで仕事をして、最も広い視界を開くのだ」(James 1975 [1907]: 6)。心理学についての著作において、ジェイムズは裂け目の中で素晴らしい仕事を行い、視界を切り開いた。けれども、真理と客観性について述べるときには、彼はむしろ頼りなかった。注意深く詳細を追求するとともに見晴らしの良い景色を切り開いたのは、パースであった。しかしながら、プラグマティズムにとって不運なことに、パース版のプラグマティズムはほとんど日の目を見なかったのである。

第一部では、初期のアメリカン・プラグマティズムの概形を述べたい。私の論述の大部分は、プラグマティズムの核心をめぐるプラグマティズム内部の論争に対して、直接的あるいは間接的に応答するものとなる。ロバート・ウェストブルック(Robert Westbrook)が言うように、プラグマティズムとは、知識、意味、真理の「熟練職人が扱うような(workmanlike)」本性に関して、それぞれに独特ではあるが関連し合った立場に立っている思想家たちから成る、議論好きの集団のようなものである。ウェストブルックはパースについて次のようなことを述べている。

〔パースは〕ジェイムズが養子として引きとった〔プラグマティズムという〕息子の父親であることを早々と放棄して、以後自分の立場は、「プラグマティシズム」という「誘拐される心配がないくらいに醜い」名称で呼ぶことにする、と宣言した。ジョン・デューイは、ジェイムズの思想に負うところが大きかったけれども、それにもかかわらず、デューイにはプラグマティズムを使って宗教的信念を確保しようとしているように思われたジェイムズのより柔和な心性の（tender-minded）努力を、デューイ自身の「道具主義」とは注意深く区別していた。その一方でパースはというと、自分の小論「プラグマティズムとは何か」（"What Pragmatism Is"）（一九〇五）をデューイが賞賛しているのに対して、狼狽した手紙を書いて反応した。その手紙には、デューイの道具主義的論理学は「私がこの十八年間没頭してきたような仕事を立ちいかなくしてしまう」とあった。［Westbrook 2005: 1］

プラグマティズム内部での論争は、現在でも続いている。続くページでは、微妙な立場の違いを説明する機会もふんだんにあるだろう。しかし大まかに言っておくと、この論争は、手にできる真理や客観性などどこにも存在しないのだと主張する（あるいはそうしたことを含意する見解を持つ）面々と、プラグマティズムは物事を正しく捉えたいという熱意を冷めさせないような真理の理論を約束してくれると考える面々との間の論争である。

そうした分断の片側に、ローティとその古典的先駆者（つまりジェイムズとデューイ）がいる。彼らは、私たちが目標としうるような真理など存在しない――あるのはただ、共同体内での合意、個人にとって役立つもの、問題解決のために見出されるものだけである――と考えている。場合によってローティは、真理と客観性など、私たちがそれを言ってすませておくことを仲間たちが容認してくれるであろうものでしかない、と主張するまでになっている。分断のもう一方の側にいる面々は、プラグマティズムが、真理についての無歴史的、超越的、あるいは形而上学的な理論を拒絶しつつも、しかしそれでも、人間の行う探究の客観的な次元――つまり、熟議や調査に従事する人たちは、自分たちは物事を正しく捉え、間違いを避け、自分の信念や理論を改善してゆくことを目指しているのだと考えているという事実――を正当に取り扱うことにコミットしていると考える。より客観的なこの種のプラグマティズムはライトとパースに端を発するものであるが、この考えに依拠すると、私たちの探究は、歴史的状況づけの中で成立していったものであるからといって、客観性を欠くということにはならない。また、客観性の基準それ自体が発生・発展してゆくのだとしても、やはり探究が客観性を欠くということにはならない。（ジェイムズの表現を借りれば）人間という蛇の這った跡が全てのものについているけれども、（ジェイムズがこのことを見通していたかどうかは分からないが、）だからといって私たちは、真理の無いような、あるいは真理が人や文化次第で変わるような、恣意性にあふれた海に飛び込むことにはならない。

コリン・クープマン（Colin Koopman）の次の発言は正しい。いわく、パースは、「人生において真理が果たす役割を文化的に批評することではなく、むしろ、真理を哲学的にどう捉えるかということに頭を悩ませていたのである(2)」。他方、ジェイムズとデューイはこれら両方の課題に関心があり、片方の課題に勤しんでいるのはいつで、もう片方の課題に勤しんでいるのはいつなのか、必ずしも明確ではない。プラグマティズムの思想のこうした二通りの傾向性は、こんにちまで残っている。しかし、プラグマティズム的な真理の理論は真理を実践に結びつけるのであるから、両者の傾向性の間の境線は決してはっきりとは引けない。クープマンは、次のように考える点では誤っている。いわく、パース式のプラグマティズムは「探究の形而上学」をもたらし、デューイ式のプラグマティズムは

「進歩主義に関する希望」をもたらす（Koopman 2009: 44）。これから見るように、〔この見解が誤りであるというのは、〕例えばパースは真理を形而上学的に捉えることに反対しており、しかも、パースもまた希望という観念を大変に強調していたからである。

ウェストブルックは論点を次のようにまとめている。

ポストモダニストの懐疑論者やそれを信奉する少数のネオプラグマティストたちが古いプラグマティストたちに注目しているのは、彼らが古いプラグマティストたちを、真理の「強い」捉え方、つまり絶対主義的で「統括的な」捉え方に対抗する戦いにおいて協力者になりうる人たちだと（正しく）見なしているからである。しかし彼らは、（多数のネオプラグマティストたちが共有する）古いプラグマティストたちの確信を見過ごしている。その確信とはつまり、いったん絶対主義を克服したならば、理性よりも燃料効率の良い乗り物で、真理よりも慎ましい目的地へ向かって、探究の道のりを往く旅を再開できるだろう、という確信である。［Westbrook 2005: 7］

この旅路こそ、私が本書で記述し、評価しようとしているものである。

注

（1）Menand（2001: 439）参照。メナンドいわく、ジェイムズとデューイの評判が変化した背景にはもっとありきたりな理由もある。彼らの弟子たちはさほど芽が出ず、プラグマティズム以外の哲学の方法の方が、「探究の際の学術的様式に、より明らかに適合している」（Menand 2001: 438）ように見えたからという理由だ。しかし、彼が述べる主要な理由は、依然、「冷戦下の知的情勢」（Menand 2001: 439）についてのものである。

（2） Koopman（2009: 43）参照。彼はここではジョセフ・マーゴリス（Joseph Margolis）の議論（Margolis 1998）に従っている。

第一部　プラグマティズムの創始者たち

第一章　黎明期のアメリカ思想におけるプラグマティズム的な主題

1-1　序論——経験論と観念論

アメリカン・プラグマティズムを生む前提となった主要な知的原動力は、植民地時代のピューリタニズム、常識学派の実在論、超越主義、そしてセントルイスのヘーゲル主義である。これらの見解を主張していた者の多くは説教者や政治家であり、高度な教育を受け、当時の知的な議論にどっぷり浸かっていたのであるが、全体的には彼らは、現代人の私たちが体系的な哲学理論と考えるようなものを打ち出すという仕事に取り組んでいたわけではなかった。例えば、ジョージ・サンタヤナはエマソン（Ralph Waldo Emerson）について、「根底のところでは、彼には学説など全く無く」、あるのは素晴らしい着想だけだった、と述べている（Santayana 1957［1900］: 218）。それゆえ、彼らの見解には私が触れずにおくつもりのものがたくさんあるし、私としては、彼らの思想の様々な側面のうちでプラグマティズムと最も関連の強いものに簡潔な説明を施すだけに止めようと思う。ここでの説明は主に、チョンシー・ライトとパースとジェイムズが自分たちの見解を形にし始めた頃に、非常に影響力を持っていたライトが何を考えていたのかについての調査に基づいている。

アメリカ哲学の研究者たちの中には、これらの非常に早い時期の見解からプラグマティズムの種は生長していったのだと考える向きもある。初期のアメリカの思想家たちが、スコットランド、イングランド、そしてドイツから取り入れられた実在論と観念論の諸問題に取り組んでいたという点では、その限りで、こうした考えはなるほどその通りであるに違いない。しかし、もっと直接的な因果関係があるのだとして、私が言っておきたいのはこういうことである。すなわち、初期のアメリカ思想には、二つだけ、際立った、重要なプラグマティズム的な考えを指摘できるのではないだろうか。

〔初期の〕プラグマティストたちが生まれ落ちた現場を取り巻く知的な空気感は、頭がくらくらするほどに経験論と観念論が混ざり合ったものだった。経験論の方がより重要であった、と私は述べたい。しかし当時のプラグマティストたちは、ロック（John Locke）とヒューム（David Hume）の経験論から離れる重要な歩みに乗り出していた。その前進の一つは、アメリカの先達たちから直接的に採り入れたものである。つまりそれは、経験概念を拡張しようという、初期のアメリカの思想家たちが根気強く取り組んでいた試みである。これから見るように、〔初期の〕プラグマティストたちが表舞台に登場する時期に、この試みは力強く、大々的に花開くのである。

ヴァン・リアー（David Van Leer）が論じているように、初期のアメリカ思想において、観念論は、バークリー（George Barkley）、ヘーゲル（G. W. F. Hegel）、カント（Immanuel Kant）の思想に由来しながら、四つの主題の中で姿を現した（Van Leer 1986: 26）。（一）精神は、世界の中にある主要かつ統一的な力である。（二）経験の世界の背後に、あるいはその上に、不変の観念的世界が存在する。（三）私たちが知覚するものは本当は観念であり、観念は心の中のみに存在する。（四）人が知ることのできるものは知覚するものに限られており、知覚の背後にあるかもしれないものを知ることなどできない、ということが人間の知識の限界である。この主題一覧に、真理とは私たちの観念を神の持つ観念に一致させることに存する、というジョナサン・エドワーズ（Jonathan Edwards）の見解を加えても良いかもしれない。これから見るように、初期のアメリカの観念論者たちが抱いていた、この強力な神学的ないし（当時の言葉づかいで言えば）「形而上学的な」想定が、プラグマティストに、反抗すべき何かをもたらしたのである。

1-2　ピューリタニズム

ジョン・ライダー（John Ryder）が指摘するように、アメリカ入植者たちは、海を渡って新しい土地にやって来たときに、カルヴィニズムの強力な決定論、つまり神の意志が全てを完全に決定しているという考えを一緒に持ち込んだ（Ryder 2004）。また、彼らは、自分たちは神の意志をその新世界において遂行すべく神に選ばれた民なのだという確信を胸に、その地に降り立っていた。実際、ピューリタンたちがアメリカに来た目的は、一つには、自分たちの宗教的原理を主軸に据えて共同体を構築し、会衆によって選ばれた宗教的指導者に社会的・政治的権威があるということにできるようにするためであった。

プラグマティズムの歴史に関する限りでは、ピューリタンの思想家の中に何人かの傑出した人物がいる。その一人は、ニューヨーク植民地総督にして科学者であり、そして文筆家であったカドワラダー・コールデン（Cadwallader Colden）（一六八八～一七七六）である。コールデンはロックとヒュームの経験論について通暁しているスコットランド人であった。次のような文章にはプラグマティズムに似た香りが漂っており、このことはまさに、プラグマティズムと経験論がいかに密接に絡み付き合っているのかということを示している。

私たちの知る全てのものは作用体（agent）であり、つまりは作用を発揮するという能力を有している。というのも、どんなものについても私たちは、それの作用とその作用がもたらす効果以外には何も知らないのであるからして、そのものが何であれ、それが作用を発揮することをやめてしまった瞬間、それは私たちに関しては無効になってしまうに違いないからだ。そのようなものについてそれが存在しているなどというのは、全くわけのわからない考えである。[(1)] [Colden 1939 [1751]: 102]

コールデンが先達の経験論者たちと袂を分かつ点はこうだ。彼は、どのようにして私たちが、〔物質的な〕事物を知覚できるのと全く同じように、非物質的な精神を知覚できるのか、ということを示せると考えたのである。精神もまた、作用、能力、あるいは〔運動の〕力を生じさせる（Colden 1939 [1751]: 103）。彼の議論によると、私たちは観察や宗教的経験から、神聖なものの実在性を捉えることができる。「精神が啓蒙されている」人は神の栄光と素晴らしさを「本当に理解し、了解している」。「その人は、神が輝かしい栄光のうちにあることを、合理的に信じているだけではなく」、そのことを「感じ取って」いる。「蜂蜜は甘いと合理的に判断していることと、蜂蜜の甘さを感じ取っていることの間に違いがある」のと全く同様に、神は神聖で慈悲深いと合理的に判断していることと、神の神聖さと慈悲深さを感じ取っていることの間には違いがある。(2) なぜ私たちは経験をそれほどまでに広い意味で考えねばならないのか、あるいは、どのようにして私たちは非物質的なものを知覚できるのか、といったことについては、コールデンは立ち入って述べていない。しかし後で見るように、宗教的経験が存在しうるのだという彼の考えは、ウィリアム・ジェイムズに至るまで生き延びるのである。

二人の有名なピューリタンの説教者、コットン・マザー（Cotton Mather）（一六六三～一七二八）とジョナサン・エドワーズ（一七〇三～五八）は、当時の新しい科学がピューリタニズムに問題を課しているということをはっきりと見抜いていた。世界は、数学と、経験的に発見できる自然法則によって支配されている機械なのだという考えは、神の意志がそもそも第一の因果的な力なのだというピューリタンの信念を掘り崩した。同様に、人間を研究するに際してのロックの科学的態度と、全ての知識は経験に由来するというロックの信念は、説明の物語から神を追い出している。マザーはおそらく、魔女の存在を信じ、魔女を追及しようとした検事として最も知られているだろう。彼はセイラム魔女裁判の重要人物だった。しかしもっと哲学的な思索においては、彼は、ニュートン（Isaac Newton）が記述したかの機械を創造した神が存在するはずだと論じていた。

エドワーズ――説教者であり、神学者であり、福音伝道者であり、短期間ながらプリンストン大学の学長を務めた人物である(3)――は、自分のピューリタン的な世界観を当時の科学的世界観に合わせようとしていた。彼はカルヴィニズムの決定論を擁護するが、その際に彼は、決定論は真であるとか、神が自然という機械仕掛けを創造したに違いないとかいったことが聖書に書かれているということを根拠にするのではなく、その新しい機械的な因果が決定論は真であることを含意するのだということを根拠にしている。彼はコールデンに同意して、神が物質的世界と精神的世界に及ぼす効果を私たちは知覚できるのだ、と論じている。精神的世界こそが問題であることをエドワーズは分かっている。精神的危機の真っ只中で、彼は日記にこう綴っている。「神の完全無欠性と栄光を明晰かつもっと直接的に見てとるために私が今必要としていることとはまさに、神が精神と心に関して、どのようにして効果を発揮しているのかを明晰に知ることである。私は、神が〔物質的〕事物や肉体に関して及ぼしている作用については知っているのだから」（Marsden 2003: 104）。エドワーズは、神が精神や心にどのように自らを感じ取らせるのかを示せているわけではない。しかし、さらにこれから見るようにウィリアム・ジェイムズは、自分の先達者たちを振り返ることなく、この仕事に着手するのだ。

真理概念については、エドワーズの観念論がひときわ輝いているが、ケネス・ウィンクラー（Kenneth Winkler）が指摘するように、ここにプラグマティズムの早期の予兆がある（Winkler forthcoming）。エドワーズは、真理とは事物の有り様（how things are）に一致していることであるが、これでは曖昧な言い方にすぎないと考えている。もっと精確な言い方が為されねばならない。エドワーズは、次のような言い方で真理概念を引き出す。「一般的に真理とは、最も厳密な形而上学的手法を経た上で、私たちの諸観念と神の諸観念が首尾一貫しておりかつ一致していることとして定義されうる」

(Edwards 1980 [1723]: 341-42)。後からチョンシー・ライトについて検討するときに見るように、まさにこの種の形而上学に対して、プラグマティストたちは反発したのである。プラグマティストたちもまた、「真理とは事物の有り様に一致していることだ」という言い方で意味していることについて、さらにもっと何かを言う必要があると考えている。しかし彼らはその表現を、神の諸観念ではなく経験の中から引き出そうとする。

一七〇〇年代中葉から後半にかけて、アメリカのいくつかの哲学研究科の中では、ピューリタンの経験論と結びついたとある見解が支配的になった。すなわち、スコットランド常識学派の実在論である。一七六五年にエジンバラ大学から呼び寄せられ[1]、エドワーズの後任でプリンストンの学長に就任することになるジョン・ウィザースプーン(John Witherspoon)、彼の後任のプリンストン学長となるジェイムズ・マコッシュ(James McCosh)、そしてハーヴァードのフランシス・ボーエン(Francis Bowen)が、この見解の主唱者であった。彼らは次のように論じた。すなわち、私たちが事物や出来事や他者の心について知識を有していることは斯くも明白であるからして、私たちはこうした知識を可能にする諸原理について、直接的ないし直観的な知識を有しているに違いない。例えば因果律は、ヒュームが証明したように、感覚的経験を経て用いられるようになったものではないのだから、直観的に知られていなくてはならない。私たちは因果などのようなもろもろの概念を形成し、その上でこそ経験を解釈できるようになり、世界についての整合的な理論が得られる。私たちが経験から引き出すであろう推論は誤りを含むかもしれないが、私たちが理性や直観から得る概念は確実なものである[、という考えが常識学派の実在論だ]。これから見るように、合理論と経験論を組み合わせたこのような考えは、ダーウィン（Charles Darwin）の進化論が表舞台に現れたときに、とりわけ危機に瀕することになった。

1–3　超越主義

ピューリタニズムの後に続いた超越主義（transcendentalism）は、一八〇〇年代中葉のアメリカにおいて、主要な知的勢力となった。ラルフ・ウォルド・エマソン（一八〇三〜八二）は、その導きの光であった。超越主義は、ウィリアム・トーリー・ハリス（William Torrey Harris）（一八三五〜一九〇九）、ジョージ・ハウィソン（George Howison）（一八三四〜一九一六）、ヘンリー・コンラッド・ブロックマイヤー（Henry Conrad Brockmeyer）（一八二八〜一九〇六）によるセントルイスのヘーゲル主義を生んだ。これから見るように、超越主義とともに生まれたアメリカの観念論は、まだ雛鳥だったプラグマティストたちの関心を最も集めた考えである。

超越主義者は、個性や独立性といったことや、さらに私たち自身の持つ資質を涵養することに注目していたため、アメリカン・プラグマティズムの先駆者と見なされることがある。しかしこれから見るように、これらのことはプラグマティズムの特徴的な側面ではないし、ともかく超越主義者は、プラグマティストたちが軽蔑した形而上学のお荷物を抱え込んでいた。「プラグマティズムと超越主義という」二つの見解の間には重要な結びつきがあったけれども、その結びつきは、個性や豊かな資質を重視するといったいわゆるアメリカ的態度のうちにはない。

エマソンは、メタフィジカル・クラブの面々の間では非常によく知られており、尊敬されていた。彼は、パース家とも、そして特にジェイムズ家とも懇意にしていた。デューイは過去を振り返って、エマソンは「プラトンの名に続けて同じ口でその名を言うのに相応しい、新世界の一市民」(*MW* 3: 191: 1903)だと考えた。しかしプラグマティズムの歴史の中での彼の位置付けは複雑である。彼は拡張された経験概念をほのめかしてもいて、おそらくジェイムズは、哲学的気質についての自身の語り方をエマソンから取り入れている。しかし、初期のプラグマティストたちが仕事をした際にあった知的背景の一部を彼が形成したことはこれ以上ないほど確実なのだが、彼の哲学スタイル、彼の哲学の手法には、プラグマティストたちのそれとは非常に異なる感じがある。そしてこれから見るように、自然界とは神の啓示なのだという彼の見解は、プラグマティストたちが与した考えとは反対の主張なのだ。

パースは、哲学的にエマソンに傾倒しているわけではなく、エマソンからの影響が仮にあったとしても強いものではない、と非常にはっきりと思っている。

ケンブリッジ界隈には、コンコードの超越主義[2]を殺菌して寄せつけないようにしようという雰囲気が漂っていた。そして私は、そのような病原菌に感染したと感じたことはない。それでもしかし、もしかしたら、培養された何かしらの細菌、かの〔超越主義という〕病気の良性のものが私の心に思いがけず巣食っていたということ、そしていまその病気が、長い潜伏期間を経た後に、数学的な様々な考えによって、そして、物理学的調査に習熟することによって修正されて、表面

に現れてきているということがあるのかもしれない。［*CP* 6. 102; 1891］

これから見るように、スコットランドやイングランドの啓蒙運動と経験論的な価値観が、メタフィジカル・クラブの面々の間には染み渡っていた。超越主義は、これらとは反対の立場として表明されたものである。エマソンは、一八三六年の『自然論』（*Nature*）を皮切りに、自然とは神聖なるものの表現であると論じていた。超越主義のモットーは、次のような反経験論的な標語である。すなわち、「自然を治める人間の王国は、観察によって到来するのではない」（Schneider 1963［1946］: 242）。自然とは、神の意志の発現である。世界とは神聖なる夢なのだ。それゆえ、神学において行われる探究よりも、あるいは当時はそれとほぼ同じものであったが、哲学において行われる探究よりも、科学の方が高位の種類の探究だということにはならない。

エマソンは一八四一年の論文「超越主義者」（"The Transcendentalist"）の中で、超越主義は観念論を現代的に表現しているのだと述べている。こうした「ここニューイングランドで見られる新しい見解［…］は実際のところ新しいものではなく」、「新時代の鋳型に注ぎ込まれた、まさに最古からある思想」なのである（*CW* 1: 201; 1841）。エマソンはこう述べている。

思想家として、これまで人間は、二つの集団に分かれてきた。唯物論者と観念論者である。前者は経験を拠り所とし、後者は意識を拠り所とする。前者は感官から得るデータから思考を開始するが、後者は、感官が最終的なものではないこと、そして例えば、感官は私たちに事物の表象を与えるが、それらの事物それ自体が何であるのかを告げることはできない、ということを見抜いている。唯物論者は、事実や歴史、状況の力、そして人の持つ動物的欲求を主張する。観念論者は、思考の力や意志の力、霊感、奇跡、個人の〔個性の〕涵養を主張する。［CW 1: 201; 1841］

エマソンは観念論者の側に立つ。ヴァン・リアーは、エマソンの『自然論』は根本的にはカント的な著作であると解釈しながらも、その中に観念論の四つの主題全てを見て取っている(4)（Van Leer 1986: 26）。これらの〔観念論的〕主題には、もちろん、現代でも哲学の関心事になっているものもあれば、そうでないものもある。一つめの主題、つまり、精神ないし絶対者こそが第一のものであるという見解は、今となっては廃れている。しかしながら、初期のプラグマティストたちの著作を読む際には、この見解を念頭に置いておく必要がある。というのも、これから見るように、例えば、ジェイムズ自身が絶対的観念論に対してどのように反対しているのかを理解してはじめて、ジェイムズを理解できるようになるからだ。初期のプラグマティストたちは、観念論的ヘーゲル主義者たちに揉まれて知的に成長していった。わけても、セントルイスのヘーゲル主義者の一人であり、『思弁哲学雑誌』（*The Journal of Speculative Philosophy*）の創設者であったウィリアム・トーリー・ハリスは、最も卓越していた。プラグマティストたちは、目標としてはそれを論駁しようとしていたのだとしても、他の全てのものを含む包摂的で統一的な意識――つまり、世界から何かしら独立しているのではなく、世界の中にある絶対者――が存在するのだという考えを、真剣に受け止めていた。

まだ雛鳥だったプラグマティストたちは、ヘーゲル的観念論に対して非常に多種多様な態度をとった。ライトはほとんどヘーゲル的観念論に言及していない。ジェイムズはヘーゲル的観念論に反対する見解を打ち出している。パースは、自分のプラグマティズムとヘーゲル思想の間に類縁性を見て取っている。（その後に続くデューイは、あらゆるプラグマティストの中で最もヘーゲル主義的であった。）しかし、一つ明らかなことがある。初期のプラグマティストたちは、いずれにせよ、観念論に深く関わっていたのである。実際、当世で最も有名な観念論者であったジョサイア・ロイスは、パースとジェイムズの一番の話し相手であった。

プラグマティズムの創始者たちが保持しようとしたニューイングランド的な部分というのは、経験とは広いものだという考えである。エドワーズの手でこの思想は展開されたが、そのおかげで経験は宗教にとって中心的なものとなっている。つまり私たちは、神聖なものを知覚するのだ。エマソンがその後に続き、議論を補強した。一八四四年の論文「経験」（"Experience"）でエマソンは次のように述べた。すなわち、「人生」とは「ビーズの連なった紐のような」「気質（temperaments）」ないし「気分（moods）」の連なりであり、「私たちがそれらを通り抜けるとき、それらはそれぞれの色合いで世界を彩る色とりどりのレンズなのだと分かる。そしてそれぞれのレンズは、それぞれの焦点に合っているものしか見せてくれない」（CW 3: 30; 1844）。「こうして不可避的に、宇宙は私たちの〔レンズを通した〕色を帯びるのである」（CW 3: 45; 1844）。これは、人間の思考が世界を構築するのだという、カント的な考えである。エマソンの新たな貢献は、気質ないし気分というものを導入したことである。情態（feelings）ないし情動は、〔世界を〕構築するその装置の一部なのである。

エマソンは、カントと同じく、世界を人間化しようとした。世界は、経験論者が私たちをその中に位置づけているような不活性で知ることのできない世界などではない。彼はこの見解に特殊な着眼点を持ち込んだ。そのうちの一つが、ラッセル・グッドマン（Russell Goodman）の示した通り、欧州ロマン派のワーズワース（W. Wordsworth）とコールリッジ（S. T. Coleridge）の着眼点である。問題は経験論にではなく、「狭量な経験論」にある。[5] 経験が広く捉えられている限りは、つまり、私たちの五感が伝えてくるもの以上のものを経験が含むのであれば、経験に注目することに悪いことは何もない。情態ないし情動は一種の経験である。このことこそ、エマソンとプラグマティストたちの間の二つの主要な結びつきのうちの一つであると言っておこう。[6] 両者とも、経験という概念を徹底的に再構築して、それによって、情態、情熱、情動が〔経験に〕含まれるようにすることに関心があるという点で結びつきあっている。

エマソンが最初に気分ということを言い始めたとき、全ての経験は幻想なのだと述べようとしてそうしていたようだ。しかしヴァン・リアーが論じているように、エマソンは論文「経験」の中で、経験が私たちを驚かせるという考え、つまり、人生とは「驚きの連続」であるという考えでもって、こうした思想の行き過ぎを抑制している[7]（Van Leer 1986: 165f.）。そして、驚きは発見の本質である。「天才の思想には常に驚きがある」（CW 3: 40; 1844）。私たちは驚くことがありうるという事実は、経験は幻想などではなく、世界が完全に私たちによって構築されているわけではないことを示唆している。私たちが世界に色をつけることはあるだろうが、私たちが色づけをしている対象であるところの実在の何かが存在する。[8] 経験は驚きの中で私たちのもとにやって来るというこの考えは、エマソンとプラグマティズム創始者たちの間にある第二の主要な結びつきである。これから見るように、まさにこうした経験概念こそ、パースが打ち出しているものであり、これがパースの認識論の決定的な部分を形成しているのである。パースはこの考えを、エマソンから引き出さねばならなかった。エマソンの言葉を借りれば、経験とは、「思いがけない結果」ないし、「どこか新しく、かつて自分が自分に約束したようなものとは全く似ていない」ものなのである（*CW* 3: 40; 1844）。後から見るように、こうした言葉は、パースの筆で書かれていても良かったかもしれない。

一八三七年にエマソンは、今こそ「アメリカの学者」がアメリカの思想を欧州人たちの支配から解放するときだ、と論じた。彼は、「この〔北米〕大陸の眠れる知性が鉄の蓋の下から視線を上げて、機械的な技術の行使よりも良いことによって、これまで繰り延べされてきた世界からの期待に応える」（Emerson 1940: 45）その時を心待ちにしていたのである。ダグラス・アンダーソン（Douglas Anderson）は、非常に説得力のある議論でもって、C・S・パースがそうしたアメリカの学者であったと論じている（Anderson 2008）。

サンタヤナは、初期アメリカ思想に見られるカルヴィニズムと超越主義という「お上品な伝統」について不平を述べていた。彼は、この伝統はアメリカに渡来したピューリタンたちの受難の意識に端を発すると考えた。こうした入植者たちは、「彼らの表現を借りれば、主なる神との格闘に忙しかった」（Santayana 1967: 38）。サンタヤナの考えでは、〔アメリカに〕持ち込まれたピューリタンの理想は「新しい瓶に入った古いワイン」であって、アメリカを「古い精神性を携えた若い国」にするという不幸な帰結をもたらしてしまった[9]（Santayana 1967: 38-39）。チャールズ・パースやウィリアム・ジェイムズのような人々が知的な表舞台に登場してからようやく、アメリカは欧州の見習い弟子から脱却し、独り立ちできるようになったのである。ジェイムズは、「かのお上品な伝統に無作法な一撃を加えた。なんと、世界は〔神の〕即興の積み重ねだと言うのか。事前の考え無しの創造だと言うのか。神とは、若造の詩人とか、苦し紛れの芸術家とかのたぐいの者なのか」（Santayana 1967: 59）。サンタヤナは正しかった。プラグマティズムは、一八八〇年代中葉から後半にかけてのアメリカにとって、無作法で衝撃的なものだったのである。

注

（1）スコット・プラット（Scott Pratt）とジョン・ライダーが指摘するように、コールデンの議論は「著しくパースに似ている」（Pratt and Ryder, 2002: 30）。

（2）Colden（1999［1734］: 415–16）参照。

（3）この役職に就いてほどなくして、彼は、天然痘の予防接種が原因で亡くなった。

（4）〔他方、〕エマソンの観念論がカントの観念論よりもバークリーの観念論に似ているという議論については、Winkler（forthcoming）を参照のこと。

（5）Emerson（*CW* 3: 48; 1844）より。Goodman（1990: 13f, 19）を参照のこと。

（6）Clebsch（1973: 113）とGoodman（2008）も参照のこと。

（7）*CW* 3: 39; 1844 参照。*CW* 2: 189–90; 1841 と *CW* 2: 195; 1841 も参照のこと。

（8）Van Leer（1986: 25）は、経験を驚きとして捉えるこの経験概念が、『自然論』の初版（一八三六年）に見つかるということも指摘している。

（9）オリヴァー・ウェンデル・ホームズ[3]（Oliver Wendell Holmes）は、エマソンの伝記の中で、同じ点を指摘している（Holmes 1886: 146）。

訳注

［1］ *Oxford Dictionary of National Biography* によれば、一七六六年にプリンストン大学の前身であるニュージャージー大学（College of New Jersey）の学長に指名され、プリンストンに到着したのは一七六八年八月とのこと。

［2］ つまりエマソンの超越主義のこと。エマソンは「コンコードの賢者（the Sage of Concord）」と呼ばれていた。

［3］ この人物は、本書五章1節で紹介されるオリヴァー・ウェンデル・ホームズJr.ではなく、その父の方のホームズである。

第二章　チョンシー・ライト

(Chauncey Wright)（一八三〇～一八七五）

2-1　序論

さて、初期のプラグマティストたちが生まれ落ちた知的世界のだいたいの様子を説明し終えたので、ここからは、プラグマティズムの創始者たち、つまりチョンシー・ライトとチャールズ・パース、そしてウィリアム・ジェイムズと正面から向き合うことができる。ライトは、アメリカ哲学に熱烈な関心を寄せる者以外には馴染みは薄いが、アメリカの思想において大いに過小評価されてしまっている人物である。彼は金持ちの家に生まれたわけでも、学者家系に生まれたわけでもなかった。彼の父はマサチューセッツ州ノーサンプトンの保安官補で商人であり、ライトがハーヴァード大学へ行けたのは、地元の女性が気前よくお金を出してくれたおかげであった。大学にいる間、彼は、古典語を暗唱することにとりわけ嫌悪感を示し、授業のための読書をそれほどしていないらしかった。しかしながら彼は、自分の同時代人の多くや、数学教授でチャールズ〔・パース〕の父であるベンジャミン・

パース（Benjamin Peirce）に鮮烈な印象を残した。一旦大学を卒業して彼が見つけた仕事は、大学制度の外にある仕事であった。彼はアメリカ航海暦編纂局（the American Nautical Almanac）の「計算手」となったのである。彼の心はそこにはなかった。職場の同僚であり、傑出した数学者で天文学者であったサイモン・ニューカム（Simon Newcomb）は、次のように述べている。

〔ライトには〕一年かけてやるべき仕事を三ヶ月か四ヶ月でやってしまうという言語道断な習慣があって、その期間、彼は昼夜の大部分の時間を仕事にあてて、食事はごくわずかしか摂らず、喫煙によって精力を保った。一年のうちのそれ以外の間、彼は古代世界の典型的な哲学者であった。つまり彼は、話はするが、私の知る限りではこの期間、ほとんど、あるいは決して、執筆ということをしていなかった。(1)

計算を簡略化する方法を編み出したことによって航海暦の仕事を素早く片付けられるようになってからは、ライトは、自分の心を本当に捉えていたことを進めてゆくのであった。つまり彼は、哲学的な話をしたり書簡のやり取りをしたり、そして要請があったときには、『ネイション』誌（*The Nation*）や『ノース・アメリカン・レヴュー』誌（*The North American Review*）に少し書評を書いたりしたのである。

実際に彼は、これらのことをするのに非常に長けていた。彼がダーウィン（Charles Darwin）との間に交わした文通は、その〔ダーウィンという〕偉大な進化論者に感銘を与えた。(2) ライトは概して非常に尊敬されており、アメリカ芸術科学アカデミー（the American Academy of Arts and Sciences）の会員になることを認められて、同アカデミーの書記となった。しかし、彼の本当の天才的才能が発揮されたのは彼の話術においてであったことは明らかだ。彼は友達づきあいをする相手として申し分なく、すばらしい話し相手であった。彼は一八七五年に亡くなったが、そのとき彼はまだ四五歳であった。彼はずっと健康状態が悪く、「刺激物」を乱用し、睡眠習慣は乱れており、断続的に生じる深刻な鬱に悩まされていて、これらのことに苦しんだ末の死であった（Thayer 1971［1878］: 137）。

ライトの思想は、他の初期プラグマティストたちに重大な影響を及ぼした。ペリー（Ralph Barton Perry）の指摘するところによると、ジェイムズは「チョンシー・ライトが言っていたように」という前置きをよく使っていたという（Perry 1976［1935］: 127）。メタフィジカル・クラブの面々のことやライトの卓越性について、パースは次のように記述している。

> 七〇年代最初期、懐かしきケンブリッジ[1]に集った私たち若者の一団は、半分は皮肉を込めて、半分は反骨精神から、自分たちのことを「メタフィジカル・クラブ」と呼んでいた。というのも、当時は不可知論が幅を利かせており、不可知論はあらゆる形而上学《メタフィジクス》について見事に見向きもしていなかったからである。私たちは、あるときには私の書斎に、またあるときにはウィリアム・ジェイムズの書斎に集まっていた。私たちのかつての仲間たちの中には、そのような若気の至り（wild-oats-sowings）をおおやけにしたいなどとは今更思わない者もいるだろうが、あの乱痴気騒ぎの中には、茹だったオーツ麦とミルクと砂糖が入っていた。[2]　とはいえホームズ判事氏ならば

きっと、彼が会のメンバーだったことを私たちが誇らしく覚えていることを、悪く思わないだろう。〔…〕ニコラス・セント・ジョン・グリーン（Nicholas St. John Green）は、最も熱心に関心を示していた仲間の一人で、敏腕で知識豊かな法律家であった。〔…〕当時の哲学界ではひとかどの人物であったチョンシー・ライトは、決して私たちの会合を欠席することがなかった。私は彼を、我らが集まりの隊長（coryphеus）と呼んでしまいそうなほどであった。しかし彼はむしろ、私たちが、というか特に私が、〔哲学的議論の〕スパーリングを挑んで激しいパンチに付き合わせた、ボクシングの師匠と言った方が良いだろう。〔…〕ライト、ジェイムズ、そして私は科学の人間（men of science）であって、形而上学者の学説を金科玉条のごとく精神的に重要視するのではなくむしろ、それらの学説を、科学的な面で精査するということをしていた。私たちの思考のあり方は、きっぱりと英国的なものであった。私たちの中で、唯一私だけが、カントという門をくぐって哲学の脱穀場に入ってきた。そして、私の考えですら、英国風のアクセントを帯びるようになっていったのである。〔*CP* 5. 12; 1907〕

〔他方、〕ライトはライトで、「〔パースの〕能力を、自分の知る他の誰の能力よりも高く評価していた」（*CWJ* 4: 525; 1875）。実際、ライトの文章を読めば、パースの声の反響を聞くことになる。パースは、たくさんの〔ライトと〕同じ話題について、〔ライトと〕同じ時に考察していた(3)。ライトは、他の誰よりも、パースと同じ知的な軌轍の上にいたように思われるのである。

三人のプラグマティズムの創始者たちは、明らかに、互いに相当量の知的な交流を重ねていた。一八五七年にパースは、自分はほぼ毎日ライトと哲学談義をしていると述べていた（Menand 2001: 221, 477 n. 42）。ライトの死後、パースはジェイムズへの手紙の中で次のように記している。

〔ライトが〕有名でないこと等々に関してだが、彼は欲のない哲学者としても知られていた。哲学者は、何か非常に基本的な言うべきことがあるという場合になってはじめて、たくさんの公衆を求めたり、あるいはたくさんの公衆がその哲学者を求めたりするのである。〔…〕私が〔今〕ケンブリッジにいたら良かったのにと思うことはある。私は喜んで、ライトについて、そして彼の考えについて講じ、彼を記念する何かができないか確認するはずだ。彼の思い出は、記念するに値する。彼は私たち一人ひとり全員に対して多大な貢献をしてくれたのだから。〔*CWJ* 4: 523-24; 1875〕

パースとジェイムズの両者と同様、ライトは科学者としての訓練を受けた。彼の頭脳は「物理学研究の中で育った」（Wright 1871: 131）のである。ハーヴァード大学の美術史の教授であり、『ノース・アメリカン・レヴュー』誌の共同編集者であったチャールズ・エリオット・ノートン（Charles Eliot Norton）は、一八七七年に、次のように指摘した。すなわち、アメリカ哲学界の早い時期のこの三人の巨人は、「抽象的な真理の側」にはさほど執心せず、「人間の暮らしや行動に真理を適用することに関して、それよりはるかに」心血を注いだ（Norton 1971 [1877]: xxi）。この理由はおそらく、パースの言葉で言えば、彼ら〔三人〕は皆「実験室気質の人間」だったことによる（*CP* 5. 412; 1905）。

一八八〇年代中葉には本格的になりつつあったアメリカ思想の大変動は、アメリカの大学で既に安住していた古い世代の学者たちにとっては、心の傷を負うほどに衝撃的であったかもしれない。しかしそれは、チョンシー・ライト、チャールズ・パース、そしてウィリアム・ジェイムズにとっては、困難なものではなかった。彼らは、新しい科学的な思考方法が根を下ろすのを待ちきれず、うずうずしていたのである。

2-2 イングランドとスコットランドの影響

イギリス経験論は、初期アメリカン・プラグマティズムの歴史のいたるところに残存している。ジェイムズはプラグマティズムとその経験論者の先達との結びつきについて最も明示的に述べており、「イングランドとスコットランドの思想家の主たる栄光」は、理論における違いは全て実践における違いを生じさせねばならないという思想を哲学に持ち込んだことだ、と主張している（James 1985 [1902]: 350）。これから見るように、初期のアメリカン・プラグマティズムは決してイギリス経験論と同一のものではないが、この二者の関係性は強い。プラグマティズムの初期創始者の一人であるライトが、いかにイングランドやスコットランドの思想家の影響を受けてきたのかを理解しておくことは重要だ。ライトは、心理学者アレグザンダー・ベイン（Alexander Bain）、哲学者ウィリアム・ハミルトン（William Hamilton）、デイヴィッド・ヒューム（David Hume）、ジョン・ステュアート・ミル（John Stuart Mill）、そして偉大な進化論者チャールズ・ダーウィンといった面々の著作に関心を持った。

ミルとダーウィンはライトと同時代の人物であり、ライトは彼らの見解をしっかり読み込んでいた。『種の起源』(*On the Origin of Species*) は一八五九年に出版されるやいなや、アメリカの若く才気溢れる知性たちの心を揺さぶった。その若者たちの中でも、チョンシー・ライトはとびきり優れていた。(4) ライトは、ダーウィンをどう解釈するかをめぐる論争に参加して、偉大なその男〔ダーウィン〕自身の心を摑んだ。葉序 (植物が示す、時計回りや反時計回りの〔葉や花弁の〕配列パターン) に関するライトの思索は、ダーウィンにとって、実のところそれに必要な数学は彼の手に余るものではあったのだが、実に興味深かった (Thayer 1971 [1878]: 235-36)。花弁に見られるようなこの種の配列は、花弁の各部分が最大限に日光に当たるようになっており、それゆえこれは自然選択的な特徴なのだ、とライトは論じたのである。ダーウィンは、ライトの「種の発生論」("The Genesis of Species") がイングランドで小冊子として公刊されるよう手配して、「私は人生で、これほどまでに私を満足させた論稿を読んだ経験はほとんど無い」と言ったという (Thayer 1971 [1878]: 230)。また、ダーウィンはライトを説得して、意識がどのようにして進化してきたと考えうるかということについての本を書かせようとした。この本は、ライトの逝去に伴い、未完に終わった。(5)

ノートンいわく、ライトの敬愛した英雄たちに共通していることの一つは、彼らが「科学的研究と哲学的探究の模範」(Norton 1971 [1877]: xvi) であるということだ。彼らは科学者であり哲学者である。ライトは「科学」を非常に広いものと捉えている。ライトが関心を持っていた物理学や生物学だけが「科学」なのではなく、「政治経済 (political economy)」「経済学」「政治学」といったような諸学も「科学」なのだ (Wright 1873b: 415, 417)。ライトは、どんな主題であれ、「物理学的哲学の手法ないし方法で、あるいは原因と結果の科学として」自分の主題を扱う学者のことを尊敬した（Wright 1873b: 417）。彼は「アプリオリ学派」の哲学には反感を表明し、彼自身としては、観察・実験・検証によって世界を研究する「実証的様式の思想」と固く手を結んでいる（Wright 1865b: 44）。彼は、直観、生得観念、心の能力の諸法則、あるいは原初的な確信といったもの、つまりは自明性、必然性、普遍性の兆候を示す真理と考えられるようなものには反対する立場をとっている（Wright 1865c: 330）。彼の考えによると、「アプリオリという言葉が、〈無知や無感覚によって（*ab ignorantia et indolentia*）〉ということしか意味していない場合があまりに多い」――つまりこれは、ラテン語を全く知らない者にも理解可能な表現なのである[3]（Wright 1875b: 393）。

このアプリオリ学派を危機に陥れたのが、ダーウィンの考えであった。直観と理性はもはや、確実に真である諸原理の源と見なされるのではなく、進化の産物と見なされうるようになっていた。私たちの心の機能は、生存可能性の要請に応答する中で進化する。それらは、私たちが実在を正しく捉えられるようにしてくれる原理としてもたらされたのではないのだ。後から見るように、この考えは、ジェイムズが『心理学原理』（*Principles of Psychology*）の中で示した中心的な洞察の一つである。また、ダーウィンに対する初期プラグマティストたちの反応が様々である原因には、二つの別々の種類のプラグマティズムが進展していたことがある、ということも後から見てゆく。

ライトは、ハミルトンが提示したような考え、つまり例えば、空間、時間、そして神（the Deity）は無限である、といったような信仰に基づいて私たちは信念を抱くのだという考えには批判的であった。ライトの見解では、こういった「前提」は、いついかなる場合であれ、批判に開かれていなければばならない（Wright 1865c: 340）。「哲学が第一に問うべきなのは、特定の経験の結果――証拠となる結果――を参照するか、あるいは帰納的な方途をとる以外に、ともあれ心が何かしらの一般的真理を知るなどということがあるのかどうか、ということだ」（Wright 1866: 346）。また、超越主義の主張によると、「知識のいわゆるアプリオリな要素、つまり一般的真理は、個別の経験がいくら積み重なっても、真であると認められることがありえない」（Wright 1866: 347）とされているが、ライトは、こうした超越主義の主張にも同様に批判的であった。

〔だからといって、〕このことから、全ての知識は感官を経て得られるのでなくてはならないというイギリス経験論に顕著な考えにライト自身が与しようとしていた、ということになるわけではない。ライトは、私たちの信念の源は様々であるということ、そして、プラグマティズムの主要な思想とは、一旦信念を持つからには、それら信念は検証可能である、つまり経験と関連づけられる必要があるのだという考えであることを、非常にはっきりと述べている。

しかし、科学理論の起源が何であろうと、つまり、意識的な帰納によって経験的諸事実を体系的に調査することから理論を引き出そうと、あるいは心に自然に備わっている偏見、つまりはいわゆる理性の直観という、私たちの経験を取り立てて調査せずとも蓋然性が高いと思われることから理論を引き出そうと――つまりは、理論の起源が実在的であろうと観念的であろうと、これらの理論の価値をテストできる方法は次のものだけである〔…〕。すなわち、〔理論の価値のテストは、〕感覚可能な経験に訴えることによってのみ、つまり、感官の疑いようのない証言によって

確証できる帰結をそれらの理論から導き出すことによってのみ可能なのだ。[Wright 1865b: 46]

このことが、プラグマティズムとイギリス経験論を分ける目印となる違いである。プラグマティズムは、信念の源ないし起源についての見解であることを第一にしているのではない。プラグマティズムは、一旦私たちが信念を持つには、その信念がどういったテストに合格しなければならないか、ということについての見解なのである。つまりそれは、ある信念が、まがいものでない、本物の、もしくは真っ当な信念である、ということになるのはどういうことなのかについての見解なのだ。

2-3　科学、形而上学、宗教

ライトの時代に「形而上学」が意味していたのは、宗教が染み付いているたぐいの形而上学であった。つまり、無限者や絶対者について語るたぐいのものであった。新しい科学の世界観においては、そういった話をする余地はないであろう。自然界についてのダーウィンの説明は、神の意志には全く言及しておらず、大胆にも聖書にある創世の物語とは矛盾しているように思われる。それどころか実際、経験論は、もっと全般的に形而上学を駆逐するもの、つまり、神に訴える形而上学など顧みないもののように思われる。ライトいわく、経験論は、「計り知れない未知の力」や、『理性』という能力を通して高位の形式の直観にとってのみ知られる」力、さらには「神秘」といったものの存在する余地など残さない（Wright 1873a: 246）。これらの種類の現象は検証不可能である。そのような現象は科学的研究の対象にはなりえない。ライトは、経験論者のこのよく知られた反形而上学的思想に別の思想を付け加えている。それはつまり、形而上学は探究の妨げとなるという思想であり、後で見るようにこの思想はパースの著作にも表れている。形而上学は、献身と服従という、科学の妨げにしかなりえない二つの態度を助長してしまう（Wright 1873a: 239, 248）。科学は、「未知のものを前にして畏怖のままに立ちすくむということはしない」（Wright 1873a: 239, 249）。

宗教的な仮説は、初期のプラグマティストたちに相当に大きな狼狽を引き起こした。自然の秩序における神の位置付けそのものを疑問視することは、望ましくない帰結を個人にもたらしかねない。メタフィジカル・クラブのメンバーの一人で、新しい進化生物学に心を奪われていたジョン・フィスク（John Fiske）は、ハーヴァードの学生だった頃に、教会で〔礼拝の時間に〕コント（Auguste Comte）を読んでいるところを見つかってしまった。コントは検証主義的な立場から宗教を疑問視しているのだが、一八六〇年代から七〇年代にかけての時期、アメリカの知識人たちの間では、このコントの議論がたくさんの論争を巻き起こしていた。フィスクは評定を下げられ、彼の両親には学長から、彼がその「不信心な」考えを吹聴しようとするならば退学させるぞと脅す内容の手紙が送られた(6)。宗教的原理ではなくむしろ科学的原理から出発しようとする新しい潮流の思想家たちの一角をフィスクは担っていた、ということを見抜いていたという点では学長は正しかったのである。

初期プラグマティストの中でも、ライトは、宗教に対して科学がどのような含意を持つのかについて、最もはっきりした考えを持っていた。彼は、宗教はそれ自体が科学の一部にならねばならないと論じており、科学が宗教の敵であるという非難に科学が左右されるなどという考えはさらさらなかった（Wright 1865a）。それどころか、彼の唱えた不可知論と、神の存在を肯定する議論に対して彼が行った、質は良いが辛辣である挑戦的議論によって、彼はケンブリッジ内で悪名を轟かせていた。ここに、彼がレズリー教授（J. P. Lesley）に言った言葉を載せておこう。レズリー教授はライトの友人で、ペンシルヴェニア大学の地質学教授、ペンシルヴェニア州の公認地質学者であり、正統会衆派教会の牧師をしていた人物である。

> 私の神学的な議論の一つに反論してくれてありがとう。［…］神学論争のアリーナは私にとっては新しい場所であり、私はその議論を競うには貧弱な装備しか備えていないということを痛感している。厳密な諸科学の研究においては、間違った方向に行ってしまったときは必ず馬鹿馬鹿しい議論や理解不可能な議論に陥ってしまうものだ。暗闇や落とし穴だらけの事柄における思考や表現の不正確さに対して心の準備をすることにかけては、科学研究というのは、一般的に考えられているほどには良い学理ではない。［…］数学では、理由にまず注意を払い、結論がその後に続くなら続くに任せる。しかし神学においては、結論が最も重要であり、理由は結論から後付けされる。［Thayer 1971［1878］: 67–68］

この言葉がそれほど非難めいたものではなかったとしても、ライトは、〔神の〕設計ありきの論法[4]に対して、一撃をお見舞いしているのである。そうした論法がもっともらしく思われるのは、議論を始める前に、結論を認めてしまっている場合だけである。「法則を与え給う者、かくあれと設計する者が存在する、という結論を認めれば、科学によって発見される諸法則や見た目上の設計こそが最終的な原因ないし目的を示す記号ないし表象である、ということは疑いなく正しい。しかし、それでは、どうやって、それらをそのように解釈する中で私たちが想定してきたこと〔つまり神の存在〕の証拠として、それらを利用できるというのだろうか」(Thayer 1971 [1878]: 68)。

ライトは、〔宗教への〕敬意は維持したまま、異端の考えを持つことができた。これは、大部分において、彼の内気で誠実な人柄のおかげである。彼は誰からも好かれる人物だったようだ。レズリーのような人たちが、ライトの逝去に際して、次のような事実に言及しながらも彼への思いの丈を露わにしていることが確認できる。つまり〔例えばレズリーいわく〕、「ライトの思想傾向は全て、人々がマターシャー[5]の沼地に建造している新市街に向かっており、私は彼が沼の下にある地面について思索を重ねている姿を見てきた［…］。彼は、葉序は植物の魂のうまく育った習慣にすぎないという私の意見に抗弁した［…］。彼は目に見えないものについての証明を要求したし、生半可な証明など全く認めるはずがなかった」(Thayer 1971 [1878]: 66–67)。

神の存在と魂の不死性に関するライトの「判定」は、こうだ。それらは「証明されていない」(Thayer 1971 [1878]: 133)。彼にとって「証明されていない」というのは重大な判断である。この言葉によって彼は、対象に有利な証拠が存在しないということを意味しているのだ。しかし彼は注意深く、無神論を支持する証拠は有神論を支持する証拠と同様にほとんど無い、と述べている。神学的形而上学をめぐる論争の参加者たちが、自分たちは互いに食い違った話をしているのだと感じているということを、ライトは見抜いているのだ。しかし、ライトがこの食い違いをどのように述べているのかを見れば、彼がどの陣営の者を非合理的だと考えていたのかは明らかだ。

懐疑派の理論に対して形而上学的精神から為される主な反論を要約すると、形而上学的な学派が蓋を開けた問いに懐疑派の理論は答えられていない、ということになる。そして形而上学に対して懐疑的精神から為される主な反論というのは、こうした問題など、いわれがなく、怠惰で、馬鹿げている、というものだ。[Wright 1867: 350]

ライトの議論によると、ピュロン的懐疑論者の過ちは、そういった論争を控えることこそが最良の行動の道筋なのだと考えてしまっていることである。というのも、神学的形而上学は、宗教や道徳についての人々の考え方に影響を及ぼそうとしているからだ。ライトの考えでは、神学的形而上学が実際に有していることの影響が、大いに、「偽なる判断」を助長してしまっている(Wright 1971 [1877]: 355)。だからこそ、こうした論争は真剣に取り扱わねばならないのだ。

形而上学をめぐるこの論争をライトがどのように枠づけして取り上げているのか。このことこそが、プラグマティズムの、その発端から現代に至るまでの核心的特徴の一つなのだということがこれから分かってくるだろう。形而上学の「完膚なきまでの無意味さ」(Wright 1867: 355)は白日の下に晒されねばならないが、だからといって、懐疑論が君臨するというわけではない。全ての形而上学は屑入れに投げ込まれねばならない、とはならないのだ。私たちは、良い形而上学と悪い形而上学を見分ける方法を見出す必要がある。ライトの友人ジェイムズとパースは、彼らの心の師〔であるライト〕の逝去後、この思考を完成に向けて継続してゆく努力を精力的に行ったのである。

ライトは、自分の書いた書評や哲学的内容の書簡のほとんど全てにおいて、形而上学の問題含みの性質について述べている。これこそが、彼の思想の全ての側面において一貫している綱要なのである。これから見るように、〔そのような考え方をしていたのは〕彼一人ではない。例えばパースは、一八八〇年代初期に〔ジョンズ・〕ホプキンズ大学でメタフィジカル・クラブを再開させた。この会の名称には、最初のメタフィジカル・クラブの名称が担っていたのと同様の皮肉の意味合いが込められていた。パースの教え子であったクリスティン・ラド＝フランクリン（Christine Ladd-Franklin）はこう述べている。「実際、彼〔パース〕の講座は非常に勿体ぶっていて先の展開の予想がつかないもので、彼は一度、講義の最後に次のように提案して学生たちを喜ばせたことがあった。すなわち、私たちは（もっと自由に議論できるようにするために）メタフィジカル・クラブを結成するべきだ、と。〔ちなみに〕彼は、その講義の最初に、形而上学《メタフィジクス》を『明断でない思考の科学』であると断じていたのだが」。(7)

ライトの主張によると、科学とはその大部分が、帰納にまつわっている。これから見るように、パースの果たした大きな革新のひとつは、科学的方法にとっての新しい種類の推論——仮説〔形成〕(hypothesis) すなわちアブダクティヴな推論——を構想したことだった。この新しい推論は、後から帰納によってテストされることになる仮説を展開することに関するものである。この推論は、今日では最良の説明への推論と呼ばれているものとよく似ている。(8) おそらくパースは、ライトが一八六五年に次のような言明をしたときには既に、そうした種類の言明に懸念を抱いていた。「しかし、いつ、どのように発想が展開するにせよ、科学は何も気にしない。というのも、後に続く感覚可能な経験のテストによってのみ、もろもろの発想は、科学の法典の中に記載されることが認められるのだから」(Wright 1865b: 47)。パースの考えでは、発想がどのように展開するかということについて、科学は気にした方が良かったのだ。

とはいえ、ライトがアブダクションという考えを自分でも活用していたのかどうかが気になる向きもあろう。ライトはこう論じている。いわく、ピタゴラスあるいはダーウィンのような偉大な思想家は、「自分の仮説を信じる何らかの根拠を前もって有していなかったならば」、その画期的な仮説を提唱していなかっただろう (Wright 1870: 98)。それと同様に、ライトは次のように考える。

> 実験的哲学の希望はまさに [...]、物理的因果は普遍的であるという帰納に立脚している。あるいはお望みならば、そうだというアプリオリな想定に立脚していると言っても良い。つまり、自然の構造は現実世界における自然の現れのうちに書き記されており、それはただ、実験的研究・帰納的研究によって解読されるしかない。その自然の法典は、心的な予感や形而上学的思弁の魔法によって明らかにされるというような、潜在的で目には見えない書物などではないのだ。[Wright 1871: 131]

後から見るように、これらの種類の想定、あるいは希望 (パースがしばしばそういう呼び方をしていた) こそ、パースが「アブダクティヴな」仮説 〔という言葉〕によって意味していたものである。探究に必要なのは、「仮説や実験を巧みに操ることによって、未知の原因の調査」に従事することである（Wright 1871: 141）。この考えは、ライトの著作では未発達のままである。こうした考えの秘めた力を理解するには、パースを紐解くまでしばし待たねばならない。

とはいえ、ライトもパースも、形而上学ないし「超越的仮説」（Wright 1871 136, 強調は原典による）が実験的哲学に入り込むのを決して認めなかった。生気論仮説などのような、これら「形而上学的で神秘的な」仮説など、科学的な哲学において出る幕は無いのだ（Wright 1871: 138）。

2-4　プラグマティズム、実証主義、検証主義

検証という実証主義的な考えが、一八六〇年代から七〇年代にかけてのメタフィジカル・クラブの面々の周囲に渦巻いていたことは明らかだ。また、検証主義が、私たちの仮説や理論を経験と実践に結びつけておこうという、まさにプラグマティズムの考えと密接に関わっていることも明らかである。プラグマティストにとっての先駆者である経験論者たちの中には、観念と事物（ないし事物の目に見える効果）を単純に同等視することに注力した原子論的検証主義を構築していた者もいる。これから見てゆくプラグマティストたちは、それとは異なる種類の検証主義の継承者であった。

現在では「検証主義」は、一九二〇年代にウィーンとベルリンで起こり、第二次世界大戦開幕の時期にアメリカとイングランドに持ち込まれた、論理経験主義ないし論理実証主義の中心的学理を指すものと考えられている。論理経験主義の目標は、科学の傘の下で全ての探究を統一することであった。次のような検証可能性原則が最も役立った。つまり、全ての真っ当な信念や理論は、形式的な演繹論

理を通して、経験的に検証可能な言明に還元可能でなければならない、とする原則だ。形而上学はこの〔検証可能性の〕テストの基準を満たさないため、非難の的となった。つまり形而上学は、無用の長物だというのだ。しかし、検証主義の考えの起源はイギリス経験論とコントにあり、そしてもちろん、誤解を招く仕方で時代錯誤的なわけではなかった初期プラグマティストたちの見解に私たちがたどり着こうとするならば、これらの〔イギリス経験論者やコントといった〕思想家たちにきちんと向き合わねばならない。

ライトは、検証主義的な考えの微妙さと困難を、すぐさま見抜いた。コントは当時、自分で「実証主義」と呼び始めた考えの旗振り役であった。自身の六巻本『実証哲学講義』(*Cours de Philosophie Positive*)の中でコントはこう論じている。真っ当な学説というものは、観察に基づいていなければならない。それらの学説は全て、科学の基準に達していなければならない。それゆえ、真っ当な学説は、感覚的現象を予測し、制御することを目指さねばならない。探究の領域は、神の規則に訴えることで自然を説明しようとする神学的、作話的、あるいは神話学的な段階から離れ始める。この種の説明は、自然が法則によって制御されていることを人々が発見すると、拒絶されるのだ。そうなると、神々は非人格化され、抽象的で形而上学的な存在、つまり、本質ないし原因となる。現象の説明として神々の意志を引き合いに出すよりもむしろ、力ないし本質がそうした役割を果たしているのだと言われる。しかしコントは、力や本質もまた私たちの研究の及ぶ範囲を超えていると論じた。形而上学は、神秘的な神々を、〔別の〕神秘的な存在に置き換えているにすぎない。形而上学は科学の原始的な先駆者であり、科学は現象だけを扱うように自らを制限するので、形而上学は消失することになる。

ライトは、実証主義に伴う問題を見抜いている。エドワード・マッデン（Edward Madden）が指摘するように（Madden 1963: 108ff）、ライトは、一九四〇年代後期と一九五〇年代前期に検証主義の思想において為されることになる大規模な修正を予期させる仕事をしている。ライトは、全ての概念がそれ自体で経験によって検証可能でなければならないと述べているのではなく、「感覚的に検証できる帰結を感官それ自体から導き出すことによって、あるいは、それ自体で検証可能な諸観念と組み合わせてそうした帰結を生むことによって」、仮説は「感官由来の保証を示さなければならない」と考えているのだ（Wright 1865b: 46）。第三部で見るように、論理経験主義は最終的には譲歩して、次のような考えに至る。すなわち、概念は、「当の概念がその中で生起している概念体系から意味の一部あるいは全てを得る」ことができ、「それゆえ、概念の真っ当な使用であるための唯一の要件とは、ある概念体系を活用している仮説のうちのいくつかが経験的にテスト可能でなければならない、ということなのだ」（Madden 1963: 110; Carnap 1937: 318）。私たちは、相互に結びつき合った概念や仮説の体系全体、つまりは理論を見る必要があり、その上で、その理論が検証可能であることを要求するのである。

ライトはこれと同じ考えを持っている。また、ライトは、そうした考えを表した論文の中で、それとは別に、彼の死後百年近く経ってからようやく現れることになる、論理経験主義的な形式の検証主義に対するまた別の見事な異論を予感させる議論もしている。

科学的方法が完全なものとなるためには検証が不可欠であるということについては議論するまで

> もない。しかしそれでも、哲学的探究を行う様々な機関において何が検証というものを構成しているのかについては、議論の余地がある。方法の哲学が、私たちの最初の知識源の完全な一覧表を与えられず、かつ、第一の真理の起源ないし観察から得られる真理が何であるのかを権威をもって決定できない限りは、観察に真っ当な仕方で訴えるとはどういうことなのか、本当の検証とは何なのか、ということがずっと不確かなままになってしまうのだ。[Wright 1865b: 45]

五感からの直接的報告こそが真っ当な検証とされるものの総計なのだという考えを当然視することは、非常に困難な問題に対して軽率に答えを出してしまうことに他ならない。

ライトの指摘によると、コント自身は検証の本質を見誤っていた。例えば、コントは「光の波動説に抵抗した」が、それというのも彼はその理論に検証不可能な仮説が含まれていると考えたからであった（Wright 1875a: 383）。私たちは今では、エルンスト・マッハ（Ernst Mach）もまた検証の本質を見誤っていたとつけ加えることができる。科学者たるもの経験の領域を超えて進んではいけないとマッハは要求し、このことから彼は、原子論仮説を拒絶するに至った。原子や分子は補助なしの感官では知覚できないため、マッハいわく、そうしたものは「思考の産物にすぎず」、実在を指し示すことはできない（Mach 1911 [1872]: 51）。仮説が真っ当さのテストに合格するためにはどういった種類の経験がその仮説について要求されるのかということを、哲学者が正確に知っているつもりでいる場合には、これら〔光の波動説や原子論仮説〕のような真っ当な科学的仮説が危機に瀕する可能性がある。ライトの議論の要点は、真っ当な信念は全て感覚のうちに試金石を求めるのだ、という想定をしてはいけないということである。そのように想定してしまうと、私たちは、ライトが非常に興味深い問題であると考えている事柄に対する答えを〔予め〕決めつけてしまうことになる。例えば、「内的な証拠のテスト、理性のテスト、そして自意識の所与《データ》に訴えること」(Wright 1865b: 46) について、私たちはどう考えるべきだろうか。

こうした種類の証拠に訴えることは、探究の「主観的方法」に含まれることであり、その方法においては、「自然的で普遍的な人間の関心や情動」が、仮説をテストする際の根拠である。この方法は、形而上学的思弁や神学的思弁に特徴的なものだ。他方、「客観的方法」は経験的であり、「私たちが常に感じてきたこと」には関心を寄せない (Wright 1865b: 49)。しかし、私たちが主観的方法には何の価値も無いと自信を持って考えられるようにしてくれていることとは何か。コントとは違って、ライトは、哲学や神学が科学に株を奪われるとは考えていない。科学と哲学は、例えば、いつも第一級の探究の中で共存してきた。まさに、科学は今ようやく成熟しようとする途上にあり、科学は、歴史、社会、法律、道徳のような主題に「煌々と光を当てる」ことを約束しているのである (Wright 1865b: 54)。このような光を享受するためには、科学とは何なのかについての一連の偏見から出発するようなことがあってはならない。

こうして、ライトの思想には、私たちが先に確認したような、まさに初期のアメリカの思想家たちから生まれた考えを、初めて注意深く明確化している姿が見て取れるのである。その考えとはこうだ。経験は、私たちの五感が伝えるものを超えてゆくかもしれない。私たちは価値を経験するかもしれない。探究は、隙間のない全体として考えられねばならない。それこそ、私たちがこれから全体論 (holism）と呼ぶことになるものである。この考えが、プラグマティズムを定義する特徴となってゆく。

全体論は、ライトの思想の中で次のように展開する。一八七五年にライトがしている主張によると、数学的法則や公理は、「実験や観察による数学的帰結の検証を通した、可能な限り最も広い範囲で遂行される経験のテストのうちに、その最も真なる証拠を有している」（Wright 1875b: 393）。道徳哲学もまた、この観察的ないし科学的な精神のうちで遂行されうる。ライトの見解では、道徳についてこうした考え方をとることは、結局、功利主義者になることに行き着く。

ライトが自分をミルの後継者と考えていることは、驚くことでもないだろう。ミルは、2＋1＝3は、物を集めることについての経験的真理であると考えた。すなわち、○○と○を集めることは○○○を集めることとして捉え直せる、ということを私たちは観察しているというのだ（Mill 1973 [1872]: 257）。この思想はあまりうまく進展しなかった。全ての物体が地面に固定されているのではないことは結構なことである、とフレーゲ（F. L. G. Frege）は指摘した。というのも、ミルの見解に基づくと、私たちが物体の集まりをあれこれ動かせなければ、2＋1は3に等しくならなくなってしまうからだ（Frege 1950 [1884]: 9e）。数学についてはどういった種類の経験を念頭に置いているのかということを、ライトは述べてくれていない。これから見るように、数学は観察的学問である、という考えをパースがしっかりと自分のものとするとき、その結果は、ミルが提供している考えよりもはるかに面白いものとなる。

とはいえ、ミルは正しい仕方で探究に従事した人物を示す素晴らしい一例であったと、ライトは考えていた。

〔ミルは、〕真理それ自体に対する然るべき敬意と、そして、教養や自然の傾向性の違いゆえに生じる人間の心の多様性をきちんと尊重するという心がけを伴った、知的で誠心誠意から生じる対立状況を真剣に歓迎した。こうした多様性は、彼には、真理の証拠が要求している精査を完全なものとするために不可欠であるようにすら思われた。知的で誠実な意見であれば、最終的には誤っている意見でも無価値ということはない。真理の進歩というものは間違いと訂正の連続なのだから。真理それ自体は、間違った意見によって脅かされるものではないが、じきに減退して視野狭窄に陥り、間違いになってしまうだろう。〔…〕人間の心は、過去にあった〔真理からの〕逸脱を忘れることができない。真なる発見と同じく、そうした逸脱もまた、欠くべからざる手引きとなる。人間の心は、真理を追求する際に、もっと野心的な哲学者の自信満々の方法に従って、特定の出発点から歩み始めるということもできない。〔Wright 1873b: 417–18〕

この文章には、たくさんのことが詰まっている。実際、プラグマティストの認識論の核をなす主題のいくつかが、ここに現れている。〔この文章には〕反基礎づけ主義的で探究志向の考えが見られる。私たちは、ゼロ地点から、つまり、疑いようのない基礎あるいは確実な基礎から出発することはできない。むしろ私たちは、探究によって持ち込まれる信念の負荷を負った状態で、いま自分たち自身がいる場所から出発しなければならないのだ。〔この文章には〕また、ある事柄についての真理を発見したいのならば、可能な限り多くの証拠と可能な限り多彩な視点を考慮に入れる必要がある、という考えも見られる。「知識を拡張したりテストしたりする手段に新しい感官が加わること」は賞賛されるだろうが、それと同じように、人々が「真理のために」考える仕方が様々であることは賞賛されねばならない（Wright 1873b: 419）。

私はかつて、道徳と政治についての最良のプラグマティズム的見解はまさにこの路線に沿ったものとなることを、パースの見解を基盤として採用しながら論じた（Misak 2000）。換言すれば、様々な観点を真剣に受けとめる必要があるということについてライトが述べていることは、倫理的探究の場合においてとりわけ当を得ている。倫理的探究において、〔様々な〕他者の多様な経験というものは特別な重要性を持つ。もしライトが、これらの手早く述べただけの事柄についてもっと詳しく論じていたら、おそらく彼は、パースあるいはデューイ以上に、道徳的・政治的探究についてプラグマティズム的・民主主義的に説明する元祖と考えられていたであろう。

また、ライトは、後からプラグマティズムにとっての中心的問題であることが明らかになる区別も、打ち出している。つまり、人々が実際に望んでいることと人々が望むべきことの区別である。ライトの考えによると、ミルは次のことをした。

〔ミルは〕悪評が高まっていた「功利性（utility）」という語を救い出した。〔…〕「功利性」はもはや〔…〕全ての人間に共通した欲求の充足をもたらすものの名前ではない。ミルによって「功利性」は、人間にとって実践可能で最も望ましい（が豚にとってはそうではない）状態や傾向性を実現することにつながる、人間の行動習慣ないし行動規則の中にある性質を、明らかに意味するようになった。それらの〔習慣や規則の〕望ましさは、それらを有する人々が、自分自身の幸せ

の中にある要素としてそれらを実際に好むということによってテストされている。[Wright 1873b: 418]

この文言は、「である（be）」と「べき（ought）」の関係性をきっちりと正しく捉えてはいないかもしれないが、正しい方向への第一歩を踏み出していることは確かだ。私たちが望むことと最も望ましいことの間には区別がある。この見解に基づけば、人間が現に何を望むのかを見ることによってのみ、最も望ましいことを、あるいは私たちが望むべきことをテストできるのであり、だからこそプラグマティズムにとっての重大な問題が生じる。この二者間の連関が複雑であること、つまり、Xを望むことが、Xは望まれるべきであることを含意しない、ということを、ライトは見抜いている。しかし彼は、その連関を無視できないことも見抜いている。私たちが規範的なものを探し求める際には、つまり、私たちが望むべきものは何なのかについて何事かを言うことを追求する際には、私たちは、どういった欲求が実践の中で人間に役立つのかということや、実際にどういった欲求が幸福や繁栄に資するであろうかということを、調べる必要がある。規範性は、自然主義的な方法で構築されていなければならない。

ライトの主張は、信念についても、同じくらいに重要な意味において当てはまる。私たちが現に信じていることと私たちが信じるべきことの間には区別がある。人間が現に何を信じているのか、どういった信念が人間にとって役立つのか、どういった信念が、この世界の中でうまくゆく行為に実際に結びつくのか、といったことを見ることによってのみ、私たちが何を信じるべきなのかを理解できる。

この議論はいくつかの変形を被ることになり、それによって前進する部分もあれば後退する部分も出てくるだろう。真理や規範性についてのプラグマティズム的な理論が、ライトがその意義を最初に見抜いたときから数十年の間にどのように変転してゆくのかを、〔これから本書で〕見てゆく。例えば、プラグマティズムの陣営内で交わされた中心的論争は、信念がプラグマティックなテストを通過するならば、その信念はどういった種類の帰結を有していなければならないか、ということに関わっている。ライトのような種類の経験論は、「信念の望ましさと、それについての証拠とを区別する」経験論である（Thayer 1971［1878］: 103）。信念は、信じる者に対して帰結を有することがありうる。つまり、信念は、私の気分を良くしたり、私の一連の思考に影響を及ぼしたりすることがありうるし、ある信念が真であってくれと私が望む、ということなどもありうる。しかし、そうした帰結は、ライトが重視する種類の帰結ではない。信念は、信じる者に対してだけでなく、世界に対しても帰結を有していなければならない。〔これから〕私たちがプラグマティズムの歴史をたどる歩みを進めてゆくにつれて、この区別の重要性が増大してゆくことになるだろう。

　既に明らかなように、ライトは強靱な思想家であったし、パースやジェイムズと同じくらいに、プラグマティズムの創始者と呼ばれるに足る人物である。彼は、自身の思想を形作るきっかけをダーウィンと進化論から得て、プラグマティズム的な真理の理論の種を蒔いている。「私たちの知識と合理的な信念は、私たちのもともとの自発的な諸信念の間で適者生存が進んだことの、真なる、そして文字通りの、結果なのだ」（Wright 1870: 116）。確実性が確保されることはない。探究者は、「厳密に遂行された帰納による根拠に基づけば最も蓋然性が高い、あるいは最も真正性が高い、というだけの信念で満足」しなければならない（Wright 1875c: 396）。私たちが手にしているものは「作業上の観念であり、〔これらの観念は〕真理を要約しているだけでなく、発見してもいる」（Wright 1971［1877］: 56）。「使用されている理論は、可能な限りで最高度の真理保証を受けている」（Wright 1971［1877］: 51）。次に見るように、こうした思想にパースがつけ加えた偉大な主張とは、こうである。すなわち、ある信念がずっと永遠に適合的であると分かるようなことがあれば、そうした信念が真なのだ。

注

（1） Thayer（1971［1878］: 70）参照。ニューカムのライト回想録を読むと、彼が自分のたぐいまれなる同僚〔ライト〕を大変気に入っていたことがはっきり分かる。しかし彼は、パースについては同じ気持ちではなかった。ニューカムの介入によって、パースは、職を得たり助成金を獲得したりするのを妨害されることがあった。Brent（1993: 128, 150–53）や Houser（1986: xl-xli）を参照のこと。

（2） Wiener（1945）や Madden（1963: 23）を参照のこと。

（3） 一つだけ例を示しておく。後から見るように、パースはこう考えた。すなわち、科学は実在する自然の真理を待つ余裕があるのに対し、倫理や法律の問題においては、何をすべきかについての決断が今ここで下されなければならない。ライトは、これとまさに同じ主張をしている（Wright 1872: 170）。

（4） 時にパースは、ライトがダーウィニズムの思想に没頭していることに警戒心を持つことがあった。パースは例えば、ライトが功利性や自然選択といった諸概念を、不確かな、あるいは「場違いな」やり方で関連づけようとしていると考えたのである（*CP* 5. 12; 1907; 5. 64; 1903）。そしてパースは、進化論はライトの唯名論を拒絶し、パース自身のスコラ的実在論と連続主義のようなものを採用せねばならないと考えた。しかしながら、パースは、ダーウィンとその思想を最も重要視したという点では、全ての初期プラグマティストたちと同じ陣営に加わっている。

（5）Fisch（1947: 367f.）参照。

（6）Richardson（2006: 42）参照。

（7）Ladd-Franklin（1916: 716–17）参照。

（8）〔アブダクションと最良の説明への推論の〕違いは、そのような推論〔アブダクション〕の結論が真と見なせるとはパースは考えていなかったことである。そうした結論は、テストされるべき仮説なのである。

訳注

［1］原文ではOld Cambridgeだが、ここではもちろんイギリスのケンブリッジではなく、マサチューセッツ州のケンブリッジを指している。

［2］オーツ麦とミルクと砂糖を茹でると定番の朝食ができあがる。直前のwild-oats-sowingsという表現にかけて、あれは若気の至りだったかもしれないが実りもあった、ということを述べている。

［3］アプリオリ（a priori）というラテン語は直訳すると「より前のものによって」ないし「より前のものから」という意味で、ここでは経験に先行するものに由来することを表しているが、ライトはこれのpriori の部分をignorantia（「無知」）とindolentia（「無感覚」）に変えて、皮肉としてこのような表現をしているものと思われる（aではなくabが使用されているのは母音が連続することを避けるため）。つまり、経験に先行するものなど、そもそも知ることも感じることもできないものであり、それゆえ「アプリオリ」は、実際には無知や無感覚に由来しているということしか意味していない、無内容な言葉なのだと言おうとしているのである。

［4］つまりこれは、いわゆる目的論的証明のことである。この論法は次のように展開する。《自然界は極めて精巧に、合目的的にできあがっており、これは人知を超えた設計者、つまり神の存在を前提しなければ説明がつかない。ゆえに神は存在する。》

［5］マターシャー（Mattershire）は造語で、「物質（matter）に対して科学的な態度で向き合う人たちの集まる地域（shire）」という意味合いであると思われる。

第三章　チャールズ・サンダース・パース
(Charles Sanders Peirce)（一八三九〜一九一四）

3-1　序論

ライトやジェイムズは誰からも慕われていたようだが、パースは明らかに、気難し屋でいささか尊大な人物であった。ウィリアム・ジェイムズは、一八七五年にパリでパースと会食を重ねていた[1]弟のヘンリー（Henry James）に、次のような助言をした。「きみがC・S・パースの腕の中に飛び込むことになろうとは、驚いたね。きみはパースを、むしろ不愉快な同席者で、刺々しいやつだと思うだろう。しかし、彼との付き合い方は、世に言う『棘草《いらくさ》（nettle）』を受けとるようなやり方に従うと良い[2]。つまり、彼〔の言うこと〕をしっかり摑み（grasp）、反論して、議論を畳みかけ、彼をからかってやる。そうすれば、彼は他の誰にも負けず劣らず愉快なやつだ〔…〕」（*CWJ* 1: 246; 1875）。ヘンリーは結局、パースとそれ以上に交際を深めることはなかった。ヘンリーいわく、「彼の知能は誰もが認めるに違いない」けれども、「彼は社交的能力があまりにも乏しく、自分を好人物に見せる技術をあまりに欠いている」(CWJ 1: 255; 1876)。ウィリアムの方の見解はこうだ。パースは「一緒にいる誰かとの間にコネクションを築くということを毛嫌いしている。この興味深い人間嫌いの性質がありながらも、パースの内面には、紛うことなき情緒豊かで温和な気質が脈々と流れている。しかしこの気質は細々としか流れていないため、そうした気質に行き当たるといつも不意を衝かれた思いをする。ともあれ、彼は天才であり、私は彼の仕事を熱烈に心待ちにしている」(CWJ 7: 48; 1874; 強調は原典による)。ジェイムズは『宗教的経験の諸相』(*The Varieties of Religious Experience*)の中で、気難しい性格と精神的バランスの失調が、優れた知性と組み合わさった場合に、しばしば天才の兆しとなると述べているが、このときジェイムズはパースを念頭に置いていたのかもしれない(James 1985 [1902]: 27)。

パースの兄ジェイムズ・ミルズ・パース(James Mills Peirce)は、パースの命運がいよいよ尽きようとしていた時期にウィリアム・ジェイムズに手紙を書いている。その手紙は、次のようにいつもの調子で切々と訴えている。

> チャーリー〔チャールズ・パース〕は、科学、文学、哲学において高い水準の仕事をする能力を持ち、その仕事に全力で打ち込んでいるにもかかわらず、公衆に認知されず、そうした彼の売りは空しく遊んでいる。これは全くもって驚くべきことだ。彼の判断や気性に不安定なところがあることや、彼の人柄には当たり前のことに反抗するようなところがあることは、全て認めよう。しかしその上で、私はこう考えねばならない。すなわち、人から好かれる資質は無いが知的な独

> 自性は示している人物を、形の上で励ましてやることすら誰もやろうとしていないということは、知的真理に対する誠実な愛、そして欧州では当たり前のように払われている、知的なものに対する敬意が、わが国には欠けていることをありありと示す証拠である。〔CWJ 8: 17; 1895〕

パースは、自分には「人から好かれる資質」が無いことを自分で分かっていなかったわけではない。パースは、自分と親友ウィリアムが完全に相異なる性質を持っているのだということを分かっている。〔パースいわく、〕「彼〔ウィリアム・ジェイムズ〕はとても具体的で生き生きとしている。私はというと、ただの目次でしかなく、とても抽象的で、まさにこんがらがった糸だ」（CP 6. 184; 1911）。

　こうした不幸な特性が前面に出てしまって、パースはうまく経歴を進めてゆくことができなかった。彼は結婚生活においても、〔マサチューセッツ州〕ケンブリッジの名家の出であった〔最初の妻の〕メルジーナ・フェイ（Melusina Fay）に対して、ひどい振る舞いをした。彼の不倫、一八八三年の離婚、そして（離婚の六日後に）直ちに再婚したこと、そうしたもろもろのスキャンダルから彼は非難の的となったようだ。彼は、アメリカの大学で当時望ましいとされていたような敬虔さを示すたぐいの人物ではなかった。スキャンダラスな行動が見られるよりずっと前の一八六九年の時点においてさえ、ジェイムズは、これから問題が起こるだろうと見越している。

> あの可哀想なやつは、どこの教授職にも就ける見込みは無いだろう〔…〕。命の限りの力を論理学と形而上学に捧げようとしている、そして捧げることのできる、彼ほどに独創的な人物が、経

歴に恵まれずに餓えてゆくことになろうとは、非常に残念だ。「安全で」普通の人間に〔…〕与えられる〔…〕教授職はたくさんあるというのに。[James 1920, v. 1: 149; 1869]

ここで表明されている懸念が払拭されることはなかった。ジェイムズは、いかにも彼らしい親切な仕方で、決してパースを見捨てずに、彼に職位や連続講義の機会を確保したり学術的な便宜を図ったりする努力を諦めずに熱心に行ったが、それが実を結ぶことはなかった。こういう恩義があったから、パースは時折、自分の〔Sという〕イニシャルを「サンダース（Sanders）」ではなくスペイン語で「聖ヤコブ〔ジェイムズ〕」を意味する「サンティアゴ（Santiago）」を指すものとして用いるのだろう。(1)〔3〕

パースはどうにかこうにか、ジョンズ・ホプキンズ大学で非常勤の職を得た。彼はそこで論理学を教え、何人かの優れた学生たちに大きな影響を与えた。しかしそこで四年を過ごした後の一八八四年に、彼はこの職を失ってしまった。それ以後、彼は大学で有給の職に返り咲くことはなかった。彼はそうした職に再度就きたいと熱望し、その素晴らしい才能も明らかであったはずなのだが。ジョンズ・ホプキンズ大学の学長は、概して哲学に熱心ではなく、(2)特にこの問題だらけの哲学者については執心しなかったのである。

これ以後、彼が手にしたお金は、合衆国沿岸測地測量局（the U.S. Coast and Geodetic Survey）での日中の仕事によって稼いだものであった。チョンシー・ライトと同様、彼は名声のある科学研究機関でフルタイムの業務をしながら、業務後の時間に、自分の哲学的な仕事に取り組んでいた。彼が沿岸測地測量局で過ごした三十一年間は、彼自身の野心の大きさからすると次善のものでしかなかったのは確かだが、非常に生産的な期間であった。彼は、振り子の運動によって地球の形状を推定する研究や、星についての測光研究、そして色彩学研究に重要な進展をもたらした。しかし彼は、一八九一年に沿岸測地測量局を去ることになってしまった。彼は研究報告をきちんと期日通りに行う人物ではなかったのだ。パース自身の行動に起因する身から出た錆から彼を守ってくれる父親はもう亡くなっており、また、相当量の実地調査をせねばならない仕事を含む二つのフルタイムの仕事に打ち込んだせいでパースの健康状態は悪化していた。そのときから、極貧のうちに亡くなる一九一四年に至るまで、パースは、主にジェイムズが組織した慈善基金に頼って暮らした。時には暖房や日々の食事にも不自由するという有り様であった。

ジェイムズ、デューイ（パースがジョンズ・ホプキンズ大学で教えていた頃に彼はそこの学生であった）、ロイスは、皆パースに負っているものがあることを公然と認めている。今日では、パースはしばしば、アメリカが生んだ最も独創的で傑出した哲学者であると見なされる。しかし、彼が最も元気のあった頃には、彼の名前の綴りを間違われることがしばしばあった。彼自身の論文の校正刷りにすらそういう間違いがあるし、彼の逝去を記したアメリカ哲学会の議事録においても綴りを間違われている。

パースの人生は困難続きであり、彼の哲学上の経歴は満足のいかないものであった。その結果として、もろもろの主題に関する彼の定まった見解を集約したような、まとまった出版物は存在しない。パース自身が次のように述べている。「私の少ない出版物において（少ないのは出版社が見つからないからだ）、私は、雑誌を読む大衆向けに書かなければならなかったせいで、ひどく妨げられてしまった(3)」。

パースの思想をうまく理解するためには、何千ページにも及ぶ手書き原稿を読み込まねばならない。とはいえ、これらの原稿を完全に閲覧できるのは、マイクロフィルム上だけである。[4] 入念で、美しく作り込まれた、年代順に編集されている著作集『チャールズ・サンダース・パース著作集』(*The Writings of Charles S. Peirce*) は、パースが綴ったたくさんの異稿も盛り込んだもので、これは現在、驚くほど長い時間がかかることになる出版計画の只中にある。この著作集の第一巻は一九八二年に出た。〔二〇一三年現在、〕最新刊が出たのは二〇〇九年で、今後さらに二十三巻分の出版が予定されている。

パースは、自身の哲学を建築的な体系であると考えていた。その〔建築の〕土台部分は、第一性、第二性、第三性という、壮大なカテゴリー論から成る。そして彼の論理学や記号の理論が、耐力壁の大部分を構成する。彼がこの建造物をどのように構築しようとしていたのかについて、詳細は述べないことにしよう。彼は、本当にこれを適切に建造することなど、ついぞ成し遂げなかった。むしろ私は、この構造のうちで、プラグマティズムの核心の理解に関わる要素を拾い上げようと思う。つまり、意味、真理、そして知識の成長について以下で見てゆく。

3-2 影響

パースは、イギリスやドイツの論理学者たちの著作のみならず、カント (Immanuel Kant) とヘーゲル (G. W. F. Hegel) の著作も徹底的に読み込んでいた。しかし、彼がカントを遵奉する気持ちは、

〔一旦〕強まった後に弱まっていった。一九〇二年に彼は次のように述べている。いわく、彼が「哲学の世界で赤子だった頃は、私〔パース〕の哺乳瓶はカントの乳で満たされていた」が、今や彼は「もっと実質的なもの」を求めている（*CP* 2. 113; 1902）。パースは、自分が疑わしい形而上学と見なしたものを、超越論的観念論から取り除こうとしている。彼は、私たちの中心的能力の一部にとっての先行条件となるものが実際に存在すると考えている。しかし、こうした先行条件をカントは必然的なものであると考えたが、〔パースの考えでは〕これらは必然的ではない。それらは端的に言って、私たちの実践の統制的想定なのである。つまりそれらは、私たちが〔これまで通り〕継続せねばならないように思われる方法でこれからも進み続けるならば、それらは真であると想定しなければならないような事柄なのである。

パースは、その思索の多くの部分において、イギリス経験論者たちと同じ側に立っている。次節で見るように、パースはライトと同様に、ある種の検証主義を提唱したのである。彼はまた、私たちは生得観念を有しているとか、直観能力を有しているとか、他の観念から推論されるのではない観念を有しているとかいった合理論的な見解に反対する丹念で一貫した議論を打ち出した（*CP* 5. 264ff.; 1868）。しかし、彼が経験論者に言及することはほとんど無く、ポール・ケイラス（Paul Carus）が『モニスト』誌（*The Monist*）掲載の「必然主義の学説に対するチャールズ・S・パース氏の猛攻」（"Mr. Charles S. Peirce's Onslaught on the Doctrine of Necessity"）という論文の中でパースをヒュームと結びつけた際には、パースはそうした比較に抵抗した（*CP* 6. 605; 1891）。しかし興味深いことに、〔その際に〕彼が異を唱えたのは経験論に対してではなかった。彼は、経験論の土台に据えられていた唯名論的な形而上学に異を唱えたのである。

また、彼は、イギリス経験論の最も中心的な主張であると考えられていたものに惹かれることもなかった。ライトと同様、パースは、全ての知識の源泉は感官であるという考えを拒絶したのである。そしてパースは、経験を、世界と探究者の間を隔てるヴェールではなくむしろ、世界に触れるための手段であると考えている。このことは、パースの見解によると、イギリス経験論から距離を置くための根拠として十分すぎるほどである。パース（やあらゆるプラグマティスト）の立場を導く思想の一つは、こういう考えである。すなわち、「私たちの知識は全て、人間の経験に、そして人間の心の本性に相対的であり、今後も永久にそうであるに違いない」（*CP* 6. 95; 1903）。パースがこうした考えをイギリス経験論者たちから得たにせよカントから得たにせよ、これから見てゆくように、だからといって、私たちは私たちの経験という壁の内側に囚われているのだとパースが考えていたわけではない。世界の、人間の目的とは独立したあり方に、私たちがアクセスできないということにはならないのだ。

3-3　プラグマティズムの格率

パースは一八七七年から一八七八年にかけて、『月刊ポピュラー・サイエンス』誌（*The Popular Science Monthly*）にて、『科学の論理の解明』（*Illustrations of the Logic of Science*）という題が全体に付された有名な一連の六論文を発表した。これらの論文のうちの一つである「信念の固定化」（"The Fixation of Belief"）を次節で主題とし、もう一つの論文である「演繹・帰納・仮説」（"Deduction, Induction, and Hypothesis.")は3－8節で主に扱う。本節では「我々の観念を明晰にする方法」("How to Make our Ideas Clear.")を扱う。この論文には、プラグマティズムの格率の最もよく知られている定式化が含まれている。私たちの理論や概念は、経験、予期、あるいは帰結と結びついていなければならないとするのが、この格率の主張である。

「我々の観念を明晰にする方法」でパースは、私たちの観念を明晰にすることによって、それらの観念が形而上学の「欺瞞」に影響を受けないようにすることに関心を寄せている。彼の〔悪〕名高い〔プラグマティズムの格率の〕定式化は次のようなものだ。「私たちが概念的に捉える対象が、実践との関連があると考えられるかもしれない、いかなる効果を有していると考えられるのかを検討せよ。そうすれば、これらの効果についての私たちの捉え方が、その対象についての私たちの捉え方の全体なのである」(*W* 3: 266; 1878)。彼の狙いは、「それがどれほど微妙なものであろうと、思考の本当の(real)区別全ての根源としての、感知可能で実践的なものに行き着く」ことである。「実践のうちにありうる差異以外の何かに存するほど微細な意味の区別は存在しない」(*W* 3: 265; 1878)。

この論文の中で、パースが私たちの区別の根源にあると見なしている効果は、「直接的であれ間接的であれ、私たちの感官に及ぼされる効果」と特徴付けられている(*W* 3: 266; 1878)。彼はその一例として、「このダイヤモンドは硬い」の意味について問いかけた上で、これは結局、「それは他の多くの物質で擦られても傷がつかない」ということであると考える(*W* 3: 266; 1878)。パースは次のように述べているが、これはプラグマティズムに対し、以後の歴史を通じて困難をもたらすことになる。「〔実際に〕テストされない限りは、硬いものと柔らかいものの間には、全く何の区別もない。そこで、ダイヤモンドが柔らかい木綿のクッションの中で結晶化することがありえて、そのダイヤモンドは最終的に燃やし尽くされるまではそこにあると、仮に考えてみてほしい」(W 3: 266; 1878)。彼の見解はつまり、そのようなダイヤモンドを硬いと言うのは無意味だということである。

パースは以後数十年をかけて、この早い時期に発表されたプラグマティズムの格率の理論に手を加え、改良した。例えば、「それは傷がつかない(it *will* not be scratched)」のような直接法で書かれた条件文を〔プラグマティズムの格率に〕用いることは非常に問題含みであることを彼は見抜き、これを撤回している。一九〇五年には、彼はきっぱりと、〔プラグマティズムの〕定式の中での「will-be」〔という直接法〕を「would-be」〔という仮定法〕に取り替えている。[4] 彼はそのときまでに既に唯名論的なもの全てに背を向けており、普遍者や仮定的条件文について実在論〔ないし実念論《リアリズム》〕をとっている。イタリア人プラグマティストのカルデローニ(Mario Calderoni)との書簡の中でパースは、傷のつかないダイヤモンドについて、「それは圧力に抵抗するであろう(*would* resist)ということはリアルな事実である」と述べている(CP 8. 208; 1905)。

パースの公刊した文章が非常に少ないということを鑑みれば、「我々の観念を明晰にする方法」のバージョンのプラグマティズムの格率が人々の心に公式のものとして残っているのは無理もない。しかしこれは、熟慮の末のパースの見解とは程遠いものであり、先述の(「いかなる効果〔…〕を検討せよ」という)説明がこれほどまでに頻繁に繰り返されてしまっていることは不幸なことである。というのも、「我々の観念を明晰にする方法」においてさえ、パースの明確化しようとしていた原則が、私たちの概念の意味そのものについての意味論的原則であるものとして考案されていたかどうかは明らかでないからである。

　この論文の題名が示唆している通り、パースはこの格率を、明晰さを達成することについての格率と見なしていた。彼の考えでは、自身の貢献は、使い古された一連の想定に付け加わるものであった。「我々の観念を明晰にする方法」冒頭の文は次の通りである。

> 普通の種類の論理学についての現代的論考を調べたことのある人ならば誰でもきっと、明晰な概念的把握（*clear* conception）と曖昧な（*obscure*）概念的把握の区別と、判明な（*distinct*）概念的把握と混濁した（*confused*）概念的把握の区別という二つの区別を思い出す。それらの区別は、今となっては二世紀近くもの間、改良も修正もされずに書物の中に横たわっていた。そして論理学者は一般的に、そうした区別が自分たちの学説のうちの精粋だと考えている。［*W* 3: 257–58; 1878］

パースいわく、「そうした書物は、ある概念に慣れることを、〔その概念の〕明晰な把握に向かう第一歩と考え、その概念の定義を与えることを、その次の一歩であると考えている点では正しい」（*W* 3: 260; 1878）。彼は重要な第三の「明晰性の段階」すなわち「語の意味の理解」の段階を追加しようとしている。この議論に対して彼が果たしている貢献というのは、つまり、基本的な二つの明晰性に、それらより「はるかに高い段階の」明晰性を追加することである。そうした明晰性とはすなわち、問題の概念を含む仮説が真ならば何を予期すべきであるかを知ることに相当する。

つまり私たちは次のことを了解する必要がある。パースの経験論的基準は、あるものを理解するとはどういうことなのかについて、あくまで一つの、しかし極めて重要な側面を捉えるために考案されている。解釈者は、概念の分析的定義を与える方法や、その概念の具体例を引き出す方法を知っているだけではなく、その概念を含む命題や信念が真である場合に、あるいは偽である場合に、何を予期すべきなのかも知っていなくてはならない。ある信念がいかなる帰結も持たないのであれば、その信念は、もし私たちがその信念を十分に理解できているのならば正しく捉えられていなければならなかったはずの側面を、欠いているのである。プラグマティックな段階の明晰性は探究において特別な役割を果たすので、他の二つの明晰性よりも高い段階の明晰性である、とパースは考えた。信念が何の帰結も持たない場合、つまり、その信念が真であろうと偽であろうと何の差異も予期されないであろう場合には、その信念は探究や熟慮にとって空疎ないし無用である。そのような信念について探究するなどありえない。プラグマティズムの格率は、このようにして、「仮説が仮説として位置付けられるための許容要件」(*MS* 318, p.8; 1907) を規定してくれるのである。

パースは、「我々の観念を明晰にする方法」で自身が掲げたスローガンを、人々が誤解したことを嘆いていた。その論文について、一九一〇年に彼はこう述べている。

私は自分の考えを、注意深い読者にとっては非常に明晰な形で述べたと思う。その考えとは、分析的段階の明晰性が定義的段階の明晰性に取って代わることがありえないのと同じくらいに、プラグマティシズム的段階の明晰性が、定義的段階や分析的段階の明晰性に取って代わることはあ

> りえない、ということだ。つまり、プラグマティシズムの格率が認められれば、定義をもはや明晰な理解の最高位の様態と見なすことはできなくなるけれども、それでもそれ〔定義〕はこれまで有してきた絶対的な重要性の全てを保持し、全ての精確な推理にとって欠くべからざるものであり続けるのだ。[*MS* 647, p.2]

この一節は未公刊の手稿の中にあるものだが、『Writings』の方のパース著作集ではまだ日の目を見ていない。しかしながら、C・I・ルイス（C. I. Lewis）の報告によると、ジョサイア・ロイスは「名辞の意味について三段階の明晰性があると講義で話していた」うえ、さらにこれらの三段階をパースに帰していたという（Lewis 1956［1929］: 86）。パースの意味の理論（思考の「三側面」）で最も重要なものは、彼の同時代人であるロイスによって最も重要だと了解されていたものであったのだ。この考えが〔思想界の〕前面に出ることも中心に踊り出すこともなく何世代もの時が経過してしまったことは残念である。

それゆえ、「我々の観念を明晰にする方法」で提供されている簡潔な要約をパースの意図を捉えたものと見なすより、むしろ、次のような種類のプラグマティズムの格率の表現に注目してはどうか。すなわち、「私たちの概念を正しく把握するためには、概念の結果を見なければならない」（*CP* 5. 4; 1901）。ある概念を完全に理解するためには、その概念を、私たちが「関わり合い（dealings）」（*CP* 5. 416; 1906）を持っているものと結びつけなければならない。そして私のお気に入りの表現はこうだ。「私たちは、純粋観念――人の住んでいない公道をほっつき歩く放浪者のような思考――について語ることから始めてはいけない。そうではなく、人とともに、人との会話とともに、出発しなくてはならない」（CP 8. 112; 1900）。この、あまりきっちりとは述べられていない原則は、もちろん、精確さを欠いている。しかしこれは、これから見るように、誤りも少なく、はるかに役立つ原則である。パースの考えは、デイヴィッド・ウィギンズ（David Wiggins）がうまく言い表している。ある概念が「人間の思考にとって既に基礎的であり、それ自体で自律的に関心を集めるようになって久しい」（Wiggins 2002: 316）時分にあっては、その概念を定義しようとすることは無意味だ。私たちはむしろ、概念と実践の関連性を調べることにより、その概念の要所を押さえ、その概念をしっかりと把握することを試みるべきなのだ。

パースのプラグマティズムの格率は意味の完全な理論を捉えようとして考案されたのではないということは、別のレンズを通して見ることで、つまり、彼の記号理論をひと通り見て回ることで分かるだろう。というのも、彼の記号理論においてプラグマティズムの格率は、これまた重要ではあるがそれ単独では存立し得ない、記号の「解釈項」と呼ばれるものに関わっているからだ。パースは、記号理論ないしパースの呼び方に倣えば記号論（semeiotic）に多大な貢献をした人物である。彼は、人間が使っている非常に多くの種類の記号を理解するとはどういうことであるのかを説明する理論を展開しようとしている。解釈、つまり記号が記号解釈者に及ぼす効果という考えが彼の思想の中心にある。表象（representation）は三項から成ると彼は主張する。すなわち表象は、記号、対象、解釈者を含む。この表象関係の各側面は、パースの基本的な記号分類である、イコン、インデックス、シンボルという各要素に対応している。

イコンは、類似性のおかげで対象を表象している記号である。〔例えば〕肖像画は描かれている人物のイコンであり、地図はある地理的領域のイコンである。インデックスは、「対象と実際に（really）結びついていること」（W 2: 56, 1867）によって対象を指し示している記号である。何かを指差している指や、「これ」「あれ」といった代名詞は、解釈者の注意を対象に引きつける。例えば煙は炎のインデックスである。シンボルは、慣習的ないし習慣的な規則に依拠する単語、命題、ないし論証のことである。「シンボルが現に使われている仕方で使われ、現に理解されている仕方で理解されているから」（CP 2. 307; 1901）こそ、シンボルは記号となっている。シンボルは、解釈者が変わっても同じ効果を発揮する。

パースにとって意味とは、記号が解釈者に及ぼす効果、つまりパースが解釈項と呼ぶものに記号が及ぼす効果のうちにある。「見ろよ！」というインデックス的な叫び声を聞いて振り向く人の単純な反応から、命題への高度な応答まで、彼はたくさんの種類の解釈項を列挙している。(5) パースの考えでは、最高位の種類の意味とは、ある命題を受け入れることが解釈者の一連の思考と行為に対して及ぼす効果である。この考えが、プラグマティズムを、意味や心的状態は行動に還元できるとする粗雑な行動主義から区別する。パースや、パースの後に続いたプラグマティストのほとんどにとって、意味とは、ある面では、解釈者に及ぼす効果に関わる。そしてこれらの効果は、解釈者の身体行動に及ぼされる効果かもしれないし、あるいは解釈者の認知的振る舞いに及ぼされる効果かもしれない。これから見るように、後者の考えをどのようにして具体化するのかによって、ある種類のプラグマティストを他の種類のプラグマティストから分けることになる。

3-4　探究——信念の固定化

パースは「信念の固定化」の中で探究についてのある捉え方を打ち出しており、これが彼の真理の理論に結びついている。彼はそうした議論をする際に、非常に挑発的な方法をとる。いわく、探究とは私たち自身から疑念を除去して信じているという状態に至ろうともがくことである。彼が述べるところでは、「探究の唯一の目標」とは信念を安定させることであり、永久に安定している信念こそが真なる信念である。この論文の残りの大部分は、読者の脳裏にすぐさま浮かぶ次の異論に取り組むことに費やされている。つまり、もし信念が「火あぶり・八つ裂きの刑」によって、あるいは全体主義的な体制によって安定するならばどうだろうか。そうした信念は真となるのだろうか。パースの最初の応答は次の通りだ。「これは私たちにとって十分ではない、私たちが追求しているのは単なる意見ではなくて真なる意見なのだ、と私たちは思い做すかもしれない。しかしこの思い做しをテストにかけてみれば、根拠がないものだったと分かる。というのも、確固たる信念に到達するやいなや、その信念が真であれ偽であれ、私たちは完全に満足するからだ」（W 3: 248; 1877）。探究者が欲しているのは、「問題が解決するのを見届けることである。もし、完全に安定していて不動の一般的信念が、火あぶり・八つ裂きの刑によってであれ、どうにかして産出されうるならば、そういった信念の中の誤りについて述べることは全く馬鹿げている」（W 2: 471; 1871）。

私たちの諸概念——今の事例では真理——は実際の経験や実践に結びついていなければならない、

というプラグマティズムの中心的な考えを、パースは打ち出している。この自然主義にとっての問題は、(6)私たちの実践の記述にすぎないものからどうやって規範的な概念を得られるのかを了解するのが困難であることだ。事実、パースは、自然主義がうまく行かない理由を見事に描き出す好例を示しているかのようである。しかし、この論文の議論の構造が示唆しているのは、彼は何をする必要があるのかをまさに知っていたということである。明らかに望みのなさそうな滑り出しだったのに、彼はこの初期の論文においてさえ、探究の実践についての諸事実から本当に規範的な真理概念を得られるという見解を有しているのである。「信念の固定化」(7)の議論を、パースが後にこの論文についてさらに詳しく述べた内容で以って補完することにしよう。

探究者は安定した信念群を有しており、それらの信念は、事実上は疑われていない。そうした信念は様々な形式をとる。普通の経験的に裏付けられた信念かもしれないし、生活の営みにおいて作業仮説として働く統制的想定かもしれない。あるいは、もはやその起源が分からなくなっているような深く根付いた信念ということすらある。最後に挙げた信念は、後で見るようにロイスが「指導観念(leading ideas)」と呼ぶものである。何らかの出来事によって信念が疑わしくなると、探究者はその好ましくない状態を脱しようともがく。探究とは、信念を再び得ようとするもがきである。探究は疑念に端を発し、新しい信念ないし予測習慣が再確立されてようやく出番を終える。

疑念を抱いている状態は実際に不愉快なものだが、パースの見解では、疑念を抱いている状態の悪い点はそれが不愉快であることではない。疑念の悪い点は、それによって行為が麻痺してしまうことである。探究者が何らかの目標を持っていて、二通りの相異なる行為が選択肢として立ち現れている場合、行為は停止してしまう。「その探究者は分岐地点で指示を待って立ち止まり、どうして良いか分からず時間を持て余してしまう［…］。したがって、本当の疑念とは、信念・習慣が円滑に働くのを実際に妨げてしまうような疑念である」（*CP* 5. 510; 1905）。疑念が問題含みなのは、私たちが何をすべきか分からないからなのである。

パースの「批判的常識主義（critical commonsensism）」は、私たちが拠り所としている信念はデカルト的な「紙の上に書かれただけの」「紛い物の」疑念には左右されないという立場である。そのような疑念は本当の疑念ではなく、探究の動機付けにはなりえない。探究者は、実際には疑われてはいない安定した信念群を有しており、それに照らし合わせて新しい証拠や仮説を評価したり、それに依拠して行為したりする。パースの「可謬主義」は、いかなる信念も原則的には本当の疑念の対象になりうるという考えである。しかし、信じている事柄について間違いの可能性があるというだけでは、生きた疑念を表明する理由にはならない。パースはこう述べる。

> あなたがそこから「出発」し得るような心の状態は、一つしかない。それはつまり、あなたがまさに「出発」するその時点で、あなたが実際に置かれている心の状態そのものである。この状態において、あなたは既に形成された膨大な量の認知を背負っており、自分で望んだとしてもそれを取り除くことはできない。［…］あなたは、紙に〈私は疑っている〉と書くことを、疑いと呼ぶだろうか。もし呼ぶのだとすれば、疑念は真面目な事柄とは無関係である［…］。［*CP* 5. 416; 1905］

私たちが拠り所とする信念群は、驚くべき経験、あるいは〔予測を裏切る〕反発的経験（recalcitrant experience）という「積極的な理由」（*CP* 5. 51; 1903）によって疑念が沸き起こる限りにおいて、個々別々に疑念の対象になりうる。私たちは、拠り所とする信念のうちの一つ、あるいはいくつかが〔予想外の〕経験によって疑わしくなるまで、それら信念は真であると見なさなくてはならない。探究者は、「まさに自分が信じていることを信じようという衝動の下にあり〔…〕、時が経つにつれ、その人の信念は通常、抗いようのない仕方で変化し〔…〕、その人がどんな努力をしようとその人の信念を変えてしまうこの力は、どんな場合であれ、経験の獲得と呼ばれる」（*MS* 1342, p.2, undated）。パースは科学的方法をこの認識論と結びつけている。信念は反発的経験の突然の生起に遭遇する、という事実に細心の注意を払うのが科学的方法なのである。

そのためパース的な認識論に基づけば、探究者は「常識」的信念という、実際には疑われていない可謬的な背景信念を有している。そうした背景信念に照らし合わせることではじめて、信念が疑われ、新しく、より良い信念が採用されるということがありうる。私たちの信念は全て可謬的であるが、それらが全て一挙に疑われるということはない。探究によって疑われるようになってはいない信念は安定しており、疑うべき理由が生じるまでそれらは保持すべきである。「実践的に言って」、多くの物事は「実質的に確実である」（*CP* 1. 152; 1897）。実践的確実性は絶対的確実性とは区別されねばならない。前者は手にできるが、後者は手にできない。探究は、「事実の岩盤の上に立っているわけではない。探究とは湿原を歩くようなもので、この地面は今のところしっかりしている、この地面が水に取り込まれてしまうまではここに留まろう、としか言えない」（*CP* 5. 589; 1898）。地面が水に取り込まれてしまうとき、私たちの足場がなくなってしまうのではなく、足場が変わるだけである。私たちは、ある信念を疑って探究することはできるけれども、自分の信念全てを疑って探究するということはできない。いくつかの信念は継続して保持し続けなければならない。パースにとって、哲学における大罪とは探究の道筋を妨げる見解を採用してしまうことであり、デカルト的な見解は、その道すがらで探究を停止させてしまうであろう。

これらのパース思想の本質部分を了解した今、私たちは、「信念の固定化」での挑発的な議論に向きあうことができる。パースは、私たちが通常、欠陥があると考える、信念を固定するいくつかの方法について論じている。つまり、固執の方法（何があろうとも自分の信念に固執する）、権威の方法（強力な権力体制や宗教に、何を信じるかの決定を委ねる）、アプリオリな方法（経験的入力なしに理性にとって好ましいことを信じる）である。彼の挑発的な主張とはこうだ。すなわち、仮にこれらの方法が信念を永久に固定できてしまうのならば、その信念は真となるだろう。

これらの一応はもっともらしく見える方法に関してパースは、それらが固定することになる信念が結局長続きしない理由や、それらが結局は疑念にさらされることになる理由の数々を明確にしてゆくという戦略をとる。それらの理由のいくつかは、探究者についての事実とされていることに基づく。例えば、探究者は、他人が自分と信念を共有していないと分かれば、自分を疑うことになる。しかし、次にあげるような、「信念の固定化」の鍵となる文章がある。この文章はパースの最も説得力のある答えと、彼の見解がその後どのように展開されるのかを暗示するものとなっている。いわく、以下の理由ゆえ、アプリオリな方法は「誤り」である。

［アプリオリな方法は］探究を、趣味の発達と似たものにしてしまう。しかし趣味は、残念ながら、常に多かれ少なかれ流行の問題である。［…］［そして］私はどうしても［…］感情は偶然的要因に左右されるということを見て取らずにはいられない。さて、次のような人たちがいて、その中にはきっと私の読者も見つかるだろうと思う。すなわち、自分の信念が事実と関わりのない状況によって決定されることを目にすれば、その瞬間から、その信念は疑わしいということを言葉の上で認めるだけでなく、それに対する本当の疑念を経験して、その結果それはもはや信念ではなくなるという人たちだ。［W 3: 253; 1877　強調は著者が加えた］

パースの議論はこうだ。永久に安定するであろう信念は、事実上、完全に満足のゆく真なるものである。しかし、本当に信念を安定させるのは、非常に困難である。それらが正真正銘の信念であっても、反発的経験に直面した場合や、経験を無視した方法によってそれらが導入されていたのだと分かった場合には、それらは〔信念の〕地位を失う。以下で見るようにパースは、反発的経験は様々な形態で生じることがあると論じる。そうした経験は、図の上で推論をする際[5](in diagrammatic contexts)に得られるものであったり、他者の信念との衝突であったり、色々なのだ。

一九一一年にパースは、「信念の固定化」において当初露呈させてしまったように見えた「非論理的な頑迷さ」を修正しようとしている。彼は、ある信念を支持する証拠やそれに反する証拠を考慮に入れないような方法によって信念を安定させる人は非難されて良いということを明確にしようとしている。「事実が嘆かわしいものであるに違いないのに、それでもその事実が自分の望む通りであると信じるような人が、正気の人間であるとは到底考えられない。こうしたことこそ信念の本質の一つであり、このことなしでは信念が信念であることはないだろう(8)[…]」。信念は、その証左あるいは反証になる証拠や論拠に応答しているものだ、ということは信念の基本をなす規範なのである。

それゆえ、パースにとって探究者というのは、どんなものであれ、安定した信念であればそれに従うという存在ではない。探究者は、理由や証拠と結びついた仕方で安定している信念に従うのである。探究者は、将来の自分にうまく役立つことになる信念に、つまり、自分を失望させることのない信念に従う。そうした信念は、安全な道筋に行為を導き、今後も経験や証拠や論拠に合致し続ける。疑念の刺激を終わらせることは容易ではない。信念を本当に固定することというのは容易ではないのだ。

3-5 取り消し不可能性としての真理

パースがプラグマティズムの格率を真理概念に適用するとき、その結果は、〔真理の〕対応説のような真理についての「超越論的な」理論に反対する形となる。対応説によれば、真なる信念とは、信じる者とは独立の世界に対応する信念、あるいはそうした世界を正しく捉えている、もしくは鏡のように映し出している信念とされる(*CP* 5. 572; 1901)。そのような真理の理論は、人の住んでいない公道をほっつき歩く「放浪者の思考」の典型例である。そのような理論は真理を空虚な形而上学の主題にしてしまう。というのも、まさに、信じる者とは独立の世界という考えや、そうした世界の中の諸項目に信念や文が対応するかもしれないという考えは、私たちがどうにかして、自分たちの信念群から、自分たちの実践から、あるいは自分たちが関わりを持っている物事から外に踏み出ることができてはじめて、理解可能になるように思われるからだ。

つまり、対応説的な真理概念は、真理概念を探究に適したものにする側面を欠いている。それは、私たちが真理を、あるいは物事を正しく捉えることを目標としているという事実を、「すんなりと理解できる」ようにはしてくれないのである（*CP* 1. 578; 1902)。私たちが経験できることを超えた先、あるいは探究が為しうる最良のことを超えた先にあるような真理を、どのようにして目指すことなどできるだろうか。どのようにして探究者が、そうした目標を達成するための方法論を採り入れられるというのだろうか。対応説は真理を「使い道のない言葉」にしてしまうのであり、「この意味での『真理』という言葉には使い道がないのだから、私たちはこの言葉を別の意味で用いたほうが良いのだ」（*CP* 5. 553; 1905)。

つまりパースは、真理の表象主義的な理論――真理とは、言葉が実在を表象している、鏡映しにしている、あるいはコピーしていることであるという理論――に反対する立場をとっているのだ。後から見るように、これはプラグマティズムの伝統に根強く一貫している主題である。同様に根強いのが、パースの真理と探究の理論の中心にある「改善論」である。これは、私たちは常に、疑念の状態を、より良い信念が設けられて安定している状態に置き換えてゆくことによって、今のこの状況を改善しようとしているのだという考えである。

パースは、その〔「真理」という〕言葉にこれまで出合ったことがない人にだけ有用な「名目的」定義としてならば、対応説に完全に満足する（*CP* 8. 100; 1910)。しかし、私たちが欲しているのは、真理についてのもっと頑強《ロバスト》な理論もしくは完全な理論である。つまり、探究において有用で、真理概念を既によく知っている人にとって有用な理論を必要としている。それゆえ私たちは、当の概念が実践的な営みにおいて果たす役割を説明するという、プラグマティックな解明を行わねばならない。私たちは、真理概念が探究・主張・信念の獲得とどのように関わっているのかを考えることによって、真理概念を明らかにする必要がある。というのもそれら〔探究・主張・信念の獲得〕が、真理に関わる人間の営みであるからだ。

真理についてのパースの理論は、真理について最初に展開されたプラグマティズム的な理論である。それは断固としてはっきりと自然主義的である。私たちは、探究、理由づけ、主張といった私たちの実践から真理概念を引き出さねばならない。探究したり、理由づけをしたり、信じたりするとき、私たちは自身が真理を目指していると考える。例えば私たちは、どういった方法が私たちに真の信念をもたらすかもしれないかを知りたがっている。ある特定の種類の問いを探究することは時間と労力を費やすに値するだろうか。倫理学のような言説は真理を目指しているのだろうか、それともそれは根本的に主観的な事柄であり、真理値を考えるには全くふさわしくないものなのだろうか。私たちは、疑わしい形而上学などに勤しむことなく、これらの問題を理解し、これらの問題に答えなくてはならない。

例えば、真理と主張が密接に関連していることを一旦了解すれば――つまりPは真であると主張することはPであると主張することなのだと一旦了解すれば――、私たちの主張実践を見ることで、それがどういったコミットメントを含意するのかを見抜くことができる。ウィギンズ（Wiggins 2004）

が述べているように、真理は主張と内在的に関連しているという考えのすぐ後には、真理は探究、理由、証拠、そして良い信念の基準とも内在的に関連している、という考えがついてくる。私たちが主張をする際に引き受けるコミットメントを紐解くならば、今挙げた全ての概念を踏まえていることに気づく。パースは、主張とは話者がその責任を引き受ける何かなのだと論じている。いわく、「『あなたにお会いできて本当に嬉しい』といったような慣習的な発言に積極的な意味合いを込める者はいない。そうした発言が偽であったとしても、罰を受けるようなことは全くない」(*CP* 5. 546)。主張とは、話者の言っていることが偽である場合にはその話者が責任を取ることになるようなものでなくてはならない。[9] 主張の中には規範と基準が、そして真理を目指すことが、組み込まれているのである。

パースの議論によると、信念が真なのは、その信念が「取り消し不可能 (indefeasible)」であろう場合、すなわち、その信念がそれ以上は改善されないであろう場合、その信念が失望をもたらすことは決してないであろう場合、あるいは、その信念が今後永久に、〔提示される〕理由や議論や証拠に応答できるであろう場合である。真なる信念とは、私たちがある問題について可能な限り探究を続けたとすれば、私たちが到達することになるであろう信念である。パースは、これが真理についての還元的な定義にならないように細心の注意を払っていた。彼は真理を、探究における私たちの目標を達成するものとして定義しようとはしなかったのである。彼いわく、定義をめぐる論争は大抵、「益のない議論」(*CP* 8. 100; 1910) である。デイヴィッド・ウィギンズはパースの論点を明快に見抜いている。[10]「プラグマティストがするように、真理を、例えば探究という概念との関係から明確化するとしても、真理それ自体が『認識論的な概念』であるという考えに対して譲歩を示す〔…〕必要は全くない」

（Wiggins 2002: 318）。プラグマティストは、真理という観念についてはっきり理解するための一つのとっかかりを得ているにすぎないのだ。

パースは時折、真理についての自身の理論を、次のような分かりにくい言い方で表すことがある。いわく、真なる信念とは、探究の仮定的ないし「運命づけられた」終着点において同意されるであろう信念である（*W* 3: 273; 1878 参照）。しかし全体的に見れば、彼は探究の最終的な終着点のような考えから距離を取ろうとしている。このような考えはうまく理解できないし、プラグマティズムにたくさんの厄介事を招いてきた。私たちが探究の終着点にたどり着いたとして、どのようにしてそのことを知るというのだろうか。論点先取のようなやり方で、それを、完全なもの、理想的なものと特徴付けてしまって良いのだろうか。パースによる、それよりずっとましな考え抜かれた定式化は次の通りである。すなわち、真なる信念とは、私たちが問題の探究を生産的に進められる限り進めたとすれば、疑念を撥ね除けるであろう信念である。真なる信念とは、私たちがどこまで調査や論争をしようとも、反発的経験や議論によってひっくり返されることのないであろう信念である。パースは次のように言う。「真理が充足に存するとしても、それは現実の充足ではありえない。そうではなく、探究が究極的で取り消し不可能な帰結にまで押し進められた場合に究極的に見出されるであろう充足でなければならない」（*CP* 5. 569; 1901; *CP* 6. 485; 1908）。パースの見解に基づけば、私たちが目指しているのは、永久に安定しているであろう信念である。つまり私たちの目標は、私たちに得られる最良の信念を得ることなのである。

パースによる真理の理論に見られる「私たち」という文言に注意してほしい。彼は、真理とは探究者の共同体にとっての事柄であると考えた。つまり真理は、この人やあの人といった個々の探究者にとっての事柄ではないのだ。個々人の命は有限であるからこそ、「論理性は不可避的に、私たちの関心が制限されないことを要求する。私たちの関心は、私たち自身の最期とともに止まってはならず、共同体全体を包み込んでいなければならない」(*W* 3: 284; 1878)。科学、探究、そして合理性といったものは、あなたの信念を、継続してゆく共同体の営為の中で、経験や証拠や理由と適合させてゆくことなのだ。実在を理解しようとする努力の中で、「私たちそれぞれが保険会社である」(*CP* 5. 354; 1868)。論理学は「社会的原則」に根を張っている。というのも、何が真なのかについての調査は、個人的な関心ではなく、「共同体の及びうる範囲と同じくらいに広い」関心であるからだ(*CP* 5. 357; 1868)。ライトと同様、パースの考えでは、探究とは民主的な、共同体による営為でなければならない。そして、共同体とされるものの範囲は事前に画定されるものではないのだ。

クリストファー・フックウェイ(Christopher Hookway)が付け加えてくれている次の説明が役立つ(Hookway 2000: 57)。パースの議論はこうだ。*P*であると主張するとき、私たちは、経験が*P*もしくは*P*の後に続くものに沿ったものになるだろうと信じることに自らコミットしている。私たちは、*P*が何かしらの形で、探究の厳しさを生き延びると予期している。私たちは、*P*が取り消し不可能であると分かることを希望しているが、取り消されないであろうものというのは、*P*の洗練されたバージョンである。このように、探究者は、おそらく厳密に真なわけではないと自分で思うことを、主張できるのである。[11]

私たちは様々な探究と熟慮のうちに、多数の局所的な目標を有している。〔それらの目標は〕例えば、経験的十分性、他の信念との整合性、単純性、説明力、信頼の置ける行為指針を得ること、他の研究にとって有益であること、他者理解を増進すること、成熟度の増大、などなどである。私たちは真理を目指しているのだと述べるときに意味していることは、もし信念が探究における局所的な目標の全てを本当に満足できるならば、その信念は真であろうということだ。私たちが目指すものには、これらの目標達成以上のもの、形而上学的なものなど何もないのだ。真理は超越論的で神秘的なものなどではないし、私たちは、真理それ自体のために真理を目指すわけではない。

3-6　経験と実在

一九〇〇年代初頭にパースは、感覚的経験から注意の矛先を変えて、より広い経験概念に注目している。経験は、強制的で、唐突で、選り好みができず、粗暴で、思い通りにならず、強引である。「何らかの実定的な質的内容が、何の理由も理由らしきものもなしに押しつけられ、それを承認せざるをえなくなるというような事例は、何であれ［…］知覚という種（species）のもとに分類されるべきである。［十分な理由なく、私たちにそれを承認させるよう傾向づけるような］力を発揮する何らかの認知の対象がもしあれば、そうした知覚の特徴を分有している事物という、より広い類（genus）が存在することになる」（CP 7. 623; 1903）。経験をこのように広く捉えると、感官によって直接的に検証可能である信念よりも多くのものを含める真っ当さの基準を許容することになるのは明らかである。

パースは経験の強制力に注目しているが、これは彼の豊かなカテゴリー論に由来している。彼は多種多様な方法で、第一性、第二性、第三性というカテゴリーを引き出している[12]。彼によれば、それぞれのカテゴリーは、精神に対して現れる、ないし経験される、あらゆるものに含まれている。それぞれのカテゴリーは、抽象ないし前切[6](prescission)というアリストテレス的/スコラ的な方法によって区別できる。その方法において私たちは、概念の様々な要素に注目することでそれらの諸要素を区別できるが、諸要素を実際に分離することや、諸要素が孤立している状況を想像することはできない。諸カテゴリーの最も明快な導出を凝縮して要約すると、以下のようになる。

第一のものは、単純で単項的な要素、つまり、情態(feeling)の質、イメージ、ないし単なる可能性である。これは記述不可能だ。「これは分節化して考えられ得ない。それを主張すると、それの特徴である無垢さは失われてしまう。[…]それについて立ち止まって考えようとした瞬間、それは飛んでいってしまう!」(*CP* 1. 357; 1890)。「ある程度の確定性を持った特殊なしかじか性(suchness)」を存在論的カテゴリーとして特定することの難しさを、パースは理解している(*CP* 1. 303; 1894)。おそらく、第一性が第一にやってくるという考えに注目することが助けになるだろう。第一性は、有[7](being)、情態、生、そして自由といった観念において「支配的」である(*CP* 1. 302; 1894)。パースの形而上学が彼の関係の論理学と連続しているということを鑑みればさらに重要なことだが、第一のものは単項的である。〔すなわち第一のものは〕「諸部分や諸側面というものが無く、それの具現化ということも無い、それ自体で[…]純粋な本性である」(*CP* 1. 303; 1894)。第一のものは、他のどんな関係にも先行する関係項(relatum)であり、関係を可能にするために必要な形而上学的な素材を提供してくれる。事物間の諸関係についての私たちの経験は、もっと複雑な事柄である。

第二のものは、二項的な要素である。すなわち作用と反作用の二重性、あるいは、粗暴な力(brute force)である。このカテゴリーは、「人生の波乱万丈において最もありふれて顕著なものである。私たちは常々継続的に、堅固《ハード》な事実にぶち当たっている」(*CP* 1. 324; 1903)。こうして事実にぶち当たることによって、「内側の何かと、それとは別の外側の何か」(*CP* 2. 84; 1902)が明らかになる。しかし、第一カテゴリーと同じように、堅固な事実との遭遇について私たちが言えることはこれで尽くされている。私たちが経験することについて解釈をするという段になると、第三カテゴリーの領域に入る。第三カテゴリーとは、本来的意味での経験の三項的領域であり、解釈、記号作用、意図、企図、そして目的を含む。私たちは、解釈を持ち込むことなしには、世界との衝突について何も語ることができない。というのも、私たちが世界との遭遇を記述しようとするやいなや、思考と記号が関わってくるからだ。私たちが抱いていると考え得る知覚は全て知覚判断であり、これはパースが言うところの「解釈の理論」を必要とするものである(13)。

パースは、自身の研究で得た知見を次のように述べている。

しかし待ってほしい。私が書き記したことは、私に押しつけられる知覚素(the percept)についての不完全な記述でしかない。私はその知覚素を言葉にしようと努力してきた。この〔知覚素の〕中には、企図や目的がある。つまり、私に押しつけられているのではなくむしろ反省の産物のようなものがある。[…] 私が記述したり考えたりできるものとは非常に異なる知覚素ないし知覚素の流れが存在しているということを、私は認識している。それが正確には何なのか、私は自分でも言えていない。［…］私は、束の間の知覚素ではなく、それらの知覚素が何であったのかについての、大雑把で間違っているかもしれない思考あるいは自己情報で満足しなければならない。［*CP* 2. 141; 1902］

パースの議論によると、私たちが経験するものは全て解釈を経ており、それゆえに可謬的である。彼ははっきりとこう述べる。「感覚の第一印象に遡ることは」「この上なくキメラ的な〔支離滅裂な〕企てであろう」（*CP* 2. 141; 1902）。「実践的に言って、本当は私の感官による証拠であるわけではないが、『私の感官による証拠』と呼んで満足しなければならない知識というのは、ある種、その証拠の速記的な報告でしかなく、間違っている可能性がある」（*CP* 2. 141; 1902）。つまりパースの考えでは、経験は私たちに何か純粋なもの、無垢なものを与えてはくれないのだ。パースは、一八六八年の時点でさえ、公刊された数少ない論文のうちのまた別の一編である「人間に備わっているとされるいくつかの能力に関する問い」（"Questions Concerning Certain Faculties Claimed for Man"）の中で、この点を明確にしていた。この論文の中で彼は、「先行する認知によって確定されない」認知ないし「意識の外にあるものによって」確定される認知〔つまり直観〕など存在しない、と論じている（*CP* 5. 213; 1868）。全ての知識は推論的であり、それゆえ間違いの可能性に開かれているのだ。

ドロシー・エメット（Dorothy Emmet）がそのことを非常にうまく言い表している。いわく、粗暴で頑固であることと裸でむき出しのままであることの間には違いがある（Emmet 1994: 186）。〔思いがけない〕経験によって私たちの信念が一瞬停止することはあるけれども、人間の知覚能力や認知能力の衣をまとっていないような真理に、経験のおかげで私たちが到達できるようになるわけではない。しかし〔経験が〕「強制的だ」というのは、「私にとって強制的だ」ということを意味しているのでもない。パースは、経験の力について述べる際には、単なる心理的ないし情動的な抗えなさ（compulsion）について述べているのではない、ということをはっきりさせようとしている。驚きという情動は、「論理的状況を本能的に指し示しているだけである。進化のおかげで〔…〕私たちはその情動を有するようになったのである」（*CP* 7. 190; 1901）。彼は、経験の粗暴さを他の種類の抗えなさから区別しようとする。次のことを想像してみよと彼は言う。すなわち、「人類には蛾と同様、火に引き寄せられてしまうという抑えられない傾向性がある（そして若者の持つ傾向性にはそれと非常によく似たところがある）」。パースは、そのような抗えなさは単に心理的な抗えなさであって、じきに世界にぶち当たるだろう、と論じている。つまり、私たちは次のことに気づくのだ。「実験を試みるとすぐに、私たちは驚きに出合うはずだ。さて、私の考えでは、健全な推論とは、私たちの驚きを最小限に減らしてくれるであろうことを信じるように導いてくれるような推論である。というのも、健全な推論とは、可能な限り真理に近づく傾向にある推論であると私には思われるからだ」（*MS* 693, p.162）。パースは明らかに、経験によるショックに何か客観的なものを帯びさせようとしている。しかしパースが見抜いている通り、哲学的な困難に身を投じなければ、それ以上には大したことを言えない。

パースの考えでは、私たちに言えることというのはこういうことだ。すなわち私たちは、経験することについて自分の解釈しか持っていないからといって、実在のものと何の繋がりも無い、恣意的な解釈の海に放り込まれるようなことはない。パースの議論によれば、私たちの知覚判断は、私たちの知覚素のインデックス、つまり私たちと世界の実際の衝突のインデックスなのである。パースいわく、外的世界を、「本当に（really）」ありのままの姿で記述することはできない。できるのは、それをインデックスで指し示すことだけである（*CP* 4. 530; 1905）。これらのインデックスは、「実在について、そしてそれら〔インデックス〕の対象が近くにあることについて実証的な保証を与えてくれる」が、「それらの対象の性質についての洞察はもたらさない」（*CP* 4. 530; 1905）。解釈者は、因果法則に対する信念によって、インデックスとその対象を結びつける。判断は実在とは「似ていない」けれども、「その判断はその実在に忠実なものとして受け入れられなければならない」（*CP* 5. 568; 1901）。

パースが次のように考えていたことは興味深い。すなわち、ヘーゲルは、絶対者が直接性つまり第二性のカテゴリーを塗り隠してしまったことを除けば、物事を正しく捉えていたのだという。(14)

> プラグマティシズムは、ヘーゲル的な絶対的観念論と密接に結びついているというのが真相だ。とはいえプラグマティシズムは、第三のカテゴリーだけで〔…〕世界を作り上げるのに十分であること、あるいは第三のカテゴリーが自己充足的であるということさえ、断固として否定する点において、絶対的観念論と袂を分かつ。もしヘーゲルが、最初の二つの段階を嘲笑の眼差しで見るのではなく、それらを三位一体の実在の独立した要素ないし別々の要素として保持していたならば、プラグマティストは、自分たちの正しさを裏付ける偉大な人物としてヘーゲルを尊敬したかもしれない。〔*CP* 5. 436; 1904〕

つまりヘーゲルは、知覚者と世界の粗暴な衝突を十分考慮に入れていなかったということだ。彼は、「神学校ではなく物理学の実験室で教育を受ける」必要があったのである（*CP* 8. Bibliography; 1893）。

パースは（少なくともパースの解釈するところの）ヘーゲルとは違って、私たちが世界について、自分たちとは独立に存在するそのままに、いくらか理解できると――そうしたものが存在しており、それが私たちを拘束しているのだと知ることができると――考えている。パースは、客観的真理が存在するということや、あなたや私や、何らかの人間の集団が偶然に抱く考えを超えた実在というものが存在するということを示すために、私たちは間違うことがあるという考えに訴えている。「私たちは無知を、あるいは間違いを経験するということがあり、そういう経験は間違いを正したり知識を拡張したりすることによって得るものであるが、そのおかげで私たちは、自身の限られた見解とは独立したものを経験・把握できるようになるのである」（*CP* 7. 345; 1873）。

信念から独立した実在が存在するというパースの想定は、彼が本当はある種の真理の対応説を保持しているのだという主張を招くかもしれない。しかしこれは間違いだろう。というのも、これから見るように、実在が存在するという想定は探究のために拵えられた想定であるからだ。実在が存在すると想定しなければ、私たちは、信じることも知ることも行為することもできないだろう。私たちの経験的判断は全て可謬的であり、解釈を帯びている一方で、それらの判断が到来すれば、まずはそのまま受け入れられねばならない。経験的判断は、「何の理由も理由らしきものもなしに」（*CP* 7. 623; 1903）私たちに押し迫ってくるという点で、権威性を持っているのである。この〔経験的判断という〕強制的な要素は、実在との、つまり私たちを超えたものとの、私たちの紐帯なのである。「さて、事実の『堅固さ《ハード》』は、知覚素の執拗さ、その全く非合理的な執拗さ、すなわちその中にある第二性の要素のうちに存している。これは実在の非常に重要な要素なのである」(*CP* 7. 659; 1903)。

知覚判断の権威性について私たちが言えることの一つに、知覚判断は粗暴で強制的だということがある。もう一つ言えることは、知覚判断は私たちが方向を見失わないようにしてくれる傾向にあるということ、あるいは、知覚判断が私たちに方向を見失わせるような場合には、私たちはそのような事態が生じている理由の説明を見つけられるということだ。つまり、経験的判断は、第一に、私たちがそれらの判断に注意を払わざるを得ないという点で、権威性を持っている。それらの判断は、批判を経ずに、求められてもいないのにやって来る。その後で私たちは、それらの判断に理由付けを施したり吟味したりするのである。私たちの経験的判断を注意深く評価すると、それらの判断は私たちが方向を見失わないようにしてくれる傾向がある。それゆえ、私たちがそれらの判断を真面目に捉えることは、必要かつ賢明なことなのである(15)。

こうした経験観を把握した今、パースが経験的なものの範囲をいかに拡張しているのかという問題に向き合うことができる。パースは、知識の因果的説明を与えることには関心がない。因果的説明によれば、外的世界が原因となって私たちに知覚を持たせ、続いてその知覚が外的世界についての私たちの信念を正当化する。パースは一九〇七年に、自身の用語法を注意深く変更している。つまり、私たちの信念が人間的なものに全く「起因」しないような探究の方法を私たちは求めるのだ、という考えから、私たちの信念が人間的なものに全く「確定」されないような探究の方法を求めるのだ、という考えに変わっている(16)。この微妙な変化は、「私たちの考えが何の効果も及ぼさない」もの——知識と見なされるものを制約するリアルな何か――をただそれとなく指し示す、経験・知識についての幅広い捉え方の余地を明示的に与えている。(17)

3-7　数学、形而上学、宗教、道徳

パースは、広い範囲のことを考慮に入れた、プラグマティズムの格率と経験に突き動かされる探究とを打ち出すことに関心があった。一九四〇年代のアメリカ思想界に現れることになる論理経験主義者たちとは違って、パースは、真っ当なもの（the legitimate）の範囲を経験的諸科学に狭めようとはしなかった。しかし論理経験主義者たちと似ているところもあって、彼は、経験に基づく真っ当なものを真っ当でないものから見分けられるようにする原則を整備したいと考えていた。

数学的真理と論理学的真理についてのパースの取り扱い方は、彼が自分を、他の経験論者からどのように区別しているのかを示す、非常に興味深い好例である。経験論の歴史には、どうして数学的言明や論理学的言明が経験論的なテストを通過する必要がないのかを示そうとする試みがたくさんある。例えばヒュームは、真っ当な心の内容とは、感覚の印象か論証的真理のいずれかである、と論じた。前者は経験論的な基準に左右されるが、後者、つまり例えば幾何学や代数学や算術の真理はそうではない（Hume 1975 [1777]: 19–25）。後で見るように、論理経験主義者は同様の思考の道筋をたどる。すなわち、数学的言明や論理学的言明のような分析的に真である言明は、経験との結びつきを欠いているにもかかわらず、有意味だというのである。そうした言明は定義によって真であり、他方で総合

的に真である命題は、世界によって真となる。(18) ジョン・ステュアート・ミル(John Stuart Mill)は、珍しい経験論者だ。彼は真剣に、論理学や数学に経験論的なテストを通過させようと試みている。彼はそういうことをしたせいで軽蔑の的となってしまった。

パースは、ミルと同様(さらに後で見るようにクワインと同様)、数学や論理学を、他のれっきとした探究活動と一体のものとして扱っている。すなわち、彼は断固とした全体論者であり、数学と論理学は必要な仕方で実際に経験と結びついていると論じたのである。私たちは、ある物事が真であるならば、それが実際にそうであることを期待する。応用数学を用いて橋を建設することができるだろうといったたぐいの期待を抱くことがあるというだけではなく、純粋数学の仮説ですら、帰結を有するのである。純粋数学の仮説は、図の上で推論をする際に帰結を持つ。図を操作するとき、私たちは、驚かされることがあるのだ。

パースは、この考えを正しく捉えることにかなりの労を費やしている。一九〇五年に彼は、理念的(ideal)経験と現実的(real)経験という二種類の経験があると述べている。後者は感覚的経験であり、前者は、「化学や物理学の研究において現実の事物に対して遂行される実験の代わりに、図に対する操作が、想像の中であれ外の世界においてであれ遂行される」(*CP* 4. 530; 1905)場合の経験である。早くも一八七二年の時点で、この考えは既にパース思想の中心にあった。〔いわく、〕数学的探究や論理学的探究は、

観察の要素を含んでいる。すなわち〔それ〕は、その諸部分同士の関係が推論の対象の諸部分同

士の関係と完全に類比的であるようなイコンないし図を構築することに存しており、想像の中でこのイメージに対して実験を行うこと、その結果を観察してその諸部分間の気づかれていなかった隠れた関係を発見することから成る。（*W* 3: 41; 1872）

数学者の「仮説は、数学者自身の想像の産物であるが、数学者はそれら仮説の中に、時おり彼を驚かせるような関係を見出す」（*CP* 5. 567; 1901）。この驚きこそが経験の力なのである。

パースは、誰もが内的（ないし理念的）世界と外的（ないし現実的）世界という二つの世界に住んでいると述べることによって、二種類の経験を区別することがある。外的世界と私たちの感官の衝突を通して、私たちは外的世界と作用する。私たちが内的世界と作用するのは、思考実験を遂行することによってである。パースいわく、探究には「二つの分野がある。一つは、実験と観察によって遂行される、外的事実についての探究であり、これは帰納的調査と呼ばれる。もう一つは、内的な実験や観察によって遂行される、内的な真理についての探究であり、これは数学的ないし演繹的推論と呼ばれる」（*MS* 408, p.150; 1893–95）。

とはいえ、これら二種類の経験と二種類の探究の区別は、厳然たるものではない。外的な事実とは、単に、「それ以外〔の事実〕が内的と見なされているときに、通常は外的であると見なされている」（*W* 2: 205; 1868）事実でしかない。内的世界は私たちに比較的小さい強制力を発揮するかもしれないが、それに対して、外的世界は抵抗のしようのない強制力で満ちている。しかしながら、内的世界もまた「理不尽に強制的」なことがあり、「私たちを驚かせる」ことがある（*CP* 7. 438; 1893）。パースは意図的に、これら二種類の経験の区別を曖昧なままにしている。「私たちは自然に、区別の全てを絶対的なものにしすぎるきらいがある。私たちは、外的な宇宙と、内的な思考の世界について語ることに慣れている。しかし、それらはすぐ近くに隣接しあっているのであり、両者の間には本当の境界線など無い」(CP 7. 438; 1893)。もちろん、この区別を曖昧なままにすることによって生じる問題は、その曖昧さのせいで基準の精緻さが失われるということである。便利な格率や線引き原理(demarcating principle)に到達したければ、パースは、何が真っ当な内的経験なのかについてもっとたくさんのことを述べなくてはならないだろう。次章で見るように、ジェイムズはこの辺りのことを完全に見誤っていたのだ、とパースは考えた。ここでは、パース自身としてはどのようにしてこの問題に対処しようとしたのかを見ることにしよう。

パースは、ライトと同じくらいに、哲学を疑わしい形而上学から引き離して科学の世界に引き入れることに熱心であった。彼の考えでは、「哲学は科学であり、さもなくば戯言」である。「哲学が科学という地位に位置付けられるならば、効率性の厳しい要求に応えるために、文学的な優雅さは——ちょうど昔の兵士の華美な制服と同様に——犠牲にされねばならない[19]」。もし哲学が経験に対する帰結を有するならば、哲学は科学である。

パースが気を揉んでいたのは、どういった種類の帰結を考慮に入れるかということである。つまり、私たちの信念が真っ当であるためには、私たちはそれらの信念からどういった種類の物事を期待するべきか、ということを気にしていたのである。パースは、その執筆人生の全期間にわたって、プラグマティズムの格率に修正を加えていた。既に見たように、重要な修正の一つが、この格率は直説法の条件文ではなく仮定法の条件文で表現されねばならないということである。その結果、「このダイヤモンドは硬い」のプラグマティックな意味は、「あなたがそのダイヤモンドを擦っても、それに傷はつかない（will resist）」ではなくむしろ、「もしあなたがそのダイヤモンドを擦ったとしても、それに傷はつかないだろう（would resist）」である。そうでなければ、永遠に海底に眠ったままのダイヤモンドは硬いことにならないだろう（*CP* 8. 208; 1905）。プラグマティズムが関心を寄せる実践的な効果というのは、ある状況下で生じるであろう（*would*）効果であり、実際に生じる（*will*）効果ではない。

考えが固まってくるにつれ、パースは、必要とされている実践的帰結の性質に関しても修正を加えた。パースは、「我々の観念を明晰にする方法」においては、実践的帰結とは感官にとっての帰結、つまり直接的に観察可能な効果でなくてはならないと述べている。しかしこの問題を考え直した結果、彼は、真っ当なものの範囲をそこまで厳しく狭めなくても良いのだとはっきり考えるようになる。既に見たように、パースによる経験の広い捉え方というものは、数学や論理学が経験と関連することを許容する。パースはまた、形而上学的探究にも何ら問題なく受け入れられるものがあると考えるようになっていた。形而上学においては、「最初は理性が摑みかかるためのとっかかりが無いように思えても、容易に論理的分析を受け入れるような問いがある」（*CP* 6. 463; 1908）。形而上学は、「現状では」「貧相で脆く、退廃した学問である」が、そのままの状態が続く必要はない。プラグマティズムの格率は「家庭から形而上学的ごみを全て」一掃する。「それぞれの抽象概念は、無意味であると宣言されるか、平明で実践的な定義が付与されるかのいずれかになる」（*CP* 8. 191; 1904）。パース自身、多少なりと形而上学者ではあって、少なくとも、彼が科学的に尊重できると考えた二つの形而上学的学説を提唱している。すなわち、偶然主義（tychism）と連続主義（synechism）である。前者は、宇宙には偶然の要素があるという考えである。後者は、実在は連続的であるという考えである。これら両方の考えが確率論と無限小概念と結びついたのは偶然ではない。というのも、パースは精密科学に深く携わっていたからである[20]。

パースは、宗教的主張がこの〔経験論的な〕テストに合格するのかどうかという問いも検討している。彼の答えは、結局は非常に不満足なものではあるが、プラグマティズムの格率がどのように作用するように考案されていたのかを大いに物語ってくれる。科学的な世界観の中に宗教が位置付けられるのかどうかを、パースは調べようとしている。これから見るように、彼が宗教と科学的方法を調停しようとする仕方は、パースとライトの類似性ならびにパースとジェイムズの相違性を朗々と物語っている。

パースの試みは、彼の論文「神の実在性に関する見過ごされてきた議論」（"A Neglected Argument for the Reality of God"）の中に見つかる。一九〇五年から一九〇八年の間に、彼は四苦八苦しながらこの論文の草稿を書いていた。彼は、神の存在を信じることは「信者の人生の全ての行いに対して指導的な影響」（*CP* 6. 490; 1910）があると指摘する。しかしパースは、後から見るジェイムズのような道筋はとらない。パースは、これらの指導的影響、つまり信じる者の人生に及ぶこれらの帰結が、これらの信念の根拠になりうるたぐいの帰結であると論じることはないのである。

既に見たように、パースにとって数学的言明と論理学的言明は「理念的」世界ないし「内的」世界についての言明であり、それゆえそれらは、図上での検証を要求するものである。しかしパースは、神が実在するという信念は通常、外的世界についての信念であると理解している。となると、神とは実在している存在者であるか、そうでないかのいずれかである。イエスは地上を歩いたか、歩かなかったかのいずれかである。それゆえ〔神に関する〕信念は、図上で推論するのではないような種類の経験的検証を必要とする。パースは自分自身に、神の実在性を主張する仮説がどのようにして帰結を有するかを示す作業を課しており、彼は断固として、これらの帰結は帰納によってテストできるものでなければならないと考えている。彼の考えはこうだ。「神は実在する」ということが真であったならば、私たちは、宇宙の中に「成長」や「習慣形成」に向かう傾向性があることを期待するだろうし、その宇宙が「調和的」であることを期待するだろう。いわく、神は実在するという仮説は、「運動が位置変化になる」成長や、「力が運動になる」成長をうまく説明してくれる。これが彼の言う、見過ごされてきた議論である。つまり、神が実在するという仮説は、既存の現象をうまく説明してくれる。これこそ、パースがアブダクティヴな推論と呼ぶもの、あるいは今日では最良の説明への推論と呼ばれるようになっているものである。[8]

これが神の実在性を擁護する議論として見過ごされてきたのは当然であると考える読者がいても仕方がないだろう。仮に神が実在したとして、私たちが何を期待することになるかは全く明らかでないし、パースが提案しているようなことを私たちが期待するだろうということは全く明らかなことではない。それどころか、世界に理不尽な痛みや苦しみが少なくなることを私たちは期待するものと、多くの人は考えてきた。パースはこの困難に気づいていたようだ。というのも、彼が「当の仮説からいくつかの帰結を引き出すこと」について語り始める際にはいつも、すぐさま論述を中断して話題を変えてしまうからだ[21]。しかしパースは、一九一〇年のこの論文の「付論（Additament）」にて、次のようにきっぱりと述べている。「必然的存在（*Ens necessarium*）の学説にはプラグマティズム的な意味があるけれども、私はここでは、その意味の全体を要約しようとはするまい。必然的存在にそのような意味がある限りにおいて、それは検証可能である[22]」。つまり、彼は大胆にも、その信念にはテスト可能な経験的帰結があることを証明したと主張しながら、そのようなことはしていないのだ。しかしながらこれから見るように、経験的な帰結を見つけようとする彼の試みこそ、パースを仲間のプラグマティストたちの一部から分ける特徴なのである。

パースは、倫理と政治の役割についてはあまり考えていなかったが、私が〔他所で〕論じたように、原則的に彼は、それらもまた真っ当な考察・探究の領域であるかもしれないと考えることにやぶさかではなかった[23]。政治家たちの意見が一致しない場合、その論争には「科学的真理を突き止めることとは別の目的」（*CP* 4. 34: 1893）がある、とパースは考えた。そして、政治家や倫理を考える者が自分の信念を修正するのを躊躇することが正当化される場合もあるのかもしれない。しかし、真理が問題になっていて、信念の変更が正当化される場合もある。「他のどの領域とも同様に、〔あるいは〕他のどの領域よりも、〔道徳は〕改善と前進を必要とする。〔…〕しかし道徳は、それが自説を曲げない保守的なものであるゆえ、変化に抵抗したり、これは永久に正しいのだとか、あれは永久に間違っているのだとか積極的に主張したりすることによって、自らの活力を失わせてしまう」（*CP* 2. 198: 1902）。倫理的判断は探究の領域に取り入れられるべきである、とパースは考えている。倫理的判断は経験に照らして改訂可能である。「推論が経験から湧き出るのと同じように、情感（sentiment）の発達は魂の内的経験と外的経験から始まる」（*CP* 1. 648; 1898）。他のどんな種類の経験にも言えることだが、「私たちは、〔倫理的〕経験が抽象的かつ絶対的に不可謬なのだと偽ることはない。しかし、〔倫理的〕経験が、個人にとって、実践的には不可謬であること――これこそが、「不可謬性」という語が担いうる唯一の明晰な意味であり［…］、それこそが私たちの主張していることである」（*CP* 1. 633; 1898）。

この問題についての私のパース解釈を批判する論者もいる。時折パースは、「人生に関わる（vital）」問題あるいは倫理的な問題は、理性や経験に従うようなしろものではないと述べることがある。答えが出るまで何世代も待つことができる科学者とは違って、倫理学においては、私たちは直ちに行為に移る必要に迫られている。それゆえ私たちは本能に基づいて進むのであり、そうあるべきなのである。倫理学は探究から排斥されねばならないというこうした主張を、あまり真面目に受け取らない方が良いということを私は論じてきた。その理由の一つには、「本能」とはパースにとって、私たちに影響を及ぼす経験に注意を払う一つの方法でしかないということがある。[24] 倫理的熟慮は、物事を正しく捉えることを目指した真っ当な種類の探究であり、倫理的探究の一部は、Aは正しいとかBは間違っているとかいった、ある人の内的経験、情態、ないし本能に基づいているのである。

またさらに注意を向けなければならない示唆的な背景がある。推理と経験は倫理学においては場違いであるという主張をパースが最も明確に行った文書は、「人生にとって重要なもろもろの主題」（"Vitally Important Topics"）（*CP* 1. 616–77; 1898）である。一八九七年、ハーヴァード大学で何らかの職をパースのために確保してやろうというジェイムズの精力的な取り組みは、学長エリオット（C. W. Eliot）の頑固な反対にあって頓挫しつつあった。ジェイムズはパースにこう書き送っている。「残念ながら、ここでは、大学のいかなる職についても、君に宛てがわれそうな見込みは全くない。僕はこのところ、君にかわって色々と動いてきて、もう変えようのない結論に至ってしまった。君は、この機関〔ハーヴァード大学〕とは別の方へ関心の矛先を変えねばならない」(*CWJ* 8: 323; 1897)。しかしジェイムズは、「実りがあるかもしれない他の計画を検討中」であった。つまりそれは、パースがケンブリッジ〔市内〕で連続講義の講座を持つというものであった(*CWJ* 8: 324; 1897)。ジェイムズは講座に登録してもらえるよう方々に触れ回り、講座に出てくれるかもしれない相手に、もしパースがその思想を紙に書き留めることなく亡くなってしまったら残念なことであろうと訴えた(*CWJ* 8: 606, 607; 1897)。この連続講義についてジェイムズがパースに頼んでいることが一つあって、それは、「あまり論理学や数学の専門的な話をしすぎてくれるな」(*CWJ* 8: 324; 1897)ということである。

疑いなくパースは、ハーヴァードへの扉がそのような最終宣告とともに閉ざされてしまったことに苦々しく失望したが、それでもジェイムズには感謝してこう言っている。いわく、この連続講義を手配してくれたことは、「『心理学原理』(*The Principles of Psychology*)以上に目覚ましい成果である」(*CWJ* 8: 325; 1897)。しかしながらパースは、論理学についての非常に専門的な連続講義の計画をまとめている。ジェイムズは、持ち前の忍耐強さと人の好さもいよいよ限度に達し、返事の手紙で次のようにきっぱりと述べている。

君がこれほどまでに形式論理学にこだわっていることを残念に思う。僕は、ここ、僕たちの大学院〔ハーヴァード〕のことはよく知っているし、ロイスもそうだ。君の〔論理学の〕グラフと関係項〔relatives〕〔の話〕についていけるかもしれない人間は三人だけだということは、僕もロイスも同意するところだ。〔…〕さあ、聞き分けをよくして、もっと人受けするような講義案を考えてくれ。〔…〕君はたくさんのアイデアで溢れている。連続講義の全体がひとつながりになっている必要は全くない。個々別々の、人生にとって重要な主題について述べてくれたら、それで完璧だろう。〔*CWJ* 8: 326; 1897〕

ジェイムズはまた、こうも書いている。いわく、この連続講義の登録者を「知らせることはできない」が、講座登録料の収入の半分、四五〇ドルが尽きるまで、「週一〇ドル」がパースの妻に支払われることになっている（強調はジェイムズによる）。物事がパースにとって良い方向に進んでいないことは明白であった。パースは、自分がなんとか手に入れたお金を、責任を持って管理できない状態であった。彼は持ち家を失う瀬戸際にあり、もはや家の暖房もままならないあり様であった。ジェイムズは明らかに、慈善的にパースの連続講義に登録し、それのためにお金を払ってくれる人を集めることに成功していた。〔こうしてジェイムズは、〕パースの妻に支払う講座登録料を捻出し、もろもろの請求書の支払いがすむようにしたのである。

〔ジェイムズの手紙に〕パースは傷つき、激怒した。パースは、自分にとっては面白くて重要であると思われる連続講義を既にまとめあげていた。そして、連続講義が「人生に関わる」問題についてのものとなるよう講義原稿を書き直してくれというジェイムズの要求に対してパースは、いきり立った状態で合意したのである。

私はもう一度はじめから、「個々別々の、人生にとって重要な主題」に関して、私に「溢れている」と思われている「アイデア」のいくつかを書き出す努力をしよう。それはうまくいかないだろうとは感じている。というのも、私にその気がなくても、私はそうした「アイデア」についての自分の感情を露呈することになるからである。しかし、それをすることでお金が支払われるのなら、できる限りうまくやってやろう。結局のところ、自分の哲学が広まっていかないことで憂鬱になる道理などない。君のハーヴァードでの哲学の学生達は、正確に推論することはあまりに骨の折れることだと思っているようだ。君の学生のエンジニアたちも、じきに、必要な計算をやり切るよりも、大作を未建造のまま放置した方が良いと思うようになるだろう。［*CWJ* 8: 330; 1897］

この手紙の最後の一行はこうだ。「聴衆は家に帰ってお祈りの文句でも唱えていた方が良いのではないかと私は思っている」（*CWJ* 8: 331; 1897）。パースは一触即発の状態であった。この連続講義と、その中でパースが与えている人生に関わる問題についての説明は、割り引いて受け止めねばならない。パースは、聴衆に向かって話せと依頼されたことを話していたのだ。

3-8　アブダクション、演繹、帰納

パースは自分自身のことを、他の何であるよりもまず、論理学者であると考えていた。英国の論理

学者・経済学者のジェヴォンズ（W. S. Jevons）ならば、（ブール（G. Boole）、ヒューウェル（W. Whewell）、バークリー（G. Berkeley）、グランヴィル（Joseph Glanvill）、オッカム（Ockham）、ドゥンス・スコトゥス（Duns Scotus）とともに）「私〔パース〕の論考の目的」を理解するであろう、とパースは述べている。その目的というのは、「二十世紀の科学の命脈に適合した新しい論理学を打ち立てるための強固な基礎を敷くこと」（CP 7. 161; 1902）である。パースの哲学における論理学の地位は、いくら評価しても過大評価にはならないほどだ。他人の仕事に対して彼が言う主だった批判の一つは、それは論理学的才覚を欠いているということである。〔彼いわく〕カントは「伝統的論理学についての全く驚くべき無知」（CP 1. 560; 1907）を露呈している。ヘーゲルは論理学に「決定的に弱い」（CP 1. 453; 1896）。そしてジェイムズは、「ほとんど他に例を見ないほどに数学的思考の能力に欠ける」（CP 6. 182; 1911）のだという。

パースにとっての「論理学」は非常に広い。彼は論理学を、「真理と、その本性とその発見法についての学説」（W 3: 14; 1872）として述べていたことがある。彼は大部の論理学の本の計画概要をいつ終わるとも知れず書き続けており、その中心には真理を目指す探究についての研究があった。これは、現代における論理学の捉え方とは異なる。しかしパースは、現代の意味においても卓越した論理学者であった。パースは、フレーゲと同時代に、しかも彼とは独立に、図像的証明体系を持った量化つき一階論理を考案し、また、シェファーの縦棒[9]〔に相当するもの〕を、シェファー（Henry M. Sheffer）よりも数十年早くに発見していた。パースはまた、統計的推理の論理においても、後世に残る進展を達成していた。アラン・リチャードソン（Alan Richardson）が言うようにパースは、「彼や彼の後継者たちにとって、論理学ないし科学的方法論の中心的課題は、個別的因果といったような諸概念に対して複雑な関係にある統計的推論の論理であることを知らしめている」（Richardson 2008: 346）。

パースの演繹論理と統計的論理の両方における仕事を知っていた人たちは、当然〔それに〕感銘を受けていた。数学者・論理学者のW・K・クリフォード（W. K. Clifford）は、パースこそ、「存命中の最も偉大な論理学者であり、かつ、アリストテレス以来、〔論理学という〕分野に実質的な内容を加えた二人目の人物」であると考えた。ジョン・ヴェン（John Venn）はこう言っている。「C・S・パース氏の名前は、ブール論理、あるいは論理学に対する記号的な手法の発展に関心のある者には非常によく知られているため、彼がジョンズ・ホプキンズ大学にて上級クラス向けに論理学の講義を行っているということを知れば、きっと、論理学に対して興味深い貢献がじきに見られることを保証された気持ちになるだろう」（Venn 1883: 594）。

とはいえ、論理学に対するパースの偉大な貢献の一つに、形式論理学のたぐいではないものがある。彼は、演繹と帰納に加えて第三の推論様式を特定しており、その過程で、ヒュームの有名な帰納の問題に非常に興味深い応答を与えている。パースは、この第三の種類の推論を「アブダクティヴな推論」と呼んでいる（彼はこれを「遡及的（retroductive）推論」と呼んだり「仮説〔形成〕（hypothesis）」と呼んだりすることもある）。この推論は根本的に創造的である。[25] この推論は、実証主義の伝統がパースの時代においてでさえ自らに課していた制限を、超えてゆく。つまりこの推論は、感覚の報告や、それらの報告に基づいて形式的な演繹推理を経て打ち立てられるものを超えたところを見据えているのだ。

アブダクションは、帰納（パースにとって帰納は、観察された事例から観察されていない事例を推論することと、統計的推論の両方を含む）と同様、拡充的（ampliative）な推論である。〔すなわち、〕前提にあるものを解明する（explicate）演繹とは異なり、前提にあるものを拡充する。しかし、新しい観念を私たちの信念群に取り入れることができるのはアブダクションだけである。アブダクションは次のような形式をとる。

驚くべき事実Cが観察される。
しかしもしAが真ならば、Cは当然のこととなろう。
それゆえ、Aが真なのではないかと推察する理由がある。〔*CP* 5. 189; 1903〕

これと非常によく似たものが、現在では最良の説明への推論と呼ばれるようになっている。これは「説明仮説を形成する過程」なのである。そういった仮説は、真であると主張できるような仮説ではない。アブダクティヴな推論の結論は、推測の域を出ない。つまり私たちは、「経験からの告知があればその瞬間にそれらの仮説を投げ捨てられるよう準備を整えて」（*CP* 1. 634; 1898）いなければならないのである。「アブダクションは私たちを何に対してもコミットさせない。それは単に、ある仮説を、私たちが試すべき事項の一覧表に加えるだけである」（*CP* 5. 602; 1903）。

パースは、説明が必要になるのはどういう場合であるかについて、『オープン・コート』誌（*The Open Court*）と『モニスト』誌の編集者であったポール・ケイラスと議論していた。ケイラスは、不規則性が説明を要求するのだという見解を有していたが、パースは、「森の木々が規則的なパターンを成していないからといって驚いたり、そのような事実についての説明を求めたりする」（*CP* 7. 189; 1901）人などいない、と反論した。パースの見解によれば、不規則性〔の方〕が「経験の圧倒的大部分を占める定番のことであり、規則性の方こそが奇妙な例外なのである」。予期せぬ規則性や、あるいは予期していた規則性の破綻だけが、説明を要求するのである。

パースは、科学的方法の第一歩はアブダクティヴな推論であると考えている。ある驚くべき経験、ある奇妙な例外を説明してくれる仮説ないし推測が〔まず〕特定される。次にこの仮説から帰結が演繹され、それが帰納によってテストされる。その仮説が経験のテストに合格すれば、仮説は受け入れられる。つまりその仮説は、新たな驚くべき経験によって覆されるまでは、安定し、信じられるのである。こうして科学的方法は、アブダクション－演繹－帰納によって進展する。アブダクションと帰納の両方が私たちの知識を増やしてくれることから、「それらを混同してしまう論理学者がいる」とパースは考えている。しかし彼ははっきりと、これら二種類の推論を科学的探究の別々の段階として記述しようとしている（*W* 3: 330; 1878）。科学的方法、つまり安定した信念を導入する方法についてのパースの説明は、三つの部分から成るのである。

パースは、帰納についてのヒュームの問題については沈黙を保っている。パースの哲学上の議論仲間であったチョンシー・ライトはというと、帰納に関するヒュームとミルの議論に大いに興味を持っており、帰納についてのミルの説明こそ、ミルの論理学におけるたくさんの業績の中でも最重要の貢献であると考えていた[26]。そしてパースは確かに、それに関連する、自然の斉一性という話題に関するヒュームの議論について考えていた。パースはヒュームの考えを支持して、自然が斉一的であるという原則の根拠となる証拠は無い、と論じているのである。既に見たように、パースはこう考えている。すなわち、「自然」は「規則的なものではない。〔…〕特殊な法則や規則性が無数にあることは確かであるが、それよりも無限に頻繁に見受けられる不規則性について考える者は誰もいない」（W 2: 264; 1869）。仮に自然が斉一的であったとしても、その事実を言明する大前提を一つ加えてしまうことは、帰納的推論を正当化しようという試みの正しい方法ではなかろう。帰納的推論に、「そのような疑わしい根拠付けは不要だ」（*CP* 6. 100; 1901）。パースにとって、帰納とアブダクションを正当化するのは、それらの持つ拡充的な力に他ならない。それらは〔いずれも〕、掛け替えのない、不可欠の種類の推論なのである。

とはいえ、ヒュームが帰納に対して提起した問題について、パースから引き出せることはたくさんある。ヒュームは、「観察されている全てのAはBである」から「全てのAはBである」へ移行してしまうことは妥当ではない、ということを示す非常に強力な議論を述べていた。パースとしては、自分の可謬主義と批判的常識主義によってヒューム問題を回避できると考えたであろう。〔ヒューム問題は〕確実性を求めた場合にしか問題とならない。この種の帰納的推論（これをパースは「粗雑な帰納」と呼んだ）は、たった一つの経験によって覆されるかもしれない弱い形の推論である、とパースは論じている。私たちは、明日太陽が昇ると信じているし、そう信じるべきであるが、太陽は明日昇らないかもしれない。パースは、帰納が確実性をもたらすということを示すことに関心を持っていない。彼がウェルビー女史（Lady Welby）に述べているところによると（ヒュームには不公平な話であるが）、ヒュームの過ちは、彼が帰納からあまりに多くのことを得ようとする演繹主義者であることだ。[27]パースが関心を寄せているのは、帰納が、探究において信頼の置けるものであるのか否かということである。演繹は既知の規則を適用することしか認めないのに対して、帰納は、私たちが未知のものを発見できるようにしてくれる。そして、この発見の可能性があるからこそ、科学者として活動していたパースは、帰納を、欠くべからざる推論形式と見なしている。彼の関心は、帰納がその結論に保証を授ける推論形式なのかどうかではなく、それとは対照的に、統計的推論の信頼性〔という問題〕へと向かっているのだ。

ここでは、統計的推論に関するパースのたくさんの重要な貢献については立ち入らないことにして、その代わり、次のことに注意を促しておこう。すなわち、本書第三部で、ネルソン・グッドマン（Nelson Goodman）がヒューム問題を素晴らしい形で再論しているのを見る際には、パースのアブダクティヴな推論についての理論が、いかにして帰納の問題をうまく見通すための方法を与えてくれるのかを見ることになるだろう。規則性はたくさんあるけれども、説明を必要としているのはそのうちの一部だけなのだ、ということを私たちが認めてしまえば、一見解決不可能に思われるこの帰納の問題は、瓦解する。私たちに最良の説明への推論をせよと要求するのは、予想外の規則性、驚くべき規則性だけである。一旦アブダクティヴな推論によってその仕事が果たされれば、帰納の役割はそれらのアブダクティヴな仮説をテストすることだ。つまりパースは、帰納の問題を捉え直し、アブダクションによって到達した仮説が帰納によるテストの候補に選ばれるべきなのはいつなのかという問題にしたのである。〔つまり〕当の問題を、どのアブダクティヴな推論がよいのかを決定するという問題に捉え直したのである。パース自身の提案は、次のような道筋に沿っている。すなわち私たちは、「一つの定式のもとに最もたくさんの事実をまとめる」(CP 7. 410) 仮説を選ぶべきである。〔さらに、〕私たちは単純な仮説を選ぶべきである (CP 5. 60)。そして私たちは、仮説を、それが私たちの直面する驚くべき観察結果を実際に説明してくれるように、仮説を構築するべきである[28] (CP 7. 202)。

3-9 統制的想定

アブダクティヴな推論は、探究の統制的想定とパースが呼んでいるものに依拠する。私たちは、Cを観察するときはいつも、Cを含意する、あるいはCをありそうにする、何らかの仮説が存在するだろうと想定する。つまり、私たちが得た驚くべき観察結果に対しての説明が存在すると想定する。この点こそ、パースの思想の中で、探究の統制的想定という考えが重要な働きをしている箇所である。統制的想定の多くは実験的で一時的な仮説で、修正されたり却下されたりする可能性が高いものであるけれども、比較的安定していて、まさに探究や知識獲得といった活動そのものにとってより本質的である統制的想定もある。

統制的想定という考えがパースの思想の中でいかに重要であるかを理解するためには、彼が最も詳しくそれについて述べている想定に注目する必要がある。パースは、全てのプラグマティストが直面するに違いないある問題に自分が答えなければならないと分かっている。彼はこの問題を次のように言い表している。

しかし、歴史のあらゆる細かな事実、二度と取り戻せない忘れ去られた事実、古代人の失われた書物、埋もれてしまった秘密などに対して、何を言えるのかと問われるかもしれない〔…〕。これらのものは、私たちの知識の及ぶ範囲をどうしようもなく超えてしまっているのであるからして、果たしてリアルには存在していないのであろうか。〔W 3: 274; 1878〕

彼の答えはこうだ。何であれ私たちが探究している事柄について、私たちが直面している問いには答えが見つかるだろう、ということこそが探究の統制的想定である。もしそうでなければ、その問題について探究することなど無意味になってしまうだろう。「〔私たちが〕それに基づいて合理的に行為できる唯一の想定とは、成功するだろうという希望〔を持つこと〕なのである」(W 2: 272; 1869)。こうして、二値原理、つまり任意の P について、P は真か偽のいずれかである、という原理は、論理法則であるというよりむしろ、探究の統制的想定であるということになる。この原理は、私たちが物事を探究しようとするならば想定として持っておかねばならないものなのである。

パースはこの点について、明晰、明瞭である。二値原理は探究の統制的想定であると述べることは、特殊な論理的地位についての主張(それが論理的に真だという主張)ではない。もっと単純な意味でそれが真だという主張でもない。そして世界の性質についての主張(世界は二値原理が成り立つものなのだという主張)でもない。パースいわく、論理学者は「跳躍」によって――正当化されていない飛躍によって――二値原理を論理法則であると考えている(NE 4: xiii)。彼は、自身の考え方を超越論者の考え方から区別して、次のように述べている。

厄介な問いを議論するとき、私たちは、その問いについて何か突き止めることのできる真理があること、そしてその議論が永遠に、目的なく続かないことを希望する。超越論者ならば、全ての知的な問題には突き止めることのできる真の答えがある、ということが不可欠の「前提」なのだと主張するだろう。私自身も、かつては似たようなことを述べていた。というのも、私が哲学の世界で赤子だった頃は、私の哺乳瓶はカントの乳で満たされていたからだ。しかし今となっては、私はもっと実質的なものを必要とするようになっている。[CP 2. 113; 1902]

カント的な不可欠性論法は十九世紀後半にしばしば用いられていた。例えばロイスはそうした議論を非常に気に入っている。しかしパースは、はっきりとこう考えていた。すなわち、ある想定が私たちの探究実践に不可欠であるからといって、その想定が必然的な真理であると考えるべきではないし、さらには、その想定が真であると考えるべきですらない。いわく、「私〔パース〕は、不可欠性が信念の根拠になるという考えなど認めない。私は、銀行に五百ドル所持していることが不可欠だ、なぜならその額の小切手を切ったのだから、ということはあるだろう。しかし、その不可欠性が私の口座残高に少しでも直接的影響を及ぼしたのを見たことはない」(*CP* 2. 113; 1902, *CP* 3. 432; 1896も参照)。私たちがこれらの想定をしなければならない理由は、「ある地点を確保しなければ自国が破滅してしまう将軍が、自分は何らかの方法でその地点を確保できるし、確保することになるだろう、という仮説に基づいて作戦を進めなければならないのと同じ理由」(*CP* 7. 219; 1901) なのだ。

私たちの問いに決定的な答えがあるということを「前提する義務が私たちにはあるが、そう主張する必要はない」、というのがパースの見解である。統制的想定は探究についての言明であり、探究に従事する者が想定しなければならないことなのである。統制的想定をすることは、実践について言明をすること、そして、その実践が理解可能なものとなり、賢明に遂行されるようになるために必要なことについて言明することである。パースの議論はこうだ。私たちがある特定の問題について合理的に探究できるのだとしたら、少なくとも、私たちの探究に対して何らかの結果が出る可能性があると想定していなければならない。そして私たちはまた、現在のところは何かしらの理由で私たちの調査の範囲を超えている物事についても真理がある、ということも想定する必要がある。

これまで見たように、パースはまた、私たちの信念とは独立した実在《リアリティ》が存在しており、私たちの観察結果に対して説明が存在するのだ、と想定しなければならないと考えている。「信念の固定化」の中で彼は、とある「根本的な仮説」が探究や科学の方法において当然視されている、と述べている。その仮説とはこうだ。「リアルな事物が存在しており、それらの特徴は、それらについて私たちが抱く信念とは独立しており」、しかも経験的調査を通して発見されうる（*W* 3: 254; 1877）。

そのような本質的想定を設けることを拒否することとは、探究の道を阻害することであり、パースの著作において、それは哲学的大罪なのである。パースいわく、想定を設けることについての私たちの理由は、「必死の捨て身」によって駆動されている。もし想定を設けなければ、私たちは「実証的事実について何かを知るということが全く不可能になる」（*CP* 5. 603; 1903）だろう。それ無しにはこの上なく重要な実践を継続できないような想定を前にすると、私たちは、「その想定を支持する証拠がいかに乏しかろうとも」（*CP* 7. 219; 1901）、それを受け入れなければならない。パースは次のように述べる。

思考することのたった一つの直接的な目的は、物事を理解可能にすることである。そして、思考しつつも、当の思考という行為の中で、何かが理解不可能だと考えてしまうことは、自ら麻痺してしまうことだ。それはあたかも、敵から身を守るために拳銃を所持している男が、その敵が非常に強力だと知るやいなや、その敵に殺されるという事態から逃れるために、自分の拳銃で自分自身の脳みそを吹き飛ばすようなことである。絶望は狂気である。[…] それゆえ私たちは、希望の規則によって導かれねばならない [...]。[*CP* 1. 405]

パースは不可欠性論法を、これほどまでに控え目で[29]低姿勢な仕方で捉えているために、彼は彼の後に続くプラグマティストたちから区別される。[30] 彼には、この種の議論を大げさな仕方で使うつもりはなかった。「私は彼らのことを超越論的調剤師と呼んでいる——彼らは請求書をでっち上げるのが非常に上手い——が、私はその一員ではない。彼らは、たくさんの重大な事柄を、論理学の不可欠な前提(*Voraussetzungen*)として要求する連中である」(*CP* 2. 113; 1902)。フックウェイがまとめているように、このパースの論点は次のようなことである。「ある信念が私たちにとって避けられないと示すことは、それが真であると信じる理由を与えることにはならない」けれども、その信念が真であることを望み、知識を求める際にはその信念を真っ当なものと見なすべき強い理由は与えてくれる(Hookway 1999: 181)。次章では、不可欠性、つまり人間にとって必要であることの取り扱い方もまた、パースの仕事を、彼の友人であるウィリアム・ジェイムズの仕事から区別する要素の一部なのだということを見てゆくことにしよう。

注

（1）*CP* 5. 614; 1906 ならびに Brent（1998［1993］: 315–16, 374）参照。
（2）Dykhuizen（1973: 29）や Green（2007）参照。
（3）手紙が Scott（1973: 376）に再録されている。
（4）*CP* 5. 453, 457（1905）; *CP* 8. 380 n. 4 (undated); 6, 485（1906）; *MS* 841, pp. 15, 16 of "variants"（1908）; *MS* 318, p. 11（1907）参照。
（5）*CP* 5. 13; *CP* 8. 191; *CP* 5. 438 参照。トム・ショート（Tom Short）も、パースの記号論がどのように発展したのかについて論じる際に、パースの記号論をプラグマティズムの格率に結びつけている（Short 2007, ch. 2）。
（6）リベラルな自然主義の探究については、De Caro（2004）や Macarthur（2010）を参照。Macarthur（2012）は、自然主義の認識論的主張を〔自然主義の〕存在論的主張から区別している。前者の考えでは、科学的探究によって得られた知識で存在する知識の全ては尽くされる。後者の考えでは、科学的な存在者だけが実在である。私の議論はこうだ。数学と倫理学を含むような広い仕方で科学が解釈されるのであれば、プラグマティストたちは両方の主張をしている。
（7）その全容の説明については、Misak（2004［1991］), ch. 2 を参照。
（8）*MS* 673, p. 11, 1911 参照。*MS* 675 の「8」と記された文書も参照のこと。
（9）Atkin（2015）は、パースが主張（assertion）に関して述べたことについて、簡潔で当を得た説明をしている。
（10）Sellars（1962: 29）と Migotti（2011）も参照のこと。

(11) この見解に基づけば、意味は時間を経て保存される。例えば、質量という概念は重大な改訂を受けてきたが、私たちはそれでもニュートンと現代の物理学者が〔質量という概念で〕同じものを指示していると考えられる。

(12) 彼の〔カテゴリーの〕導出は、カントの影響を強く受けている部分もあればアリストテレスから引き継いでいる部分もある。カテゴリーに関するもっと詳しい解説については、Misak（2004［1991］: 70ff.）を参照。

(13) *CP* 1. 145: 1897; *CP* 2. 141: 1902; *CP* 5. 54: 1903; *CP* 7. 643: 1903; *CP* 5. 116: 1903; *CP* 5. 568: 1901 参照。

(14) Stern（2007）は、パースはヘーゲルを誤解しており、彼らの見解は実際のところ非常によく似ていたのだという議論を行っている。

(15) こうした経験観やこうした経験が批判的探究において果たす役割についての詳細な議論については、Misak（2000）や Misak（2004a）を参照。経験的判断が批判を経ずにやってきた後で、私たちがいかにしてそれらに合理的な吟味を加えるのか、ということに関する素晴らしい説明が、Hookway（2000）に収録されているフックウェイの論文「常識、プラグマティズム、合理性」（“Common Sense, Pragmatism, and Rationality.”）に見られる。

(16) Short（2000）, n. 9 参照。

(17) *CP* 5. 384: 1877 参照。この一手こそが、後の章で見るデューイやその後継者の思想において中心的な考えから、パースを引き離す特徴となる。デューイは、私たちの能力は生存のために〔自然〕選択されてきたものであり、それゆえ私たちの探究は全て生命体の生存を目標としているのだということを、進化論が私たちに教えてくれているのだと考えている。パースの考えによると、確かに進化論は、私たちの能力が生存のために選択されてきたものであることを教えてくれるが、それでも私たちは、生存のために有利な信念だけではなく、人間の能力や探究の文脈とは独立した信念を得ることも目指している。

(18) 例えば Hempel（1964［1945］: 368）参照。

(19) *CWJ* 12: 172: 1909; CP 5. 13: 1907 参照。

（20）これらの形而上学的立場についての当を得た説明を読みたければ、Reynolds（2002）や Putnam（1995）を参照。

（21）例えば *MS* 842, p. 127 参照。

（22）*MS* 844 の最終ページ参照。*CP* 6. 491; 1910 も参照のこと。

（23）Misak（2004b）参照。

（24）Misak（2004b: 158–60）参照。

（25）Richardson（2008: 346）がこの言葉を使っている。まさにうってつけの言葉だ。

（26）Wright（1873b）参照。

（27）一九一一年五月二〇日付の手紙の中で、パースはウェルビー女史にこう述べている。「ヒュームなどの昔の形而上学者たちは皆、［…］唯一の妥当な種類の推論は演繹であると実質的に想定することによって、自分たちの懐疑論を擁護している」（Peirce 1953 [1911]: 43）。帰納についてのパースの考えについて、もっと完全な説明を読みたければ Misak（2004 [1991]: 111ff.）参照。

（28）この著作の要約については Misak（1991 [2004]: 98ff.）参照。

（29）どうしたわけか、私がクリス・フックウェイの論文「控え目な超越論的諸議論」（“Modest Transcendental Arguments”）（Hookway 1999）に行き当ったのは、私がこの章を書き上げた後、そして論文「アメリカン・プラグマティズムと不可欠性論法」（“American Pragmatism and Indispensability Argument”）（Misak 2012）を書いた後のことであった。それでも私は、フックウェイの見解が私の考えを形作ってくれたのだと確信している。というのも、私はかれこれ三十年近くもの間、彼から学んできたからだ。

（30）Habermas（1990a）と Apel（1990）参照。

訳注

［1］当時パースは沿岸測地測量局の調査でヨーロッパを訪れており、たまたまパリ滞在期間がヘンリー・

ジェイムズと重なった。そのためウィリアム・ジェイムズの紹介を経て二人は会っていた。

［2］ grasp the nettle で、「困難をいとわず立ち向かう」という意味の慣用表現になる。直後に grasp という言葉が使われているのは、このことを念頭に置いていると思われる。

［3］ 実際のところ、パース自身がイニシャルのSを「サンダース」ではなく「サンティアゴ」をさすものとして使っていたというわけではないが、「チャールズ・サンティアゴ・サンダース・パース」と自称することはあった（Brent 1998 ［1993］: 315-6）。ちなみにパースが「サンティアゴ」という名前を使い始めたのは、Ernst Schröder が *Vorlesungen über die Algebra der Logik* の第一巻の文献表でパースの名前を“Peirce, Charles S（antiago）”と表記していたことをパースが面白がったからである、とジミー・エイムズさんからご教示いただいた。貴重な情報をご提供くださったことについて、ここに記して感謝申し上げる。パースにジェイムズを聖人化する意図があったかどうかは不明である。

［4］ 現在は Peirce Archive というウェブサイトで書簡以外は閲覧できる。https://rs.cms.hu-berlin.de/peircearchive/pages/home.php（二〇一九年六月三〇日確認）を参照のこと。

［5］ パースは存在グラフ（Existential Graphs）という独自の記法を用いて、図像的に推論を展開する方法を考案していた。図を用いて推論をする際にも、思いがけない図形が現れるなどの反発的経験に遭遇することがありうる。

［6］ prescission は、「何かを切り離してそれに意識を集中させること」を意味する。語源であるラテン語の prae（前）+scindere（切断する）から、「前切」という訳語を当てることにした。

［7］ パースは being と existence を区別する。ここでは前者を「有」、後者を「存在」と訳し分けることにした。

［8］ とはいえ、アブダクションと最良の説明への推論は微妙に異なるものである。両者の差異についてはミサック自身も本書二章注8で触れている。

［9］ H・M・シェファーが一九一三年に発見したとされる論理演算記号。この論理記号だけを用いて、否定、論理積、論理和、さらに含意、双条件を表現できる。

第四章　ウィリアム・ジェイムズ
(William James)（一八四二〜一九一〇）

4-1　序論

ウィリアム・ジェイムズは、当初は画家になることを志していたが、それを断念した後、科学者としての教育を受けた。化学、解剖学、生理学を学び、次に医学校へと進んだ。ジェイムズは自分の人生設計を決めかね、逡巡していた。結局彼の成し遂げたことを振り返ってみれば、彼は近代心理学の父であり、哲学者たちにとっても、より広い一般大衆にとっても、アメリカン・プラグマティズムの顔役であった。パースとライトは、雑誌に大した業績を残すことも、次世代の学徒たちに大きな影響を及ぼすこともなくこの世を去ってしまったが、ジェイムズはアメリカの知的生活のあらゆる部分に足跡を残している。ジェイムズは教え子や同僚に甚大な影響を及ぼした。彼は何かと世話焼きで、適切な助言をたくさん有しており、開放的で心温かな性格で、気前が良く、熱心だった。彼は美文家であり、彼の表現の多くは今なお私たちの哲学的意識に染みついている。彼の仕事は広く出版され、広く翻訳され、当時において彼は、アメリカの最も有名な学者であった。心理学においては、彼は今でも崇敬を受けている。

パースは数理論理学に惹きつけられた「専門的」哲学者の典型であるとジェイムズは考えた。そしてジェイムズ自身は、そういった思想家になろうとは思わないと明かしている。彼の有名な著書『プラグマティズム』(*Pragmatism*)の冒頭で、ジェイムズはこう述べている。「私たちそれぞれにとって非常に重要な哲学は、専門的な事柄ではなく、人生が本当の奥底のところで一体何を意味しているのかということについて、多かれ少なかれ沈黙のうちに感じ取らせてくれるものなのである」(James 1975 [1907]: 9)。ジェイムズは、自身の見解が教養ある公衆に行き渡ることを望んでいた。そして彼は、そのことに大いに成功したのである。彼の考えについては、当時の雑誌や書籍の中で盛んに議論された。彼の書きぶりは簡明で、彼の文章は楽しく読めた。ジェイムズはこのように歩みを進めたが、あまりうまくいかなかった側面もある。ジェイムズが主張しようとしていた論点の微妙な機微は、曖昧になってしまいがちであった。実際、彼の同時代人には、一般大衆の聞き手に考えを届けようとする計画そのものに反対する者もいた。アルバート・シンズ(Albert Schinz)は、いくぶん苛立った調子で書かれた(そして概して質の悪い)著書『反プラグマティズム』(*Anti-Pragmatism*)[1]の中で、次のように不平をぶちまけている。「〔今までは、〕大衆の科学、大衆の芸術、大衆の神学があった——そして一つだけ抜けていた。大衆の哲学だ。そして今や、それも私たちに与えられた。薄弱な大義名分の大勝利というわけだ!」(Schinz 1909: xvi)。

ジェイムズ哲学の解釈をさらに複雑にしてしまう事情がある。つまりジェイムズは、あるバージョンのプラグマティズムから別のバージョンのプラグマティズムに、そうやすやすとではないにしても頻繁に、移行してしまうのである。彼は時に、真理とは本当に取り消し不可能なものであり、世界が私たちの信念を制約する、というパース的な立場を前面に出している。しかし彼はまた、大幅に変化するかもしれない局所的な人間経験こそが、信念や真理について考える際に私たちが依拠せねばならないものの全てなのだ、と論じることも頻繁にある。これから見るように、後者のバージョンのジェイムズ思想はアメリカン・プラグマティズムの〔これからたどることになる〕軌跡に影響を及ぼし、パースやその他の同時代人たちからの非難の的となった。

ジェイムズの仲間たちは、一般大衆向きの表現をしがちなジェイムズの傾向や、ジェイムズの行きすぎであると思われた点については修正しようとした。ジェイムズの友人であるハウィソン（G. H. Howison）は、次のようにジェイムズをたしなめている。「君はどうにかして、『ヘーゲリズム』や何やかんやについてのあのつまらない当てこすりを、〔出版して〕冷たい永遠の紙の中に納めてやったらどうだ」[2]。サンタヤナの回想によると、彼の師〔ジェイムズ〕は「議論の息が続かない」（Santayana 1944: 242）人であった。チョンシー・ライトは、自分がジェイムズに抱いた「興味」を次のように理解している。「彼は、あのジェイムズ的な特性によって、私をむしろ惹きつける。彼の意見の多くがそうであるように、そしてとりわけ彼の言葉が顕著にそうであるように、彼には、大雑把で、大げさな特性がある。おそらくそうした気質のおかげで、平板な話であってもその効果を大きく見せることが可能になっている場面があって、根底ではこのことが魅力となっていた[3]〔…〕」。ジェイムズの友人で同僚であったロイスは、同じ言葉を使ってこう述べている。「個々人の話し方というのはその人自身のものである。君の話し方は最も効果的な話し方だ」[4]。これから見るように、厄介なのは、そうした一般受けする効果的な性質が、プラグマティズムのめぐり合わせにとっては常に良いとは限らなかったということである。

本書で私はアメリカン・プラグマティズムの軌跡をたどっているのであるから、ジェイムズの比較的に注意深く練られた見解については首肯しながら、それとともに、彼の比較的に大雑把で大げさな真理の理論を紙面に書き留めてゆくことが私の責務だろう。ジェイムズを最も明瞭な観点のもとで説明してくれているたくさんの論者の中に、ヘンリー・ジャックマン（Henry Jackman）（Jackman 1999, 2008）とロバート・シュワルツ（Robert Schwartz）（Schwartz 2012）という二人がいる。より洗練されたジェイムズの姿を理解したければ、読者は、ジェイムズ自身の論文「道徳哲学者と道徳的な生」（"The Moral Philosopher and the Moral Life"）とともに、彼ら二人の論考も見るべきであろう。

4-2　心理学と根本的経験論

ジェイムズの一八九〇年の著作『心理学原理』（*The Principles of Psychology*）は、今も依然として古典的名著の地位にある。この著書は心理学の歴史全体を通して最も重要な著作であろうもので、哲学から切り離して心理学という領域を確立させたのみならず[5]、今日でもなお実りの多い、重要な主張をしている。意識の状態は検証可能な心理学的法則によって説明されねばならない、という経験論的な立場を、ジェイムズは打ち出している（James 1981［1890］1: 182）。心理学が「明晰になり、不確かな仮説を回避」(James 1981［1890］I: 182) できるようになるには、心理学は経験的でなければならない。しかしジェイムズは、こうした経験論を、心的状態についての非原子論的で非還元的な説明にしようとしている。『心理学原理』の中の概念作用(Conceptions)について論じた章では、心の原理は直観から無謬的に引き出されるというスコットランドの批判的常識学派の立場を粉砕しており、この点においてこの章はとりわけ重要である。ジェイムズは、「概念(concepts)」についての曖昧な語りをやめて、「心的状態でも、心的状態の表すものでもない」「概念作用」について語ることにしてはどうか、と提案する(James 1981［1890］I: 436)。こうした思想とパースのカテゴリー論の類似性に注意してほしい。プラグマティズムの創始者たちは皆、いかに表されているものが、それを表しているものから不可分なのか、ということを示そうとしていたのである。ジェイムズもまた、パースと同様に、心の能力によって確立されるもろもろの関係の性質については、人間の身体についてのその他のあらゆる仮説や、あるいは、その他のあらゆる自然現象と同様の仕方で探究されるべきだと論じている。そうした〔心的な〕関係についての無謬の内観的分析など、ありはしないのだ(James 1981［1890］I: 191)。

ジェイムズの見解に基づけば、心理学的法則の発見は、私たち自身の心的状態の観察を通した仕方で——つまり「私たち自身の心を調べて、そこに何が見つかるのかを報告すること」(James 1981［1890］I: 185)を通した仕方で為される。(6) 彼の考えによると、ロックとヒュームは個人の同一性についての研究を「暗雲の中から」取り出し、それを経験的で検証可能な科学にした(James 1981［1890］I: 186, 319)。私たちは感じ(feelings)と思考を研究するということが可能なのである(James 1981

［1890］1: 185-86）。彼の先駆者である経験論者たちと同様に、ジェイムズには、観察という方法への揺るぎないコミットメントがある。全ての探究は経験に始まり、経験に忠実でなければならない。ジェイムズは「根本的経験論者」を自称しており、これから見るように、この「根本的」という語は当を得ている。ただし、その立場は、次のようなさほど根本的ではない「公準」を定めている。すなわち、「哲学者間で論争可能となるものというのは、ただ、経験から引き出された言葉で定義可能なものだけであろう」（James 1975［1909］: 6）。

しかし、経験論者たちはその方法論を正しく捉えていたかもしれないが、意識のまさに本性については思い違いをしていた、とジェイムズは考えている。ヒュームならば、観念は離散的で分割可能な存在物であると私たちに思い込ませただろうが、観念はそのようなものではない。「複合的な心的状態」は、ミル（J. S. Mill）とヴント（W. M. Wundt）ならばそれらは「より単純な心的状態が自己複合した結果」であると私たちに思い込ませただろうが、〔本当は〕そのようなものではない。(7) 意識というのはむしろ思考の流れであり、箇々別々の部分に分解することなどできないのだ。意識についてのジェイムズの理論は、現代の神経心理学の最も重要な洞察のいくばくかや、脳の可塑性についての現在の思想を先取りしている。(8) ジェイムズいわく、「経験は、あらゆる瞬間に、私たちを再形成しており」、それゆえ「脳〔状態〕の再配分は、無限の多様性の中にある」（James 1981［1890］1: 228-29）。

ジェイムズの経験論は、彼が否定しようとした立場——すなわち、観念論、一元論、あるいは絶対主義といった、アメリカのみならずイングランドでも人気のあった形而上学——と照らし合わせてみて、はじめて十分に理解できるようになる。ジェイムズは、自分はオックスフォードのブラッドリー

（F. H. Bradley）やハーヴァードのロイスが唱えた絶対的観念論に反対する議論をしているのだと考えている。絶対的観念論とは、一つの包摂的な、全てを吸収する心、あるいは存在する他のもの全てを包含する統一的な意識が存在する、という考えである。(9) アーサー・ラヴジョイ（Arthur Lovejoy）が一九二〇年に言い表している通り、ジェイムズのプラグマティズムは、世界は前もって決定されているという見解に反対して打ち立てられたものなのである（Lovejoy 1920a: 192）。ジェイムズは自分の論敵を次のように特徴づけている。

> 一元論にとっては、世界は集合的なものではなく、それの外部には何もない、全てを包含した一つの巨大な事実である［…］。一元論が観念論的な場合、この全てを包み込む事実なるものは、絶対精神として表象される。絶対精神は、私たちが事物を夢見ることで夢の中にそれら事物を作り出すのと全く同様にして、断片的な事実を考えることによってそれら事実を作り出す［…］。この図式の上では、存在することとは、有限なものの側では、絶対者にとっての対象となるということであり、絶対者の側では、当の対象の集まりを考えるものとなるということなのだ。
> ［James 1977［1909］: 21］

この文章は、オックスフォードで行われた一九〇九年[1]のヒバート講義からの引用である。この講義は、ジェイムズが「悪性の主知主義」と捉えたもの、つまり当地に蔓延していた絶対的観念論を、攻撃している。根本的経験論は〔絶対的観念論の〕対案として提唱されており、ジェイムズはこの対案を、オックスフォードで彼の追随者であるF・C・S・シラーが推進中であったがあまり成功していなかったヒューマニズムと結託させることを表明している。いわく、「それら〔経験論と観念論〕の最も含蓄に富む違いをつきつめると」、経験論とは部分によって全体を説明するという習わしであり、観念論とは全体によって部分を説明するという習わしである（James 1977［1909］: 9）。ジェイムズは観念論者についての一般的な不満を次のように言い表している。

哲学者は常に、世界に満ち溢れていることが一目瞭然のごみ屑を一掃することを目指してきた。彼らは、まず目につくごちゃごちゃを、経済的で秩序立った概念作用に置き換えてきた。そして、これらの概念作用が道徳的に高位のものであるにせよ、知的に整っているだけにすぎないにせよ、それらはともかく常に美的に純粋かつ確固としており、世界に、内的構造という点に関して清浄で知的な性質を付与することを目指していたのである。［James 1977［1909］: 26］

この明媚さの追求は、〔ジェイムズが考えるには〕過ちへと続く道であった。この考えは、あらぬ方向の二分法を推奨してしまうのである。すなわち、私たちは次のいずれかを選ばねばならなくなる。「全てのものが完全にばらばらになっているとするか、全てのものが絶対的な一者の中で完全に統一されているとするか」。「徹頭徹尾完全にひとかたまりになった宇宙全体［…］を考えるか、そもそも宇宙など無いとするか」。経験の完全な内的連関性があるとするか、関係的ではない実在と〔互いに〕連関を持たないモナドだけしか無いという「絶対的な混沌状態」を考えるのか（James 1977

[1909]: 30, 33)。この誤った二分法の破壊は、以後の数世代の哲学者たちにとって、プラグマティズムの特徴の一つであり続けることになる。

ジェイムズの根本的経験論は、観念論は誤った区別に依拠していると主張しているだけではなく、観念論の陣営がしていた批判にも応答しようとしている。ジェイムズは、観念論は誤った道筋にあると確信してはいたが、それでも観念論は伝統的なイギリス経験論の本当の難点を明らかにしている、と考えている。もし、伝統的な経験論者ならば私たちにそう思い込ませたであろう通りに、知覚が離散的で分解可能なのだとしたら、そして、知覚同士の間に連関など存在しないのだとしたら、どうやって私たちが知覚を縒り合わせて整合的な経験とするのかを理解することは困難である。また、心の外にあるものをどうやって表象するのかも理解しがたい。

ジェイムズの目標は、世界を理解すること、そして、私たちがどうやって、超人的な力を行使せずに世界を経験・表象するのかを理解することである。ジェイムズは、私たちが世界を作っているという部分もあるのだから、私たちの側に自由と創造性の余地を残しておきたい、と考えている。彼の議論の一部は、「心的原子（mental atoms）」を措定する流派の経験論を拒絶し、経験は連続的なのだという考えに訴えている。彼の議論によると、感覚は「関係的要素」を含む（James 1977 [1909]: 125）。ここで言われている感覚同士の間の関係は、個々の感覚それ自体と「全く同じくらいに直接的に与えられる」。感覚は孤立した原子ではなく、「感覚的な一連の流れ」の一部なのである（James 1977 [1909]: 126）。「内的には、それら［感覚の経験］は自らの部分部分と一体になっており、外的には、それらは連続的に、次なる隣人たちの中に入り込む［…］。それらに名称がつけば、確かにそれらは箇々別々の概念的存在に分かたれるが、それらがそもそも出来した際の連続体には、いかなる分断も存在しないのだ」（James 1977［1909]: 129）。

〔このことと〕関連する一九〇四年に述べられた主張(10)が、ジェイムズにしてみれば大半の仕事を果たしている。経験についての彼の説明によれば、未知の実在と知る意識との間、あるいは客観的事物と主観的な心の間には、確固たる区別など無い。存在するのはただ、実在と意識、両方としての機能を果たす、「純粋経験」のみである。彼はこう説明する。「私が手で叩く、まさにこの机は、今度は私たちの目を叩く。この机は、同時に、外的世界の物理的対象としても、私たちの雑然とした心的世界の中の心的対象としても機能するのである」（James 1977［1909]: 120）。実在と経験は、意識と同じく、連続的なのである。

私たちは概念を通してでしか世界にアクセスできないという「主知主義的な」立場は、道を踏み外している。連続性について独自の説明をしているベルクソン（Henri-Louis Bergson）は、「私たちに感覚的な生の場に出てくるよう告げている」点において、そして、「私たちの心を絶対的に統制するという概念の神聖な権能を制限しようとしている」点において、正しい道筋にいる（James 1977［1909]: 118, 125）。既に見たように、パースもまた、私たちに、感覚的な生の場に出てくるよう言っている。粗暴な（brute）経験が私たちに、世界へのインデックス的なアクセスをもたらしてくれる。ジェイムズはそうした粗暴な経験を、「直接的に感じられる私たちの生の本当の単位」（James 1977［1909]: 129）と呼んでいる。ジェイムズの見解に基づくと、パースの見解においてそうであったのと全く同様に、感覚、経験、あるいは直接的に感じられる生は、私たちに、私たちとは別に存在しているものとの連関を提供してくれるのだ。すると、私たちがすることというのは、「実在をより良く乗りこなすために、私たちの概念作用の体系にそくして実在に馬具をはめる」ことなのだ（James 1977［1909］: 111）。とはいえ、実在を正確に表象するというやり方では、実在に馬具をはめるということはできない。

4-3　プラグマティズムの格率と有用性としての真理

ジェイムズは時折、自身のプラグマティズムの格率の基軸となっている意味の理論について述べている[11]が、その詳細について彼が、パースのしたような継続的な仕方で練り上げている様子は見られない。しかしパースやライトと同様、ジェイムズは、プラグマティズムの格率によって、長く続いてきた、一見解決不可能に思えるたくさんの哲学的問題が手早く片付くだろうと考えている。著書『プラグマティズム』の中で彼は、プラグマティズムの格率を次のように言い表している。「何であれ実践上の違いがたどれないのならば、複数ある選択肢も実践上は同じことを意味しているのであり、全ての論争は無為である」（James 1975［1907］: 28）。彼が自身の思想の概略を述べた有名な文章があって、それは次の通りである。

他のどこにも違いを生じさせない違いなど、ありえない。抽象的な真理における違いも全て、いつかどこかで、誰かに何らかの形で課される、具体的事実における違いやその事実の結果として

生じる行動における違いとして現れるのである。［James 1975［1907］: 30］

この考えの背景には、パースの論文「我々の観念を明晰にする方法」（"How to Make our Ideas Clear"）が残っている。抽象的な思考の違いが具体的な違いを生まないことなどありえない、というジェイムズの考えは、「感知可能で実践的な」ものこそが「思考の本当の区別全ての根源」になければならない、というパースの考えを繰り返している。

しかし、ジェイムズの次の一文は悔いの残るものであり、パースの悪名高いスローガンの表現のまずさと相まってさらに状況を悪くしている。ジェイムズいわく、「哲学の機能全体」は、「世界を定式化するこのやり方とあのやり方のどちらが真であるかによって、私たちの人生のある瞬間瞬間に、あなたと私にどういった明確な違いがもたらされる（will make）のかを見出すことであるべきだ」（James 1975［1907］: 30）。ジェイムズは、プラグマティズムの格率を仮定法ではなく直接法で述べてしまっているだけでなく、「あなたと私」に言及してしまっており、このことが非常に厄介だということが〔これから〕明らかになる。

ジェイムズの見解では、プラグマティズムの格率は「パース氏がその格率を表現したよりも広い意味を表すように表現されるべきである」（James 1975［1907］: 258–59）。「真理が何を意味するのかについての、私たちにとっての究極的なテストは、実際には、その真理が指令する、あるいはその真理によって生じさせられる、行動なのである［…］。パースの原理は次のような言い方で表現した方が好ましいはずだと思う。すなわち、哲学的命題の実効的意味はいずれにせよ、常に、私たちの未来の実践的経験における、ある特定の帰結へと帰着させることが可能である」(James 1975 [1898]: 124)。ジェイムズは、信念が特定の個人にもたらされうる帰結を強調することによって、自分自身をパースから区別している。「私たちの人生のある決まった瞬間瞬間に、あなたと私」に対して概念がもたらしうる差異というのは、非常に変化しやすいものである。

ジェイムズが、より広い意味を表すように表現されたこのプラグマティズムの格率を真理という概念に適用する際に、真理をより広く捉えるような理論に至っていることは、驚くことでもない。これから見るようにジェイムズは、時にはパースの見解と非常によく似た見解を明確に述べている。つまりジェイムズは、場合によっては、安定した真理と、私たちが今・ここで生きる際に援用する一時的な「真理」を、はっきりと区別している。しかし彼は、この区別を曖昧にする傾向を示すことの方が多かったことは確かだ。

ジェイムズは、真理と客観性についての自分の見解を次のように打ち出している。「私たちがその上に乗っかることのできる観念[…]」、つまり私たちを、私たちの経験のある部分から別の部分へとうまく運び、物事を満足に結びつけ、確実に作用し、単純化をして、仕事を減らしてくれる観念こそが[…]道具的に真なのである」(James 1975 [1907]: 34)。ジェイムズにとって「満足に」というのは、「私たちにとってより満足な形で、ということを意味しており、個々人が満足について自分なりの観点を様々に強調して述べることになる。それゆえある程度は、ここにある全てのものが可塑的なのである」(James 1975 [1907]: 35)。ここに見て取れるのは、真理の理論において、個人性ないし主観性がジェイムズ版のプラグマティズムの格率に組み込まれているということである。時に彼は自身の立場を次のように言い表している。「真なる観念とは、私たちがそれを取り入れ、有効にし、それを根拠立てて、検証できる観念である[12]」。「真理は観念に対して生じてくるのである」(James 1975 [1907]: 97)。

これから見るように、プラグマティズムについてのこの種の言明は、たくさんの激しい批判を呼んだ。例えばジョージ・バーナード・ショー (George Bernard Shaw) はこう述べた。「プラグマティズムの弱点は、ほとんどの理論が、その理論をうまくゆかせようと懸命になればうまくゆくことになるということだ」(Shaw 1921: lxxxvii)。この気の利いた表現の奥底には、重要な論点がある。プラグマティストは、ある信念がうまくゆくことを、ある信念がうまくゆくと私たちが考えるということから、区別する必要がある。パースは、いくつかのバージョンのプラグマティズムがこの点でいかに失敗してしまっているかということに非常に当惑し、そのために、一九〇五年には次のような急進的な手に打って出た。〔いわく、〕「プラグマティズム」という語は、

言葉が文学的な手つきで扱われるようになった (fall into literary clutches) 場合にそういう使い方をされることを覚悟せねばならないような無情な仕方で乱用されている [...]。となると、わが幼子である「プラグマティズム」がかくも出世したということを知ったからには、筆者〔パース〕としては、今こそわが子に別れのキスをして、もっと高みにある運命へと巣立たせる時なのだと感じている。その一方で、本来の〔プラグマティズムの〕定義を表現するという目的そのものに資するため、「プラグマティシズム」という語の誕生を告げさせてほしい。この語はとても

不恰好なので、誘拐される心配もないだろう。〔CP 5. 414; 1905〕

「プラグマティシズム」は、狭い意味で、つまりパースの立場だけを指すものとして使われるべきものである。そして、「以後『プラグマティズム』は、シラー、ジェイムズ、デューイ、ロイス、そして私たちのうちの残りの連中の属する集団を表す語として、何となく緩やかに使用されるべきだ」(CP 8. 205; 1905)。とはいえもちろん、この語は実際に非常に不恰好であるため、人口に膾炙することはなかった。

少し注意を述べておく必要がある。第一に、ジェイムズを注意深く読めば次のことが分かる。すなわち、真理は「可塑的」であると主張する際に、時としてジェイムズは、真理についてではなく、私たちが真と捉えるものについて非常にはっきりと述べているのだということである。『プラグマティズム』の中で彼はこう述べている。「真理は本質的に、不活性で静的な関係を意味する、というのは主知主義者の大いなる思い込みである。あなたが何かについて真なる観念を得たら、それで問題は終わりとなる。あなたは所有している。あなたは知っている。あなたは、自らの思考の運命を完遂したことになる」(James 1975 [1907]: 96)。パースと同様、ジェイムズは、この誤った思い込みを正そうとしている。あなたが、安定していてよく根拠立てられた信念を有している場合でも、あなたは知ってはいない。あなたは問題を終わらせてはいない。探究によって、あなたの信念が覆ることもありうる。時に言い方が不適切なこともあるが、ジェイムズは、いかなる信念であっても偽と証明されることがありうるという、可謬主義的な主張を端的に述べていることもあるのだ。

第二に、最もうまく論じているときのジェイムズは、次のことを明らかにしている。すなわち、真なる信念を、あの人この人があの時この時に価値があると思うものとするのではなしに、真理を人間にとって価値があるものとして特徴付けるということを、彼はやろうとしていた。ジェイムズは時に、自分の立場を誤解していると思われる考えを正すために、次のような議論をすることがある。すなわち、彼の批判者たちの考えとは逆に、ジェイムズの考えでは、真なるものとは「便宜にかなうもの」であるが、「もちろん、長い目で、全体的に見た上で」便宜にかなうもの、ということである（James 1975［1909］: 4）。つまり、ジェイムズが最も注意深くなっているとき、彼はまた、こうも主張しようとしている。すなわち、真なる信念とは、それがあの人やこの人にとってたまたま生き残っているからではなく、それが生き残るに値するからこそ生き残っているというような信念なのである[13]。彼が最も適切に論じている場合にやろうとしている主張は、私たちは探究から出発し、その探究から安定した真理についての説明を引き出す必要があるのだということである。パースと同様、ジェイムズは、真理が探究において果たす役割を無視するような真理の理論など、空疎な見解であろうと考えている。例えば、ジェイムズに反対意見をぶつけている絶対主義者たちに対して、ジェイムズは次のような一撃を食らわせている。「ああ、親愛なる反対者よ、私は君みたいに素晴らしい主知主義者・論理学者にはなれそうもない。だから君は、せいぜい生きているうちは、君自身のえも言われぬ素晴らしい考え方を謳歌したまえ」（James 1975［1909］: 159）。

『プラグマティズム』の中で、ジェイムズは私たちに、探究と知識の伸長についてのこの自然主義的理論を理解するとっかかりとなる比喩を提供してくれている。そうした比喩のうちの一つは、信念の変化を家の改装と結びつけている。「あなたは自分の家を好きなように変えることもできるが、最初に建築家が描いた基本計画は残る。あなたは大幅な改装をすることもできるが、ゴシック様式の教会をドーリア式の神殿に変えることはできない」(James 1975 [1907]: 83)。他の比喩では、知識の伸長を別の種類の人間の偶然性と結びつけている。「瓶をどんなに濯いでも、最初にその瓶を満たしていた薬品なりウイスキーなりの味を完全に取り去ることはできない」(James 1975 [1907]: 83)。ジェイムズの比喩は全て、「私たちは継ぎはぎを当てて少しずつ修繕してゆくのだ」というプラグマティズム的な主題を表している。つまり、「知識はぽつぽつと」、少しずつだんだんと「伸長する」のである(James 1975 [1907]: 82-83)。彼の比喩は全て、パースの比喩と整合的である。〔パースの比喩では〕探究者は湿原に立っており、自分の足元の地面が水に取り込まれ始めたら前方へ動くというだけである。私たちは探究において、私たちが今いるところから出発して、私たち以前の世代の探究者たちによって導入された信念や枠組みを背負いながら、そこから前進してゆくのである。

ジェイムズの『学生に向けた講話』(*Talks to Students*) の一つに、「人間のとある盲目性について」("On a Certain Blindness in Human Beings") という題名のものがあって、その中で彼はこう述べている。「私たちは実践的な存在である。私たちはそれぞれに、果たせる機能と責務が限られている」(James 1983 [1899]: 132)。個々の人間の可謬性を強調しているところが、プラグマティズムならではの特徴である。〔先の章で〕私たちは、探究についてのパースの説明の中で可謬性が果たす役割を見てきた。そして、可謬性がどのようにしてパースを動機付け、真理を、長い目で見た場合の人間の探究の産物として捉えるという方向に向かわせたのかを見てきた。しかし、さらにジェイムズは、私たちそれぞれが自分自身の個々の行為に付与している意義にも注意を払わねばならない、という考えをパースの思想につけ加えた（James 1983［1899］: 132）。個人には限界があり、その限界がその人自身の知識追求を制約するのであるが、個人を強調すると、ある種の急進的な主観主義への道を用意することになる。個人の産物としての「真理」と、それとは対置される、時間をかけた共同体の産物としての真理との間のこの違いこそが、ジェイムズとパースの間の論争の核心にある。この論争が最も顕著に姿を現すのが、次に私たちが見てゆく、ジェイムズの主意主義に関する議論である。

4-4　信じる意志

おそらくジェイムズは、「信じる意志」（"The Will to Believe"）という論文で最も知られているだろう。この論文に注がれる関心は、一八九六年[2]の出版直後から始まり、現在も継続して、目覚ましいほどに長続きしている。ジェイムズはこの論文の中で、仮説の裏付けとなる証拠が提示される前であってもその仮説を信じることは合理的であると論じている。特に、神は存在するという仮説を信じることは、その仮説を肯定ないし否定する証拠が出てくる以前であっても合理的である。〔ただし〕それは、解釈の見通しが立たない濁った水の中に入ってゆく前まではそれでやってゆけるという程度のことである。

ジェイムズは、科学的な証拠ではなく「信仰」こそがふさわしいような部類の信念——つまりは宗教的信念——があると主張しているのだ、とする読み方があるかもしれない。ジェイムズは時に、このような特殊な取り扱いによって〔信じるか否かの〕決断が「強いられる」信念を指摘しているように見える[14]。神を信じるかどうかは、そうした強いられる信念の一つである。この信念は非常に重要であるので、私たちは、証拠が到来するのを悠長に待つことなどできない。私たちは、「自分の心に、本能に、そして勇気に歯止めをかけ、待つこと」などできない。「片や、あたかも宗教が真ではないかのような状態に多少なりと居ながらにして、平然と振る舞うこと」などできない（James 1979 [1896]: 32）。人生において宗教がいかに重要であるかを踏まえれば、証拠を得る前から神を信じることは正当化される[15]。このようなジェイムズ読解に基づけば、証拠を得る以前に信じること、ないし証拠とは独立に信じることは、まさしく宗教的信念にとって必要とされていることではあるが、全ての信念にとってそうであるわけではない。

こうした解釈をとることによって、ジェイムズはウィトゲンシュタイン（Ludwig Wittgenstein）に非常に似てくる。理由や証拠は、信仰の問題においては適切でない。そこではもう使える証拠などない。ウィトゲンシュタインはジェイムズが宗教について述べねばならなかった事柄について深く関心を持っていた、ということを念頭に置けば、この解釈はさらに強力になるだろう[16]。ジェイムズがたくさんの機会にこうした興味深い思想を披瀝していたことは疑いない。しかし、ジェイムズがこの控え目な考えにどれほど心惹かれていたにせよ、元のテキストに基づけば、このようなジェイムズ読解は結局のところ支持されないと思われる。その一つの理由としては、宗教的信念を裏付ける証拠は確定的な結論を導かない、というジェイムズの主張そのものの中で、彼自身が、証拠というものは宗教的信念にとってふさわしいという考えにコミットしていることを明かしているからだ。宗教的信念は、合理的なものの領域、つまりは、それを肯定したり否定したりする証拠に応じてそれが浮上したり失墜したりするものの領域に属している[17]。

同じくらいに重要なのは、「強いられた」信念のカテゴリーが、宗教的信念だけでなくもっとたくさんの信念を含むということである。ジェイムズは「信じる意志」の中で、宗教的信念について論じているだけでなく、証拠に先立って信じることを肯定する議論を示す、もっと日常的な次のような例を提供している。メアリーは私のことが好きなのか、友達だと思うのかについて、手元に何も証拠がないとしよう。もし私が、メアリーは私のことが好きだと信じているとしたら、その信念は、彼女と友達になることを支持する行為へと結びつくだろう。その場合、結局彼女は私の友達となる見込みの方が強いのであり、私は恩恵を得るであろう。私がそのように信じられない場合には、私は彼女と友達にはならないという行為に結びつくだろう。すると、メアリーが私の友達となってくれる見込みは少なくなり、私は潜在的な恩恵を逃すことになるだろう。それと同じように、岩山の裂け目を飛び越えなければならない登山家は、自分は飛び越えられると信じるべきだ。というのも、そうした信念を持つことで、うまく飛び越えられる可能性は高まるからだ。きっとうまくいかないだろうという信念を持ってしまうと失敗を確実なものにしてしまう、あるいは失敗の可能性を高めてしまうのならば、きっとうまくいかないと自己完結的に予想してしまうことは非合理的である、とジェイムズは考えているのだ。これらの例をはじめとする、宗教とは関係のない多くの例において、前向きな（positive）信念を持つことは望ましい結果を生み、後ろ向きな（negative）信念は望ましくない結果を生む[18]。

それゆえ、より一般的な解釈をとれば、ジェイムズの主張は、ハクスリー（T. H. Huxley）やクリフォード（W. K. Clifford）の証拠主義（evidentialism）に真っ向から反対する――つまり、信じるということをすべきなのは証拠と釣り合っている場合のみだ、という見解に反対する――主張と捉えられる。クリフォードは、「信念の倫理学」（"The Ethics of Belief"）という題名の刺激的な論文の中で、証拠が物事を確定しきらない場合には判断を保留しなければならない、と論じている。いわく、「不十分な証拠に基づいて何かを信じるなどということは、いついかなる場面においても、誰にとっても、誤りである」（Clifford 1886 [1877]: 346）。ジェイムズはこの「論理学者」・「科学者」たちの見解を引きつつ、宗教的な問題においては不可知論もまた一つの決断である、と応じている。さらに、不可知論は、神学者の決断と同じくらいに情念（passion）に基づいている。不可知論者は、証拠の到来を待つようなこともしない。不可知論者は、誤らないということに情念を燃やす。不可知論者は過ちを犯す危険性を引き受けたがらず、それゆえに信念を持つことを保留するのである。

この反証拠主義的解釈に基づけば、ジェイムズの主張は、人は神が存在するかのように行為するか存在しないかのように行為するかのいずれかでなければならず、そのどちらが真であるかが分からないかのように行為することはあり得ない、ということになる。この解釈に基づけば、ジェイムズは次のように論じていることになる。すなわち、信じることによって得られる利益を考慮に入れると、神は存在するという信念は、証拠はないけれども、完璧に合理的である。彼は次のように述べる。

私が擁護している説は、簡潔に言えばこういうものだ。正真正銘の選択肢が、その本性上、知的な根拠に基づいては決定され得ない場合にはいつでも、私たちの情念的本性がその命題間の選択を決定するというのは適正であろうというのみならず、それがその決定を行うのでなければならない。というのも、そうした状況下で「決定をせずに問題をオープンなままにしておけ」と言うことは、それ自体、諾否を決めるのと全く同様の情念的な決断であり、真理を失うリスクを、〔諾否を決める場合と〕同じく伴っているからである[19]。

つまり、利用可能な証拠では〔選択すべき命題〕*P*が確定できず、なおかつ*P*と信じるべき非認識論的理由（私の周りの人々がいつも*P*と信じていて、*P*と信じれば私はより幸せになるだろう、などなどの理由）が存在する場合には、*P*と信じることは合理的なのである。特定の結果が望ましいものであり、その望ましい結果を得るために、私たちは、証拠を得る前から信じるということをする資格があるのだ。神を信じることがある人の人生に前向きな効果をもたらすならば、その信念はその人にとって合理的な信念なのである。

しかし、この語は、標準的な読み方が示唆しているよりも複雑である。というのも一つには、先に見たようにジェイムズは、まだ証拠を得る前の登山家が、ある信念を信じる必要性ゆえに当の信念を正当なものとすることを、すすんで認めているからだ。さらに、私たちはジェイムズの本来の意図を、『ネイション』誌（*The Nation*）に彼が寄せた書評の論述（James 1987［1875］: 293）や「信じる意志」の最終稿一つ前の原稿のうちに見て取ることができる。こうした比較的早い時期の文章の中で、彼は次のように論じているのだ。すなわち、神の存在を肯定ないし否定するには証拠が不十分であり、なおかつ神を信じることで私はより幸せになるのだとしたら、私には神を信じる責務（duty）がある。ジェイムズは、衝撃的なほど強い主張をしている。「（行為の動機の差異であれ、心の平穏の差異であれ）誰かにとってそれが実践上の差異を生むなら、その誰かは〔…〕それにまつわる責務を負っているのだ」（James 1987 [1875]: 293）。

チョンシー・ライトは、その短い生涯の最後の年に、この考えに愕然として、この問題をめぐって友人〔ジェイムズ〕とどうしてもやり合わねばならぬ「決闘」と自分では思っていたことをする機会を待ち構えていた。ライトがその決闘について鮮やかに説明している文章は、長く引用するに値する。というのも、その文章は、ジェイムズの説が「信じる意志」の形をとって世に出る前に、プラグマティストたちがジェイムズの説についていかにたくさんの議論をあれこれと重ねていたのかを、よく示しているからだ。

> 私は、ジェイムズ博士に向けて、かねてより彼のために温めていた二つの講釈を述べるという目的を果たした。水曜の夕方、私は、ちょうど帰宅したところであった彼に会った。彼の父が、話の流れの中でこう述べた。いわく、ウィリアムの文章には誤字脱字は全く見られない、と。〔…〕私は、その文章を自分も興味深く読んだ、そして誤字脱字は全く目にとまらなかった、と言ってやった。この強調して言った部分が若いあいつ〔ウィリアム〕の注意を引き、そこから彼は説明を要求してきた。私の思った通りの展開だ。〔…〕彼は、強い口調にならないように頑張って堪えていたが、〔その文章を〕不満に思いながら書いていたのだということを〔とうとう〕告

白した。［…］金曜の夕方、彼にまた会った。私は、彼が『ネイション』誌で主張していた「信念の責務」のことを話題にした。彼は、「責務」という言葉を撤回した。彼が言おうと意図していたことは、信じればより幸せになるという場合に、信じないこと、あるいは信じようとしないことは馬鹿げている、ということに尽きていたのだ。しかしそうだとしても、私には彼が、功利主義者ですらそれが賢明であるとは認めないであろうほどに、快楽主義的であるように（彼は快楽主義を嫌悪しているにもかかわらず）思われた。［…］証拠とは、信念を信じねばならないという義務感を強めるもの全てであるということ、そして、証拠としての力のおかげでのみ、証拠はこうしたことをするのだということについて、彼は大いに同意してくれている。証拠に気を配ることが意志による行為である限りにおいて、信念は選択の問題にすぎず、それゆえ〔信念は〕道徳的責務の問題なのだ。そして彼は、アクセス可能な証拠全てに注意を払うことが、信念にまつわる唯一の責務なのだ、ということに同意してくれた。(20)

ジェイムズは、ライトの「反宗教的なお説教(21)」はさほど熱心に聞いていなかったが、この〔ライトの〕猛襲を鑑みて、自分の立場を変えたのである。その二十年後、ついに「信じる意志」が出版された際、ジェイムズは、人には証拠に先立って信じる権利があると論じるようになっていた。責務とは言わなくなったのである。

しかしながら、ジェイムズが説き伏せられて（恐れをなして、とすら言えるかもしれない）こうした変更をするに至ったことは重大である。信じることにプラスの利益がある場合には信じねばならない、とジェイムズは考えようとしていたという事実があるために、反証拠主義的解釈は疑問視されるのである。つまり、証拠によってでは問題が決着しきらない場合にのみ非認識論的要素が役割を果たすようになる、とジェイムズが考えているという読み方は、疑問視される。私の考えはこうだ。ジェイムズは一八七〇年代には既に、真理概念を根本的に考え直していた。そして「信じる意志」は、そうした新しい真理観の観点から見てこそ、最もよく理解できる。この読み方に基づけば、ジェイムズがしようとしていたのは、証拠主義を論駁することではなく、むしろ、信念が真であることの証拠とされうるものの概念を拡張することだったのである。先に見たように、パースもまた、証拠という概念を拡張しようとしている。例えば、図を操作したり思考実験を行ったりする際にも、証拠は得られる。証拠主義者は、制約的な種類の経験論者でない限り、こうした様々な種類の証拠を認めることができる。しかし、ジェイムズが証拠という概念を拡張しようとして採る方法の一つは、信じる者の満足を証拠に含めることである。これは、どの証拠主義者も決して受け入れたがらない考えだ。ある信念が真である証拠は、その信念が私を幸せにするとか、あなたを心地良くするといった形で現れてくるわけがない、と証拠主義者であれば論じるはずなのだ。

この論点を了解する最も良い方法は、信じる意志というこの考えに関して、パースとジェイムズを比較対照することである。論集『信じる意志』(*The Will to Believe*)では次のような献辞が述べられている。

私は、古くからの友人チャールズ・サンダース・パースに、そして、往時の彼の哲学的戦友としての付き合いに、さらに、比較的近年の彼の著作に、言葉では言えないほどの、あるいはその恩に報いることができないほどの、励ましと援助を負っている。

パースは、この文言には感じ入ったけれども、ジェイムズの論文についてはあまり良いことを言っていない。一九〇九年の手紙の中で、パースはジェイムズにこう述べている。「思うに、君の『信じる意志』は大言壮語で、真面目な人間をひどく傷つけてしまうしろものだったよ[…]」(22)（*CWJ* 12: 171; 1909）。パースは、ジェイムズの見解を自分なりに理解して、それをこき下ろした。「おお、私はかくかくしかじかなんて信じられないだろう、そんなことをしようものなら、私は苦痛で身がよじれる思いをするはずだから」（*CP* 5. 377; 1877）。

先に見た通り、パースは「統制的想定」とみずから呼んでいるものに大いに関心を寄せている。真理についてのパースの説明は、目下の問いには答えがあるだろうということを探究の統制的想定とする、という考えに基づいている。パースは、この考えが持つ含意を考え抜く際に、統制的想定の本性についてもっと一般的に述べている。既に見た通り、彼の挙げる例のいくつかはジェイムズの登山家の例と呼応する。パースは例えば、「ある地点を確保しなければ自国が破滅してしまう」将軍について述べている。その将軍は、「自分は何らかの方法でその地点を確保できるし、確保することになるだろう、という仮説に基づいて作戦を進めなければならない」（*CP* 7. 219; 1901）。

しかしパースにとって、統制的想定について述べるべき本質的な論点とは、統制的想定の真理性に関することでも、私たちがそうした想定を信じるべきかどうか、主張するべきかどうかに関することでもない。彼の論点は、実践的な事柄――友達を作ること、自国を破滅させぬこと、岩山の裂け目を飛び越えること、探究を続けること――の上首尾な継続に関することなのだ。こうした努力のいずれかを成功に導きたいならば、想定を設ける必要がある。その実践が望まれた仕方で続くことを可能にする想定を設ける必要があるのだ。

パースは、信念に代わる、ある状況において適切な命題的態度が存在する、と述べているようにも思える。もちろん、「この裂け目は飛び越えられる」とか「私たちはこの地点を確保できる」とかいった命題に対してこの種の態度を採用することが、うまく裂け目を飛び越えたり地点を確保したりするのに必要な自信を植え付けるのに十分であるかどうかは、オープン・クエスチョンだ。そういった信念に対して保証されているとパースが考えている態度とは、私たちはそれらの信念が真であることを希望すべきだ、ということである。そして、そう希望する中で、それらの信念に基づいて行為するべきだ。この態度は信じることや主張することとは違う事柄なのだということを、パースは非常にはっきりと述べている。一九〇八年にパースは、自分の立場を、ジェイムズやシラーや「今日のプラグマティストたち」に帰されるジェイムズ流のプラグマティズムから引き離して、こう述べている。

彼らがあれほどまでに生命力に満ちている哲学を、［…］真理の可変性のような考えの中で、そして、思考を制御し、疑いを持ち、理由を勘案しようとする意志［…］を信じる意志と混同してしまうような思考の混同の中で、みすみす死の種子に感染させてしまっていることが、私には残念に思われる。［*CP* 6. 485; 1908］

つまるところ、ジェイムズは「快楽主義的」すぎるというライトの懸念が、いまだに立ちはだかっているのである。世界に存在しているものについての信念は、人を幸福にしたり心の平穏をもたらしたりするかもしれないが、だからといってそのことは、特定の事物が存在すると信じる理由を構成しはしない。ライトが一八六七年に述べていた、「信念の望ましさとその〔信念の正しさの〕証拠[3]」の区別を思い出してほしい。ジェイムズとその仲間のプラグマティズム創始者たちとの間の論争は、望ましい帰結が証拠や真なる信念といった観念に結びついているのか否か、ということについての論争である。ジェイムズは時に、そうだと〔望ましい帰結は証拠や真なる信念と結びついていると〕述べているようである。ライトとパースは、これらの現象を結びつけ合わせようなどとは、毛先ほども思っていなかった(23)。

ジェイムズの忠実な擁護者の一人であるハワード・ノックス（Howard Knox）は、一九〇九年に、「信じる意志」をこのように読むことを支持して次のように述べている。

ジェイムズ教授が実際に主張してきたことの全ては、特定のリスクは両方の陣営が持つ信仰によって捉えられねばならないということに尽きていた。しかし、この学説を単に、パスカルの賭けという弁証学[4]を復活させ、理性を犠牲にして信仰を讃えようという意図によるものとして扱うことは魅力的だった。とはいえ、彼の本質的な目的は、反定立を創り出す「純粋理性」の捉え方そのものに対抗すること、そして理性は信仰と同様に、〔それがなす〕働き（works）によって正当化されねばならない、ということを示すことによって、両者の乖離を弱めることだったのであ

る。［Knox 2001［1909］: 5］

こうしたジェイムズ読解に基づけば、全ての信念は、それを信じることが良いことであることによって、真になる。科学と信仰は、別々の活動領域ではない。つまり、片方が理性の分野で、もう片方は何が望ましいのかについての分野というわけではない。宗教的信念は科学的信念と同じ陣営にあって、〔それを信じれば〕「報われる」ならば真であり、そうでないならば偽である。というのも、理性や真理は、それら自体で、報いのあるものと分かち難く結びついているからだ。知的な根拠に基づくだけでは決定できない場合にのみ、私たちの情念的性質によって命題を選定しなければならなくなる、という話も当てはまらない。ジェイムズは「知的な根拠」の範囲を拡張して、情念的なものも含めようとしている。それゆえ彼は、「信じる意志」の題名の代案として（D・S・ミラー（D. S. Miller）から提案された[24]）「欺く意志」（"The Will to Deceive"）や「信じ込む意志」（"The Will to Make-Believe"）といった題名を却下している。ジェイムズは、Pは真であると十分に信じることについて述べているのであり、自己欺瞞や、信じているふりをすることのような、別の種類の命題的態度について述べているのではないのだ。ジェイムズにとって、人をもっと心地良くするとか人生をもっと調和の取れたものにするとかいった非認識論的ないしプラグマティックな基準[25]が真理に関係しているのであり、それゆえ、そうした基準が信念の受け入れにも関係しているのである。彼は、信念の受け入れは真理よりもむしろ分別や利益と結びついていると主張しているのではない。彼の主張は、分別や利益が真理と結びついているということなのだ[26]。そこが、ジェイムズの提案の非常に根本的な特性なのである。

ジェイムズは、論集『信じる意志』の前書きで、これ以上ないほどに明確に述べている。

宇宙についての宗教的仮説がともかく秩序立っているはずであるならば、それら仮説を信じる個々人の生き生きとした信仰は、人生の中で自由に姿を現しており、それらの信仰こそが、宗教的仮説を検証する実験的テストであり、かつ、仮説の真偽を解明しうる唯一の手段なのである。最も真なる科学的仮説とは、いわば「最良の働きをするもの」であり、宗教的仮説に関してはそれ以外ではありえない。[James 1979 [1896]: 8]

ジェイムズにとって、宗教的仮説は他の全ての仮説と同様、検証される必要がある。彼は「完全な経験論者」(James 1979 [1896]: 22) なのである。ジェイムズは、T・H・ハクスリーが「近代の『饗宴』」("A Modern 'Symposium'") の中で示している姿勢に同意し、クリフォードが「信念の倫理学」の中で示している、私たちは単に意志に任せて何かを信じること、例えば、リンカーンの存在など神話であると信じることなど不可能である、という考えに同意している (James 1979 [1896]: 15, 18)。私たちは、自分の信念を検証しなければならない。しかし、検証は、当の仮説が人生においてどのような役割を果たすのかを見極めるという形式をとることがありうる。

本書の第二部で見るように、ジェイムズの根本的な提案は、批判を呼び続けることとなった。ここでは、一九〇九年のJ・B・プラット (J. B. Pratt) の文章を指摘しておくにとどめよう。プラットは、宗教的仮説を真であると信じることが当人にとって良いことであろう場合にはその仮説は信じられうる、というジェイムズの見解を引いて、こう述べている。

プラグマティズムは［…］、宗教が持つ良い帰結、満足な帰結に訴えることによって、その宗教が真であることを証明しようとする。しかしここで区別がなされねばならない。すなわち、宗教的概念そのものが持つ、「良い」、調和の取れた、論理的に裏付けられた帰結と、それらの概念を信じることに由来する、良い、喜ばしい帰結との間の区別が必要である。その信念から導かれる論理的帰結が、それとは別途根拠付けられている私たちの知識とうまく調和しているから、その信念は真なのだ、と述べることと、そう信じることが喜ばしいのだからその信念を真と呼ぶということは、全く別々のことである。［Pratt 2001［1909］: 186-87］

ジェイムズ的な立場がどのようなものであったにせよ、一つのことは明らかだ。すなわち、パース路線をとるプラグマティストは、仮説が持つ良い帰結、満足な帰結に訴えることによって、その仮説が真であることを証明しようとする。そうした〔良い、満足な〕帰結は、経験によって裏付けられていたり、それとは別途根拠づけられている私たちの知識と調和していたりといった特徴を持つ。これがパースの見解であることは、パースが、神を信じることは合理的であるか否かという問題にどのように対処したのかということを思い出せば、非常に明快になる。パースはジェイムズと全く同じくらいに熱心に、有神論が真っ当な教説であるか否かを探究した。しかしパースの考えによると、〔神は存在するという〕その仮説が信じるに値するかどうかを証明するための方法、つまりはその仮説が、それを肯定したり否定したりするための公的に利用可能な証拠が得られるものであることを証明するための方法は、たった一つだけしか存在しない。信念に関連する帰結は、「それは私にとって満足がいく」とか「それは私の人生に指導的な影響を及ぼす」といったたぐいのものではありえない。パースにとって、真理はこの種の帰結に結びついてはいないのだ。ジェイムズにとって真理は、この種の帰結に結びついている。ジェイムズの考え方に対してパースが呈した反対意見はこうだ。情念的な証拠——例えば、信念なしには情動的ないし心理的に行為することはできないといったこと——は、宗教が人類にとって良いか否かという問題には関係があるけれども、神が存在するか否かという問題には関係がない。神の存在についての仮説は世界についての仮説である。それゆえ、そうした仮説は、通常の種類の経験的検証を必要としている。

これまで、ある考え方に則れば、ジェイムズの見解は証拠主義と両立可能なのだということを見てきた。つまり、人は証拠と調和しながら信念を得てゆくべきだという見解と〔ジェイムズの見解は〕両立可能なのだ。しかし、ジェイムズの有している証拠の考え方は広すぎて、証拠主義者には受け入れがたい。ジェイムズは、論文「信じる意志」と同じ本に収録されている論文「合理性の感覚」("The Sentiment of Rationality")の中で、こう述べている。私たちは「文字通りの証拠」あるいは「科学的な証拠」だけに頼って進んでいてはいけない(James 1979 [1897]: 76, 80)。これから見るように、彼は、生活の中で重ねる実験や、交霊会において得るかもしれない経験のようなものも、信念の証拠になるかもしれないと考えている。今や、全ての難業を片付けてしまう必要がある。良い・歪曲のない・真っ当な証拠を、悪い・歪曲された・真っ当でない証拠から、どのように区別すれば良いのだろうか。これこそ、プラグマティズムのどのプロジェクトにも含まれる問題である。信念を固定する際に私たちがするのは、経験に問いかけることである。もちろん私たちは、自分自身の基準を携えて仕事に臨むしかない。しかしそれでも、質問を問いかけるとき、つまり、まさに探究という営為に従事するとき、私たちは、そういった区別が可能なのであり、ある原則に則った仕方でそうした区別ができるのだと想定するのである。

4-5　経験の幅広さ

ジェイムズは、自分では天界に鎮座する聖書の神を信じてはいなかったようだが、神についての信念が検証可能かもしれないという考えにずっと心を奪われていた[28]。彼は頻繁に、「信じる意志」で論じたそうした考えに立ち戻っている。一八九七年に彼はこう述べている。いわく、科学者は、「科学的証拠と呼ばれる、それにつき従えば真理に関して頓挫する危険性が全て回避されるものが存在する」と考えている[29]。しかしこのように考える際に、科学者は他の種類の様々な証拠全てに見向きもしないし、しかも危険は覚悟の上でそのようにしている（James 1979 [1897]: 7）。ジェイムズは、宗教的経験が科学的な証拠とされうるという議論をしようとして、少なくとも二つの追加的な試みを継続した。それらの試みを見れば、彼の経験論が本当のところいかに根本的であるかが分かる。

第一の試みは、一九〇一～二年のギフォード講義の中に見られるもので、これはエジンバラで講じられた後、『宗教的経験の諸相』（*The Varieties of Religious Experience*）という本になって出版された。

この講義の狙いは、宗教的信念を支持する動機や宗教的信念の正当化をもたらすのは抽象的な合理論哲学ではなく経験なのだ、と示すことである。合理論者は有神論者に、「形而上学的な怪物」、つまり「学術的精神による絶対的に無価値な発明」を与えてしまっている（James 1985［1902］: 353）。〔それよりも〕私たちは、「人間の宗教的な性向」に目を向けた方が良いだろう（James 1985［1902］: 12）。宗教的信念は経験に根ざしているのだ。

ジェイムズは手始めに、「神秘的（mystical）」という語を経験の一領域に付す名称として再生する（James 1985［1902］: 301, 336; 301-2）。犬笛はジェイムズには聞こえないが、犬にとっては事実の真っ当な知覚であるのと同様、神秘的経験は、ジェイムズ自身はそのような経験をすることがないとはいえ、そうした経験をしている人々にとっては真っ当で「重要な」知覚である。ここで彼は、デジャ・ヴュ、トランス体験、そして夢から、様々な宗教の信仰者らが醸成してきた瞑想的で高揚した意識状態に至るまで、広い範囲の経験について述べている。彼はまた、「異常なほどに神秘的な意識を刺激する」（James 1985［1902］: 307）という、アルコールや亜酸化窒素の影響下で得られる経験も含めている。さらに彼は、超常的な経験をも含めている。彼は英米の心霊研究協会に参加していたのである。

ジェイムズは、ありとあらゆる形式の経験を検討している。〔例えば〕「科学における、スポーツ選手のようなフェアプレイ」（James 1979［1897］: 9）の検討にまで携わっている。彼は、狭量な精神による研究手法には、それがいかなるものであれ、断固として反対していた。次に示す「信じる意志」からの引用にも表れているように、こうした方法論的主張が彼の目指すところであり、これは極めて理にかなったものである。「いわゆるテレパシーを立証する証拠を調べることすら、ごくわずかの

『科学者』しかやっていないのはなぜだろうか。その理由は、もう亡くなってしまった、ある一流の生物学者がかつて私に語ってくれたように、科学者というのは、たとえそうした事柄が真であったとしても、科学者たるもの結束してそうした事柄を抑圧し、隠蔽し続けるべきだ、と考えているからだ」(James 1979 [1896]: 19)。

しかしジェイムズは、ある種類の証拠に対して心を閉ざさずにおくことに関するそうした立派な方法論的思想に、常にこだわっているわけではない。彼はもっと積極的な主張を念頭に置いているのだ。ジェイムズの議論によると、神秘的経験というのは潜在意識の管轄であり、平常のありふれた意識の経験と同じくらいに、知覚者に語りかけてくる。実際、私たちの視覚は、平常の意識によって制限されている。「非神秘的状態は、私たちが何を信じられるのかを決定する唯一究極的な制定者であるかのようなふりをしている」が、私たちはこの欺瞞を超えてゆこうとする必要がある(James 1985 [1902]: 338)。

ジェイムズは時に、こうした考えを、宗教の性質と、宗教と世界の結びつきについての実質的立場に結びつける。ある場合には、彼は、全ての宗教は同一の核を信じているのだと主張している。一例としてジェイムズは、不安感を挙げる。すなわち、「自然に存立していながら、私たちには何らかの過ちがあるという感覚」である。他の例として挙げられているのは、「私たちは高位の存在の力との適切な結びつきを築くことによって過ちから救われている」という信念である(James 1985 [1902]: 400)。このことが含意するのは、宇宙には、物質的《フィジカル》な世界、すなわち「目に見える」世界と、目に見えない精神的《スピリチュアル》な秩序が含まれるということだ。祈りを捧げる間に、それら〔物質的世界と精神的秩序〕の間にエネルギーが流れ、その結果、物質的世界に効果が出る（James 1985［1902］: 338, 382）。

彼の考えによると、神秘的状態は、「悟性と感官のみに基づいている非神秘的ないし合理的な意識の権威性を打ち壊す。神秘的状態は、そうした意識が意識のうちの一種類にすぎないのだということを示すのである」（James 1985［1902］: 335）。いくつかの神秘的状態や〔神秘的な〕「種類の真理」は、「この世界に関連している――例えば未来を見通す、心を読む、文章を突然に理解する、遠く離れた出来事を知る、といったことがそうだ」（James 1985［1902］: 325）。しかしジェイムズいわく、最も重要な啓示は神学的・形而上学的な啓示である。それは例えば、「神に触れる」経験である（James 1985［1902］: 327）。そうした経験は、地上の世界を超えた世界と関連している。つまり神秘的な意識は、「形而上学的な意義」を持つ洞察を与えてくれるのだ（James 1985［1902］: 308）。

ジェイムズは自問する。神秘的状態において得られる経験は、その経験の指し示す結論が「真であることの保証をもたらしてくれる」のだろうか。それとも、そうした経験は単にそういう保証をもたらすように思われるだけなのだろうか。彼の答えはこうだ。神秘的状態は、「別の真理秩序の可能性を開く」。しかし、そうした神秘的状態は、その状態を経験して信仰を認めている人にとってのみ権威があるのであって、その神秘的状態そのものを経験していない人にそうした信念を要求することはない（James 1985［1902］: 335）。つまり、神秘的経験は「卓越した権威」などではなく、同等に肩を並べている諸権威の一つにすぎないのである（James 1985［1902］: 338）。神秘的経験は、信じる「可能性と認可」をもたらすが、信じる責務はもたらさない（1985［1902］: 339）。この考えはもちろん「信じる意志」の最終版と一致しており、『諸相』では次のように述べられている。「宗教の用途、その宗教を保持している人にとってのその用途、そして、その個人自身が世界に対して示している効用こそ、真理が宗教のうちにあることを示す最良の論証となる」(James 1985［1902］: 361)。宗教的なものと非宗教的なものの中に「卑俗な」ものと「高尚な」ものの両方が見つかるということ、そしてそれゆえ、宗教的であること〔そのもの〕には明白な実践的特権がないということ――宗教が世界にとって最良の働きをすることは明白なわけではないということ――を、ジェイムズは指摘している(James 1985［1902］: 383)。ゆえに、宗教的な人間の経験は実際に「証拠」ではあるが、取り消し不可能な証拠ではなく、誰にとっても証拠となるものでもないのだ。

ジェイムズ・リューバ(James Leuba)は一九〇三年に、『国際倫理学雑誌』(*The International Journal of Ethics*)の中で、ジェイムズの見解に反対している。

> 仮に［…］私たちがこれらの結論に甘んじるのだとすれば、神秘的で正気ではない、酔っ払いの夢想について、〔これは〕普通の意識ならば通常はやりすごしてしまうような馬鹿馬鹿しくて非合理的なものだと判断することなど、全く見当違いだと宣言されねばならないだろう。というのも、そのような夢想は意識のまた別の側面に属すのであろうから。意識のそれぞれの側面が、実在に関するそれ自身の判断ということになるだろう。［Leuba 1903: 331］

リューバの論点は、後から見るように、ジェイムズ流のプラグマティズムの継承者たちに対して繰り返し述べられることである。ジェイムズの見解に基づくと、何であれいかなる主張を審判する方法も無いことになる。神秘的状態についての言明が完全に主観的であると考えられる限り――つまり、そうした言明は「直接的経験を記述しているだけであり、それ以上のものではない」と考えられる限り――、それらの言明は批判に開かれていない、というのは至極もっともだ。ジェイムズの過ちは、それら〔神秘的状態についての言明〕が客観的事物の証拠になると考えていることである。リューバは次のように論じる。言明が世界について為されるやいなや――〔例えば〕「この恍惚感は神がこの篤信家のもとに降臨なさったおかげだ」「キリストは現実に肉体を伴って存在していた」「この安堵感、広大さの感覚、光に導かれるような感覚、そして、いや増す倫理的能力は、精神的な存在の世界が存在していることを暗示する」といった言明が為されるやいなや――、それらの言明は批判に対して開かれる。例えば私たちは、「矛盾律」などの「論理学の典範」を用いることができるし、さらに、通常の経験に照らし合わせて、神秘的経験や薬物によってもたらされた経験をテストすることができる (Leuba 1903: 331-34)。ジェイムズは、このことを見過ごしている点で誤っている。

リューバの見解はまさにパースの見解と同じである。パースはジェイムズと同様、経験について広い意味のもとで説明しようとしている。しかしパースの考えでは、経験を、真理の主張に関係する経験とそうでない経験に分離するための何かしらの基盤がなければならない。パースの試みは次の通りである。神についての言明が世界についての言明なのだとしたら、それらの言明は、世界についての言明全てが従うような種類の要求に従うはずだ。すなわち、感官による検証に従い、また、信念選択や理論選択についての通常の基準に従うはずだ。他方、ジェイムズが、「神の存在に起因する実際上の差異はどこに生起するのだろうか」と自問するときには、「信心深い聖餐の儀式」〔において生起するのだという答え」を提示する。私たちの個人的エネルギーを高め、「再生的な効果」を生むことによって、その儀式は「影響力を発揮する」（James 1985 [1902]: 411–12）。これらの効果はもちろん、人に対する内的効果であり、世界に対する効果ではない。

一九〇九年にオックスフォードで行われたヒバート講義でも、ジェイムズは依然として同じ考えである。彼の根本的経験論は、「哲学者間で論争可能となるものというのは、ただ、経験から引き出された言葉で定義可能なものだけであろう」という考えであり、ヒバート講義での彼の目標には、「経験論を精神主義（spiritualism）と接合すること」が含まれていた（Perry 1976 [1935] 2: 443）。彼の立場はこうだ。「自然に関しては非常にたくさんの様々な仕事があって、それらのうちの一つとして、全てを包摂するような理解の仕方をもたらしてはくれない」。だからこそ、気がつけば私たちは、理解をもたらしてくれるあらゆる種類の経験、宗教的経験を含むあらゆる種類の経験を調停する、という仕事に携わっているのだ（James 1977 [1909]: 19）。彼はこう述べている。「特殊な性質を持つ宗教的な経験がある。[…] 思うにそれらの経験は、（いわゆる科学的な心理学が認識している限りでの人間である）普通の分別ある人はそこから断絶してしまうようなより広い精神《スピリチュアル》的な環境と私たちの意識が連続しているのだということを、理にかなった蓋然性の高さで指し示している」（James 1977 [1909]: 135）。

もし、頭の固い無神論者で経験論者のラッセル（Bertrand Russell）が聴衆の中にいたとしたら、面白く思わなかったに違いない。『宗教的経験の諸相』と「信じる意志」からの積み重ねの上にあるヒバート講義は、ジェイムズ流の経験論など完全に的外れだ、とするラッセルの見立てを決定づけたであろう。このあと第二部では、こうした反応がプラグマティズムのめぐり合わせにとっていかに破壊的であったかを見てゆくことになる。

要約すると、ジェイムズの経験論は、経験という概念を、身体的な感官を超えて広がるものにしようとしている点で、最初期のアメリカ哲学や彼と同時代のプラグマティストたちと一致している。ジェイムズはまた、経験論者は私たちの信念を調査しなければならないのであって、信念の起源を調べるのではない、と考えている点でも他の論者たちと一致している。ジェイムズは、根っこではなく果実によって信念をテストしなければならないというジョナサン・エドワーズ（Jonathan Edwards）の思想に、賛意を込めて言及している（James 1985［1902］: 25）。彼はまた、パースと同様、分析／総合の区別は放逐されねばならないという考えを非常に明確に持っている。

読者の中には、［…］真理が「分析的」なのか「総合的」なのかに関するあの古臭い議論に、私が首を突っ込むことを期待する人もいるかもしれない。その区別は、カント（Immanuel Kant）の最も不幸な遺産の一つであるように、私には思われる。というのも、その区別を鮮明に引くことなど不可能だからだ。［…］私たちの偉大な道理の中には、「拡充的な（ampliative）」何か《ヽヽ》があ る。［…］だから、分析／総合の区別など、私たちにとって全く意義がないのだ。［James 1981［1890］: 1255］

しかしジェイムズには、断固としてパースやライトとは足並みを揃えようとしない点がある。すなわち彼は、神秘的経験や薬物によって引き起こされる経験が、感官によって伝えられる経験と同じくらいに、世界についての主張の証拠となるにふさわしい、と考えているのである。哲学は「人生に与えられたもの（the data of life）」（James 1978［1876］: 5）を扱うのでなければならない、という考えについては、パースもライトもジェイムズに同意するだろう。彼らが同意しないであろう点は、ジェイムズが用いる飾り言葉、すなわち、「人生に与えられたものの全てを個人の目で見ること」という言葉である。パースとライトは、全ての信念が経験による検証に開かれていなければならない、ということについてはジェイムズに同意するだろう。しかし彼らは、どんなに主観的な経験であれ、あらゆる経験を検証作業の中に含めることができる、という考えには同意しないだろう。

それゆえジェイムズは、次のように述べているときには正しい。「全ての思想家を自然主義者と超自然主義者に分けねばならないのだとしたら、私は疑いなく［…］超自然主義の分岐の方に入れられねばならないはずだ」（James 1985［1902］: 409）。彼は、経験を考慮に入れようと専心している点では自然主義者である。しかし彼は経験を非常に広い意味で特徴付けており、そのせいで彼の自然主義は非常に不安定なものとなっているのだ。

4-6 倫理学

ジェイムズは、まさに適切なことに、論集『信じる意志』の中で最も重要な論文は「道徳哲学者と道徳的な生」であると考えている。[30] この論文では、比較的に客観的なプラグマティズムの真理説が、それが本題ではないにせよ、明快に説明されている。ジェイムズはこの論文で、「真理というものは、思考主体の外にある、思考主体が従わねばならない基準があるということを想定している」と主張する。彼が提供している真理観に基づけば、真理とは、今ここにおいて、ある個人的な思考主体にとってうまく作用するものではない。真理とは、思考主体たちの共同体にとって、長い目で見てうまく作用するものなのである。明らかにジェイムズは、根本的に主観的なプラグマティズムと、この比較的に客観的な流派のプラグマティズムとの間を、行ったり来たりしている。

この論文の主題は、倫理学の理論を彫出すること、そしてそれを擁護することである。その理論は、より客観的な方のプラグマティズムの真理・探究の理論と手を取り合って歩みを進める。この論文の最初の文章を引用しておこう。

> 本稿の主目的は、前もって独断的にできあがっている倫理哲学のようなものなどありえないのだと示すことである。私たちが人類の道徳的な生に寄与する限りにおいて、私たちは皆、倫理哲学の内容を決定することに参与している。換言すれば、物理学においてそうであるのと同様、倫理学においては、最後の一人の人間が経験をして何ごとかを述べるまで、最終的な真理などというものはありえないのである。[James 1979 [1891]: 141]

ジェイムズは、自分とは異なる立場の幅広い面々に言及している。その中には、観念論者、直観主義者、進化論者、懐疑論者、そして、私たちの道徳的な生は功利性によって完全に説明できると考える

「生粋の」経験論者も含まれている（James 1979［1891］: 141-42）。

観念論者は、とりわけ強烈な取り扱いを受けて登場している。ティモシー・スプリッジ（Timothy Sprigge）の指摘によると、絶対的観念論に対するジェイムズの反発は、しばしば、道徳的な問題に集中していた（Sprigge 2006: 402）。観念論は、世界が一つの完璧な全体（a perfect Whole）となっていて、適切に理解されれば、世界内の全てのものは世界の完全性に寄与する、と考えているようだ。ジェイムズは、人間の苦しみがこのような仕方で捉えられるという考えに、我慢がならなかった。さらに、フランスの哲学者シャルル・ルヌーヴィエ（Charles Renouvier）（一八一五～一九〇三）の影響下で、ジェイムズは、人間には自由意志があるという考えに背を向けることができなかった。絶対者の観念は、みっちりとひとかたまりになった宇宙、すなわち、「その部分部分が自由に動ける余裕など無い」宇宙、意志の自由の余地など無い宇宙を含意する、とジェイムズは考えた（James 1979［1897］: 216）。絶対的観念論者は、あれやこれやの個別の出来事をどうして後悔するのかについても、正真正銘の困難な道徳的決断についても、満足な説明ができない。観念論者の見解に基づけば、私たちにできるのはせいぜい、個々の出来事が必然的である宇宙全体を残念がることとか、あるいは、全ての悪は本当のところ善であるとか、良いものに結びついているなどと考える、徹底的な楽観主義者になることに尽きる(31)。

しかし「道徳哲学者と道徳的な生」の中でジェイムズは、様々な根拠に基づいて、観念論的な考えに攻撃を仕掛ける。それは、整合性のない形而上学を伴った迷信的な見解だというのである。ジェイムズの議論によれば、「良い」「悪い」といった語は、思考主体ないし感覚を持つ存在者（sentient beings）との関係で使用されるだけである。あるものを良い・悪いとする判断が「北のオーロラのように［…］天空に浮かぶということはあり得ない」（James 1979［1891］: 147）。悪くすれば観念論者は、経験と結びついたものには全く根ざしていない、疑わしい形而上学に勤しんでしまう。観念論者は、せいぜい、この宇宙の思考主体のうちの一つが神聖でありそれ以外はみな人間的であると考えるのが関の山である点において、「良い」「悪い」〔といった語〕を地上に持って降りてくるのではなく、天界へ持ち上げてしまっている。しかし、もしその〔観念論者の言う〕通りなのだとしたら、その神聖なる判断がそれ以外の者たちの判断の範型とならねばならない。ジェイムズは、「ここにすらある義務というものの根拠」に頭を悩ませている。「神がそうせよと要求したわけではなく、事実上は私たちが自分でそう考え続けることを好んだのだとしても、私たちは、自分の思考を神の思考に従わせるべきだ」（James 1979［1891］: 148）などと、どうして考えるべきなのだろうか。ジェイムズは、普遍的意識あるいは神的な意識が存在すると想定してみよ、と言う。その上で彼は、この私たち自身の「奇妙な世界」の中で私たちが、そうした意識、あるいはその他の意識でも良いのだが、ともあれ意識の要求を尊重しない傾向を持つことがある、と指摘する。観念論者が神を、アプリオリかつ抽象的なものと考えるにせよ、人格神と考えるにせよ、いずれにせよ、私たちは神の要求に常に応じるわけではない、あるいは概して応じるというほどですらないという事実が、観念論の見解にとって問題なのである。

〔となると〕次のことが分かる。すなわち、「私たち〔の心〕に訴える唯一の力は、それを発揮するのが生きている神であれ抽象的な観念的秩序であれ、私たち人間の胸に秘められた『永久の宝物庫』

のうちに見つかる。というのも、その要求に反応して、しかも反応せざるをえずして高鳴るのは、私たち人間の胸なのだから」(James 1979 [1891]: 149)。倫理学は、「生に対して応答している生」(James 1979 [1891]: 149) のみを扱う。このことが、ジェイムズの倫理学理論の中心にある奥深い洞察である。どんなに脆弱な生物がした、どんなに些細な主張ないし要求であれ、全ての主張・要求は義務を生む。この見取り図の中では、神が現れる必要はない。

> 愛する心を持った魂を二つ載せた岩が一つだけ残っていたのだとしたら、その岩は、いかなる可能世界においてもそうであるのと同じくらいに、徹底的に道徳的な構造を有しているだろう。[…] それらの魂が生きている間は、本当に良いものと本当に悪いものがその宇宙に存在するだろう。義務や主張や期待が存在するだろう。服従、拒絶、失望 [...]、つまりは道徳的な生が存在するだろう。[…] 私たちは、この地球という大地の上にいて、目に見える事実が進行してゆく限りは、そのような岩のかの住人たちと全く同じなのだ。こうべを垂れる私たちのはるか上の天界に、神が存在しようが存在しまいが、私たちはともかく、ここ下界で、倫理的な共和国を形成するのだ。[James 1979 [1891]: 150]

ジェイムズは、極端に経験論的な倫理学理論にも反対している。「生粋の」経験論者は、倫理学が人間の要求と主張についてのものであることを了解しているので、観念論者の過ちを犯すことはない。しかし、生粋の経験論者は、全てのものを連想や功利性の観点から説明しようとする点で道を誤ってしまう。「圧倒的な数の道徳的知覚は［…］確かにこの［…］脳で生まれる種類のものである」が、「比較的磐石で共有されている道徳的格率」の先に目を向けるならば、説明はそれほど簡明直截ではなくなる。「抽象的正義を感じ取る感覚」、「音楽への情熱」ないし哲学への情熱、「心の平穏、清廉さ、誠実さといったいくつかの精神的態度の内にある尊厳を感じること」、そして「恨みがましい気持ち、不安、独りよがりな性質」への反感といったものは、「生まれつきの好みによって以外にはあまり説明できない」もの、つまりは生粋の経験論者の心理学によってはうまく説明されない特徴である（James 1979［1891］: 143）。「純粋に内的な力が［…］ここで作用して」、道徳的教訓のある種の証拠を構成しているが、この証拠は標準的な経験論者には利用不可能な証拠なのである（James 1979［1891］: 144）。

「功利性想定（presumptions of utility）」もまた、それが道徳的問題における唯一の決定因であると考えられてしまうと問題がある。というのも、そうした想定が証拠とかち合うこともありうるからだ。功利性の概念を道徳的指標とすることは、大いに妥当である。これによって道徳性は、必要なことや欲求がある、感覚を持つ存在についての事柄となる。この必要や欲求は、理想的世界において全て充足されるであろうものだ。しかし、私たちの不完全な世界において、これらの必要や欲求は、他者の必要や欲求とかち合ってしまい、最大多数の必要や欲求を充足するために、いくつかの必要や欲求は「断念され」ねばならない。ある「特殊で独立した種類の情動」が私たちにこう語りかける。仮に「遠く離れた事物の周縁で途方に暮れている一つの魂が孤独な責め苦に満ちた人生を送れば、それだけで何百万もの人々が［…］永久に幸せであり続けられる」のだとしたら、それ〔功利主義〕は正しいことではないであろう（James 1979 [1891]: 144）。功利性が最大化するにもかかわらず、こうした〔功利主義の〕考えは間違いだろう、と私たちに語りかける情動ないし「内的な力」は、純粋には、過去の「経験との結びつけ」の産物ではない上に、それらは私たちの道徳的な生のいたるところで〔現に〕作用している。それらは、生粋の経験論者あるいは功利主義者には説明できないけれども、倫理的な主張や理論に賛成する（あるいは反対する）証拠として真剣に受け止められねばならない。

直観主義者は、心理学的事実を尊重するとともに内的な力も考慮に入れられるので、まだましである。直観主義者は、善を、「特別な直観能力によって認識される」ものと考えている（James 1979 [1891]: 152）。興味深いことに、ジェイムズは自分が完全に直観主義に与していると考えようとはしていないが、この論文の中で彼は、直観主義に反対するまともな議論を持ち出していない。ただ単に、直観主義者は独断的になりがちで、直観から寄せ集めた抽象的規則を前面に出そうとする傾向がある、という一般的な不満を述べているだけなのだ。そうした規則は、ジェイムズに言わせると、「私たちの直観が鋭くなるにつれて」役に立たなくなる（James 1979 [1891]: 158）。しかし、その特別な〔直観〕能力という考えを抜きにして良いなら、ジェイムズの立場は直観主義者の立場とそれほどひどく離れてはいない。両者とも、情動、感じ、あるいは反応的態度が、道徳的考察の証拠と見なせると考えているのだ。

また、ジェイムズはこの論文内では、他の場面では自分で推奨しているように思われる一見すると相対主義的な真理観に対しても批判的である。彼は、感覚を持つ存在が二体いる世界を想像している。その各存在はそれぞれに、もう一方の存在が善悪についてどういう態度をとっているのかは関知せず、ただ自身の好みにだけ耽溺している。ジェイムズいわく、このような世界は、誰が対象を評価するのかに応じて「同一の対象がそこでは善だったり悪だったりする」という点で、「倫理的統一性がない」ものとなるだろう（James 1979 ［1891］: 146）。これまでに見た通り、彼は時に主観的な見解に籠絡してしまうこともあったのだが、いつもそうした見解になびいていたわけではない。その様子を見てとるには、次のような彼の文章が、長く引用するに値する。

> そのような世界においては、ある思考主体の意見がもう一方の思考主体の意見よりも正しいとか、どちらか一方により真なる道徳的感覚が備わっているなどと言うための根拠となりうるものを見いだすことはできない。要するに、そのような世界は、道徳的な統一宇宙《ユニバース》ではなく道徳的二元論〔に陥った世界〕なのである。二つの思考主体は互いの思想や行為に無関心であるということになっているので、その世界の内部には、物事の価値観が明確に判断されうる単一の視点が存在しないばかりか、そうした視点を必要とすらしない。思考主体の数を増やして多元論〔的世界〕にしてみよう。すると私たちは、倫理的領域において、かつての懐疑論者たちが考えていた次のような世界が実現されていることに気づく。すなわち、個々の心があらゆる物事の尺度であり、「客観的」真理など一つも見つからず、見つかるのはただ多数の「主観的」意見の集まりに過ぎない、というような世界である。［James 1979 ［1891］: 146-47］

〔なるほど〕そのような世界においては、義務は意味をなさない。規範的なものは意味をなさない。

〔しかし〕ジェイムズは時に、パース的な種類のプラグマティズムのプロジェクトに賛成する立場に完全に立っていた。つまり、私たち人間の可謬的な実践から、真に規範的な、善や正しさや真理の概念を得ようとすることに賛成していたのだ。

ジェイムズが「道徳的哲学者と道徳的な生」で推し進めていることが分かる見解に基づけば、私たちが継続してゆかねばならないことは人間の要求・主張・判断に尽きるのであるが、彼の考えでは、それでも私たちはそうしたものから何かしらの規範的な原理を得ることができる。「倫理哲学のための指導原理」は、「でき、る、だ、け、多、く、の、要、求、を、満、た、す、」ことである。「生じさせる不満足の量が最小であるという意味で最良の全体を生むことに貢献する行為は、したがって、最良の行為に違いない」(James 1979［1891］: 155)。仮にもしこの考えに、先に見たような直観主義的な考えがつけ加わること、そして、そこにジェイムズがしているようなプラグマティズム流のひと工夫が施されることがなかったら、この考えはまさに功利主義的見解そのものであっただろう。社会とは、最良の種類の行いを特定することを目指す、長い目で見た実験と見なせるだろう、とジェイムズは論じている。それゆえ社会の慣習は尊重するに値する。私たちの背後にある信念は、可謬的なままではあるが、何世代もの経験を捉えている。ジェイムズの考えでは、「倫理学 (ethical science) は物理学と全く同様であり、抽象的な原理から全てが一度に演繹可能なのではなく、ただ時機を待って、日ごとに結論を修正してゆく用意ができていなければならない」(James 1979［1891］: 157)。これこそが、真理について、パースと完全に足並みの揃ったジェイムズの姿である。

ジェイムズは現代のロールズ的な見解も有しており、ロールズが「反照的均衡 (reflective equilibrium)」という語を使うことの予兆と思えることすら述べている。

歴史の道行きは、人間が世代から世代を経て、もっともっとこれまで以上に包摂的な秩序を見出そうともがいてきた物語である。異質な他者の要求をも満たす、あなた自身の理想を実現する何らかの方法を考案せよ。それこそが、それだけが、平和の道なのだ！　この道に沿って進みながら、社会は、科学における発見とよく似ている一連の社会的発見によって、揺れ動きながら、ある種の相対的均衡へと、そしてまた別の相対的均衡へと、次々に至ってきた(32)。

例えば、「奴隷制、私戦や殺す自由、司法による拷問、そして恣意的な王権乱用は、実際に沸き起こった不平の声に屈してゆっくりと弱まっていった」。つまりそうしたものは、経験に屈したのである。しかし、「何かしらの形で人間の理想の均衡が実際に得られたとしても、最終的なものなど無い」。私たちは探究と熟慮を続けてゆかねばならない（James 1979［1891］: 156）。倫理学においては、進歩がありうるし、革命的な変化すらありうる。物理学においてそうであるのと全く同様に、これこそが探究の進行の仕方なのである。〔探究を進めるのと〕同時に、私たちは、現在のよく根拠づけられた信念を維持してゆかねばならない。「私たちのうちの大多数にとって、倫理学において全く独自にゼロから始めて独創性を発揮しようとすることなど、物理学においてそうするのと同じくらいに、大それた絵空事なのである」（James 1979［1891］: 157）。

これは、非常に強力な倫理学の見解だ。倫理的判断は真偽を言える候補であり、経験の力に左右されるというのである。何が正しくて何が間違っているのか、何が適正で何が不正なのかについて私たちが抱く経験と直観は、私たちの倫理的判断に対する、与えられたもの（data）ないし証拠なのだ。というのも、倫理的判断が、人間の生をより良くするものについての判断でないのだとしたら、何についての判断だというのか。人間が自分たちの生をより良くするものについてどう感じるのかを理解する以外に、一体どうやって、人間の生をより良くするものが何なのかを知ることができるというのだろうか。

しかしながら、私たちが正しいと感じるものと正しいものとの間の結びつきは、そのままの同一性という結びつきではない。私がXは正しいと感じるならばXは正しい、ということにはなりえないのである。これまた『信じる意志』に収録されている論文で、「道徳的哲学者と道徳的な生」よりも早くに書かれていた「合理性の感覚」の中で、ジェイムズは、次のような唯物論者にも反対する議論をしている。つまり〔ここで批判対象となる唯物論者は〕、世界を、「『善い』『悪い』といった言葉が主観的な情念や利害関心から切り離された意味など持たない」単純で粗暴な現実と捉える唯物論者である（James 1979 [1879]: 85）。ジェイムズの見解によると、世界は道徳的である、と私は考えなければならない。そうでなくては、「断崖の丘」[5]で私は「飛び降りる危険を冒しても良いものか疑わしく思うだろう」し、「私をつき落とす行為をみすみす黙認することになるだろう」（James 1979 [1879]: 88）。「信仰の方法」は、世界が道徳的であるという考えを基軸としているのだ（1979 [1879]: 84）。

私たちは再び、そうした統制的想定に関してどういう選択肢があるのかを考える必要がある。(33) 既に見たようにジェイムズは、私がある目的を果たすためにPと信じなければならないのだとしたら、私はPと信じることを正当化される、と考えようとしている。パースはこれには同意せず、私がPと信じる必要があることはPの合理性や真理性とは結びつかないと論じている。むしろパースは、私たちがPと想定するのは、私たちがコミットしている実践を続けてゆくためなのだと述べている。そうした実践こそが、私たちを人間たらしめているとと思われるもののまさに中心にあるのだとしたら――つまり、私たちの問題に対する正しい答えを追求すること、道徳的に正しいことを誤ったことから区別しようとすることの中心にあるのだとしたら、その場合、これらの仮説的な統制的想定は、なくしてしまうことがどうにも困難になる。しかしながら、それらは単なる希望である――確かに、そうした希望がなければ、私たちのよく知る人間の世界が危険に晒されてしまうのであるが。

これまた論集『信じる意志』に収録されている論文「決定論のジレンマ」（"The Dilemma of Determinism"）の中で、ジェイムズはこのパース的な立場の方へ舵を切っている。私たちは、自分たちが必要だと考える方法で歩み続けようとするならば、意志の自由を備えているものとして行為しなければならない、とジェイムズは論じている。このように、私たちが想定する必要のあるものに訴えるというのは、明らかに、初期のプラグマティストの主要な戦略的基盤であった。これは、今なお揺れ動いていないことが見て取れる基盤である。(34) 残念ながら、ジェイムズは場合によってしかこの基盤の上に立っておらず、あることを想定する必要性が信念を真っ当なものにするのだという考えに安住することをむしろ好んでいることの方が多い。ヘンリー・ジャックマンが言うように、ジェイムズがやろうとしていることというのは、徹底的な自然主義の帰結を引き出すことである。パースと同様（そしてこれから見るようにデューイにさらに似ているのだが）、彼はそうした自然主義的な世界の中で価値がどういった位置付けにあるのかを描こうとしているのだ(35)。彼の見解は（「道徳的哲学者と道徳的な生」において見られるような）洞察を伴って伝播することがある一方で、時に彼の自然主義は、「善」「悪」「真」「偽」といった言葉は主観的な情念や関心から離れては意味を持たない、という見解であるように見えてしまうこともある。これから見るように、不幸にも後者の立場の方がプラグマティズムと同一視されることになってしまった。

注

（1）デューイは書評において本書を非常に適切にこき下ろしている。*MW* 4: 245–49, 1909参照。

（2）ジェイムズがヘーゲル主義者たちに対して展開した議論については、Perry（1976［1935］: 714, 715, 773）参照。ペリー（R. B. Perry）が引用している手紙の原文は、*CWJ* 5: 181–82, 1881, *CWJ* 5: 226, 1882, *CWJ* 7: 133, 1871に見つかる。

（3）Madden（1963: 45）の引用による。

（4）Perry（1976［1935］: 820–1）の引用による。

（5）Klein（2008）参照。

（6）ただし、心を研究するための経験的方法論として、ジェイムズは単純な観察だけに依拠していたわけではないという議論については、Klein（2009）参照。

（7）James（1981［1890］: xlviii; 1977［1909］: 85）参照。イギリス経験論とアメリカン・プラグマティズムについてのより詳しい議論については、Roth（1993）参照。経験を分割不可能なものと見なすというジェイムズの主張は、イギリス経験論にとって中心的な見解を否定しようという狙いがあるけれども、この主張はまた、脳状態と成熟した経験の間の媒介である「感覚（sensations）」と呼ばれる原子に似た存在物があるというヘルムホルツ（H. L. F. Helmholtz）の見解にも狙いをつけている。この追加的な論点についてはKlein（2009）参照。

（8）ジェイムズの見解が現在どう流通しているのかについては、Taylor（1996）参照。

（9）パースは、自身の立場を観念論と対比させることにそれほど腐心していなかった。実際、彼は時に、真理と知識についての自分の見解は、外的世界がつけ加えられた一種の観念論である、と主張することがあった。

（10）ジェイムズの「『意識』は存在するのか」（"Does 'Consciousness' Exist?"）（James 1976［1904a］: 3–20）と「純粋経験の世界」（"A World of Pure Experience"）（James 1976［1904b］: 21–44）参照。

（11）James（1975［1909］: 284）参照。

（12）原典にあった強調は省いた。

（13）Kappy Suckiel（1982: 105–15）参照。

（14）一八七九年の論文「合理性の感覚」（"The Sentiment of Rationality"）も参照のこと。この論文におけるジェイムズの主張は、「信念が真理の実在性を左右する要因となるような特定の真理集合」にのみ当てはまる（James 1979［1879］: 80）。

（15）ジェイムズは、これとは別の、しかし関連した主張もしていて、パースとライトはそちらの主張を気に入っていた。いわく、もし問題が、パースの言うところの「人生に関わる（vital）」ものでないならば、あるいはジェイムズの言うところの「一大事（momentous）」でないならば、「客観的な証拠が到来する」ときを待ち構えて心の準備をすることができる。「科学的な問いにおいては、ほとんどいつもこの場合に当てはまる」。というのも、行為が即座の答えを要求するわけではないからだ。しかし、法律や倫理や宗教の問題においては、探究が全ての過程を終えるまで待つということはできない。私たちは行為をするしかないのであり、だからこそ私たちは、（パースの言う）利用可能な最良の証拠か（ジェイムズの言う）自分たちの情念に基づいて進む必要がある（James 1979［1896］: 26–27）。

（16）Wittgenstein（1938）とGoodman（2002）を参照。

（17）この点についてはMadden（1979: xx）を参照。

（18）例えばAdler（2002: 16）やMadden（1979）を参照。

(19) James (1979 [1896]: 20) 参照。原典にあった強調は省いた。

(20) この書簡の一部が Thayer (1971 [1878]: 341–43) に見つかる。しかし、ここで引用した、より長くて興味深い抜粋を見つけるには、Madden (1963: 45) という素晴らしい著作を見なければならない。

(21) James (1987 [1909]: 190) 参照。この文章はもともと、「タウシュについてのジェイムズの議論」("James on Tausch") という題名で『モニスト』誌 (*The Monist*) の編集者に送られた書簡に書かれた文章である (*The Monist* XIX, 1909: 156)。

(22) パースは、ジェイムズの『多元的宇宙』(*A Pluralistic Universe*) の校正刷りについてはもっと手厳しかった。パースは、『信じる意志』と比較して、『多元的宇宙』は「はるかにもっと自滅的」と言っている (*CWJ* 12: 171; 1909)。ジェイムズがその校正刷りにおいて推し進めている真理観は「不注意な」ものであり、そんなものが「人間の推理全てを淡々と台無しにしてゆく」ということがあってはいけないから、変更を加える必要がある、とパースは述べている (*CWJ* 12: 171–72)。

(23) 「信じる意志」に対する古典的プラグマティズムからの反応がどのようであったのかをより完全に知ってもらうため、デューイの文章を示しておく。いわく、神を信じるという信念を持つ者には幸せな帰結があるからといって、そのことが、「そうした〔神という〕ものの存在を証明することはありえないし、その蓋然性を高めることもありえない。というのも、くだんの〔ジェイムズの〕議論によると、これらの望ましい帰結はそうした存在を受け容れることに依拠しているからだ」(*MW* 4: 106: 1908)。ここで注意しておいてほしいのだが、道徳的問題や政治的問題においては、ある信念が生をより良くするということは、実際、その信念の保証に関係するかもしれない。というのも、そこではその探究が、生をより良くするのは何なのかについての探究であっても良いかもしれないからだ。

(24) この提案については Miller (1898) を参照。その提案を却下したことについては James (1975 [1907]: 124) を参照。

(25) これらの用語は、一九〇〇年代半ばの経験論的な科学の哲学における論争に由来する。その論争において、一方の陣営は、科学が訴えられるのは観察的な証拠だけであると考えており、もう一方の陣営は、科学は「非認識論的」ないし「プラグマティックな」基準という、非観察的な基準に訴えて理論選択ができると考えている。

（26）この区別についての明晰な説明は、Jackman（1999: 1）を参照。

（27）このシンポジウムの提題の残りの部分を省略せずに書くと、「宗教的信念の落ち込みが道徳性に及ぼす影響」（"The Influence upon Morality of a Decline in Religious Belief"）である（Huxley 1877）。

（28）とはいえ、ジェイムズの妻はキリスト教の神を強く信じていたし、夫の探究のこうした路線について興味津々であった。Gunter（2009）参照。

（29）一九〇九年のヒバート講義で、ジェイムズは「信じる意志」の話を再び取り上げ、「それは真かもしれない」から「それが仮に真だったとすると良いだろう」へ、そして「それはあなたにとって真であるかのように考えられるだろう」へと移行してゆく、「信仰の梯子（faith-ladder）」を引き合いに出している（James 1977 [1909]: 148）。著書『プラグマティズム』の中で、ジェイムズがこう主張していることが確認できる。すなわち、「神の証拠はまず基本的には個人の内的経験のうちにあると私〔ジェイムズ〕自身は思っている」（1975 [1907]: 56）。

（30）Perry（1976 [1935] 2: 263, 263 n.1）参照。

（31）James（1979 [1884]）参照。

（32）James（1979 [1891]: 155–56）参照。これは、ロールズ的な〔反照的均衡の〕考えと全く同じというわけではない。それ〔ロールズ的な反照的均衡〕は、個別の場合における判断と諸原理、そして理論的考察の間で釣り合いが取れた状態に至ることを含んでいる。ジェイムズはむしろ、衝突し合う関心や理想の間での均衡の方に関心がある。

（33）Misak（2012）にて、この点をめぐるジェイムズとパース（そしてサンタヤナ）の考えについての私の議論の流れを簡潔にまとめている。

（34）例えばピーター・ストローソン（Peter Strawson）は『自由と怒り』（*Freedom and Resentment*）において、優れてプラグマティズム的なやり方で、次のように論じている。いわく、正しいとか間違っているとかいったことに関する問題を子供に教育するという実践や、私たちが道徳的共同体の完全な参加者としてつき合っている人々に対して褒めたり非難したり激怒したりするという実践を説明しようとするならば、私たちは意志の自由を有しているのだと想定する必要がある。これこそ、私たちの事物の捉え方を侵害して世界を認識不可能にしてしまうことなく、私たちが設けずにはいられない想定なのである。

(35) 実際、デューイは「道徳的哲学者と道徳的な生」に非常に感銘を受け、「それは私を大いに喜ばせた」、そして、「それはこれまで見た中で最良で最も簡潔な声明であると思う」と述べている(*CWJ* 7: 165; 1891)。この論文についてデューイをこれほどまでに喜ばせた点は、私たちの倫理学理論が前もって決定されることはありえないという考えにコミットしていることである。倫理学理論は、困難な倫理的状況の真っ只中で行われる私たちの熟慮から出来するのでなければならない。

訳注

[1] このヒバート講義は一九〇八年四月に行われたもの。それに基づく著作が出版されたのが一九〇九年である。

[2] この論文の出版は一八九七年である。

[3] つまり、信念が望ましいからといって、その信念の正しさの証拠にはならないということである。

[4] ここでは次のような考えを指す。《神を信仰することは失敗しない賭けである。だから神を信仰することは合理的なのだ。》

[5] ルカ福音書四章二九-三〇節の記述を念頭に置いている。怒れる群衆はナザレ郊外の丘の上へイエスを追い詰め、崖からつき落とそうとしたが、イエスは飛翔し、群衆の間を通り抜けて去っていった、というエピソードがある。

第五章　この時代の旅の仲間たち

5-1　オリヴァー・ウェンデル・ホームズ（Oliver Wendell Holmes）（一八四一〜一九三五）――法と経験

オリヴァー・ウェンデル・ホームズは、メタフィジカル・クラブの設立メンバーの一人であり、当時、ウィリアム・ジェイムズやチョンシー・ライトとは友人同士であった。ホームズはしばしば彼らとの間で哲学上の「喧々諤々の応酬」をしたが[1]、パースとはそれほど交流しなかった。ホームズと、メタフィジカル・クラブ内のもう一人の法律家であるニコラス・セント・ジョン・グリーン（Nicholas St. John Green）は、プラグマティズムの誕生において重要な役割を演じた。例えばパースは、グリーンこそが、ベイン（Alexander Bain）の信念の定義、すなわち信念とは私たちがそれに依拠して行為する準備のできているもののことだという定義をメタフィジカル・クラブに採り入れるよう主張した人物である、と認めている[2]。晩年にホームズは、こうした早い時期になされた議論の重要性について振り返っている。「チョンシー・ライトは、本当の価値がほぼ忘れ去られている哲学者であるが、若い頃、私にこう教えてくれた。すなわち、宇宙について必然などと言ってはいけない、私たちは何についてであれ、その何かが必然的であるか否かなど分かっていないのだ、と。宇宙の振る舞いは私たちと関わりを持っている、ということに私たちは賭ける（*bet*）ことができると、私としては思っている。だから私は、賭け可能論者（*bettabilitarian*）を自称している」(3)。

南北戦争に従軍して三度負傷した後に、ホームズは、アメリカで最も有名な法理論家であり最高裁判事である一人に登りつめた。彼は自分ではプラグマティズムの運動に加わっていると考えていなかった。これは驚くことでもない。というのも、ホームズが没頭していた議論は、パース、ジェイムズ、シラー、ロイスその他のプラグマティズム関連の思想家の議論ではなかったからである。ホームズが取り組んだのは分析的な法体系の問題であり、彼にとって主要な知的対話の相手は、ジョン・オースティン（John Austin）やフレデリック・ポロック（Frederick Pollock）といったイギリスの法学者たち、そしてドイツの法律学者たちであった。しかしながら、ホームズの思想のうちに強力なプラグマティズムの潮流が走っていることは察知できる。メタフィジカル・クラブで打ち出されたもろもろの考えは、彼が一八〇〇年代後半に展開した法律観に血脈を通わせた。そして彼のその法律観は、彼のその後の長く輝かしい経歴において、大きな変更を被ることがなかったのである。

ホームズは、慣習法《コモン・ロー》に関心を持っていた。フレデリック・ケロッグ（Frederic Kellogg）は慣習法を、ボトムアップ式の法理論と言い表している（Kellogg 2007: 19）。ホームズは慣習法を次のように描写している。すなわち慣習法は、事例から始まり、「そして同じ主題について一連の決定が為された後になってはじめて」、「当の原則を言明するための帰納［…］によって」発生する（Holmes 1995［1870］: 213）。法は、石板や法令集に〔固定的に〕記されるものではない。法とは、成長し、進化し、継続してゆく営為なのである。法は、探究の営為ないし「継続的に近似へと向かう」営為であり、先行例に始まり、その上で、経験や葛藤や予期せぬ問題によって駆動される営為なのである。[4] ホームズは、先行例、律令、あるいは道徳的な諸原則を、変えようのない真理と考えることに反対していた。ホームズは、自身の一八八〇年のローウェル講義に基づいて一八八二年に著した『慣習法』（*The Common Law*）の最初の数行の中で、法とは次のようなものであると述べている。すなわち、「法の生命線は論理ではなく経験であって」、つまりは「時間の必要性が感じられている」（Holmes 1882: 1）。法は、固定した教説やそこから導かれる三段論法の総体から成るのではなく、むしろ、経験に反応しながら寄せ集まった有機的な構造体なのである。ホームズいわく、法を「形式的側面だけから」考える理論は全て失敗している（Holmes 1882: 36-37）。どんな法典、あるいは原則や法令の集合が採用されようとも、「最も注意深く構築された定式すらすり抜けてしまう新しい事例が現れることになり」、その事例に合わせて〔法の〕帳尻を合わせねばならなくなる（Holmes 1995［1870］: 213）。「真理」は「しばしば誤って示唆される」のであり、だからこそ私たちは常に、「理性と吟味」を動員する必要がある（Holmes 1882: 37）。ホームズにとって、法は可謬的な仕方で成長するものであり、その成長の際には、その法がどういうものなのかについての疑念、葛藤、そして論争が、経験の力のもとで解決されるのである。

この考えが、パースの探究の捉え方、つまり探究を疑念と信念から成る過程とする捉え方といかによく似ているか、そしてこの考えが、トップダウン型の理論について全てのプラグマティストがとる懐疑論といかに同じ側に立つものであるか、読者はお気づきになるだろう。プラグマティズムの認識論は、ホームズの一八九七年の論文「法の道」(“The Path of Law”)の中で力強く表現されている考えと全く同様なのである。

根本的な問いを取り上げてみよう。何が法を構成するのか。どこかの文筆家が君にこう言ってくるだろう。すなわち、それは何か、マサチューセッツの法廷やイングランドの法廷によって決められたもので、それは理由の体系であり、それは、〔実際の〕決断と一致したりしなかったりするかもしれない、倫理の原則ないし認められている公理などから演繹したものであり〔…〕。法廷が実際に何をするかについての予言集であり、うわべだけ仰々しいだけのもの、それが、法によって私が意味していることである。〔Holmes 1952 [1897]: 172-73〕

法廷の予言集がそれほどまでに重要な理由は、その予言集によって人々が、自分たちの行動をそれに応じて予想したり調整したりできるようになるからである。例えば、悪人でも、法廷がどう決断するかを予想できることによって、自分の行動を調整して刑罰を回避できるようになる。ホームズいわく、「いわゆる法的義務とは、もしある人があることをした場合、あるいは故意にしなかった場合に、その人は法廷の判断によってあれやこれやの仕方で仕打ちを受けることになるだろう、という予言に他ならないのである」(Holmes 1952 [1897]: 169)。ベインの傾向性に訴える信念の理論がこの考えの背後に作用していることを、私たちは感じ取れるだろう。マックス・フィッシュ（Max Fisch）が言い表しているように、ホームズは、予期ないし予測という観点、そしてその予期・予測に基づいて私たちは行為しようとするのだという観点から、法について考えているのである（Fisch 1942: 366）。法廷が規則をどのように解釈し、かつ維持するのかということについての、自分に可能な限り最良の予測に基づいて、私たちは行為するのである。そういった規則や解釈は新しい経験とともに進化してゆくので、予測が固定されてしまうことは決してありえない。

ホームズにとって、法廷は、探究という営為に従事している。すなわち、法廷や裁判官は、私たちが生きているこの時点、私たちが今いるこの状況において到達できる最良の答えを求める、可謬的な探究活動に従事しているのである。ホームズはこう論じている。すなわち、「法が命の源とする樹液を引き出す秘密の根っこ」は、「関連している共同体にとって何が便宜にかなうのかを考えること」にある（Holmes 1882: 35）。法が共同体の価値観に合致しているならば、それは良い法である。経験を参照しながら数々の事案で判決を下す裁判官によって、そうした法は決まってゆく。

ホームズの法理論においては、プラグマティズム的な妥当性ないし真っ当さの捉え方が非常にありありと作用している。実際、既に見たように、ジェイムズはまさにこうした法や真理の捉え方に訴えて議論している。これに伴って、いくつかの問題が全てのプラグマティストたちにのしかかってくる。妥当性、合理性、真理、そしてその他の規範的諸概念は、便宜性や、個人あるいは共同体の意志と欲求、そして厳然たる社会的事実に基づいて成立しているのだろうか。それともそれらは、それよりも偶然性や主観性の度合いが低いものに呼応することによって形成されるのだろうか。私たちの探究の目標は、現在の局所的な関心を満足させる答えを得ることなのか、それともそれ以上の何かなのか。次の文章中では、ホームズは、それ以上の何か〔探究の目標〕など無いと考えているように思われるかもしれない。

法を、偉大な人類学の書物と見なして研究することは、完璧に適切なことである。社会のいかなる理想が、あの最終的な表現形式に到達するのに十分なほどに強力だったのか、あるいは、世紀を経て、支配的な理想のうちにどういった変化が生じてきたのか、ということを明らかにするために法を参照することは適切である。人間のもろもろの考えがどういう形態をとり、どう変成してゆくのかを考えるための練習として法を研究することは、適切なことである。〔Holmes 1952 [1889]: 212〕

こういった文章からすると、ホームズは次のように主張しているのだとする読み方をしたくなる。すなわち、政治闘争や法的紛争を決着させる絶対的な方法、確実な方法は無いのだから、人民の意志を正しいものと考えることによって安全性や安定性は最もうまくもたらされるのだ、と。(5)

しかし、便宜にかなう、もしくは支配的であると思われてきたものの単なる記述を超えたところにある規範性にこそ、ホームズは関心を持っていたという証拠がある。ウィリアム・ジェイムズ逝去の際にホームズがイギリスの法史学者フレデリック・ポロックに書いた手紙は、ホームズ自身の見解がジェイムズのそれとは隔たっているということを匂わせている。いわく、「彼〔ジェイムズ〕には彼の理由があって懐疑的になったのであり、彼は彼自身の願望ゆえに、明かりを暗くして奇跡に賭けることになった(6)」。そしてホームズは、自分とジェイムズが「似た前提」から出発していることを分かりながらも、プラグマティズムという銘柄に対しては穏やかならぬ気持ちを持っていた。一九〇八年に彼はこう綴っている。「私はプラグマティズムを、魅惑的ないかさまだと思っている。ウィリアム・ジェイムズの思弁のほとんどがそうであるように(7)」。

先に見たように、「プラグマティズム」という銘柄は、一九〇〇年代初期において、ウィリアム・ジェイムズと結びつけられるところが非常に大きかった。ホームズがプラグマティズムを拒絶する際に彼の念頭にあるのは、ジェイムズ版のプラグマティズムであろう。古くからの友人同士であるこの二人の間には、緊張関係があったのだ。ジェイムズは、ホームズの飽くなき野望であると彼には思われたものを容認しなかった。そして、ホームズがジェイムズについて述べていることからは、次のことが明らかだ。すなわち、ホームズの考えでは、ジェイムズは、宗教について考えている際にも、明かりを目一杯明るいままにした方が良かった。周知の通り、最終的にホームズは、デューイを読んだときに、自身の見解とデューイのプラグマティズムの間でいかに一致する部分が大きいかということに感銘と衝撃を受けたのである(8)。

ホームズの著作を注意深く読めば、彼が法に関して懐疑的な見解を有していたのではないことは明らかだ。すなわち彼は、判断がより良くなったり悪くなったりすることには意味が無く、あるのはただ、今ここにおいて共同体のどういった理想が力を持っているのかについての記録だけである、という見解を有していたわけではなかった。ケロッグが論じているように、ホームズは、裁判官が自分の局所的で主観的な価値観、信念、あるいは気まぐれを、判断に盛り込んでしまうことを良しとしていない。とはいえ、だからといって、探究において、慣習や動機付けや背景にある信念を無視しても良い、とホームズが考えているわけではない。また、法の形成に影響を及ぼす価値観は、何であれともかく共同体内で力を持っている価値観である、と考えているわけでもない。ホームズが背景的な信念や価値観を、彼の捉え方による法の探究に取り入れる方法というのは、パースの方法と同じくらいに繊細なものなのだ。次の文章が示唆的である。

オースティンいわく［…］、法廷でそれが採用されることによって表明される、権威による暗黙の同意があってはじめて、ようやく、慣習は法になった。そして、そうした採用以前には、慣習は決定への動機でしかなかった。ちょうど、政治経済の学説や、裁判官の政治的野望や、裁判官の好みや、皇帝の奥方の褒め言葉がそうであったであろうように。しかし、多くの場合、慣習や商業上の慣行が、それを取り締まる法令があるにもかかわらず、法の持つかもしれないような大きな強制力を持ってきたということは明らかである。そして、それらは採用されるまでは決定の動機にすぎないということだが、未来の決定に関してそれらを採用するという以上の決定なるものとはいったい何なのだろうか。結局のところ、それに相当するものこそが法令である。その法が裁判官たちにもたらしていると思われる動機付けが広まってゆき、裁判官たちはある方法である事案に判定を下すようになるだろう、そしてそれゆえに、予期に基づく私たちの行いが形作られるであろう、と私たちは信じている。それ以外にいかなる意味で、法などと言うだろうか。

［Holmes 1995［1872］: 294］

私たちは、自分の行動がどのように受け止められ、取り扱われるのかを予測できるようになるために、法を参照する。諍いが発生した場合、裁判官は、科学者が遂行する種類の探究と似た探究の中で、その諍いを解決する。どちらの種類の探究も経験によって駆動される営為であり、慣習や背景的信念が現実的な効力を有している。しかしそれにもかかわらず、前掲の文章の示唆するところによると、外在的な基準が存在する。動機や議論が、検討されるべく裁判官に提示される。法は、「競合する法的根拠の相対的な価値や重要性についての判断」を経て手続きを進める（Holmes 1952［1897］: 181）。裁判官は、慣習の主張していることや、正しいことと間違っていることについての背景的信念、そして法令などを考量するために、自分の判断力を行使しなければならない。ホームズいわく、「法」は、「私たちの道徳的生活を見届ける証人であり、なおかつそれを保証する外在的基盤でもある。法の歴史は、民族の道徳的発展の歴史である。ありきたりな話だが、法の実践は、善き市民、善き人間を作る傾向があるのだ」（Holmes 1952［1897］: 170）。法の歴史は、何が善なのかについての見解を改良してきた、発展の歴史である。これは、何がたまたま善と考えられたのかについての単なる記録ではないのだ。

先に見たようにパースは、経験の力を引き合いに出すことによって――私たちの信念が偶然的状況によって確定しているわけではないとすることによって――外在的な基準を見出している。ホームズは法律や倫理の領域について述べており、それゆえ、偶然的ではないとされるものの輪郭を描く際には、特に困難な作業に直面することになる。どのようにすれば価値観が客観的なものによって確定しうるのかを見抜くことは、適切な言葉が無いせいで、余計に難しい。少なくとも、神、理性、あるいは何かしらの内在的な論理に訴えたくなる誘惑に、ホームズのように抵抗するとしても、どのようにして外在的な基準がありうるのかを見抜くのは困難である。自然主義者ないしプラグマティストであれば、次のように言わなければならないのではないかという懸念がある。すなわち、私たちが理解できる基準が一つだけある——それはつまり、共同体がたまたま信じるようになっているものだ、と。

ホームズは、この問題とその解決策を明確化しようと試みている。パースと同様に彼は、何が信念をうまく安定させるのかに注意を払っている。ホームズの言葉を借りれば、「うまく安定した法的な学説は、たくさんの頭脳の働きを具現化しており、一つひとつの検討段階においてその学説に抵抗することに実践的関心を寄せる熟練の批評家によって、その学説は、形式においても実質においてもテストされてきている」（Holmes 1995 [1870]: 213）。うまく安定した信念は、単に時代の精神に適合しているというだけではない。外在的な基準が、そういったたくさんの頭脳やたくさんの熟練の批評家によって用いられている。例えば、合理的な人あるいは分別のある人ならば、経験の重みを考慮しつつ何を考えるであろうか、ということを検討することによって、一つの外在的基準が見出される。屋上で作業をしている職人が、人通りの多い街路に角材を落としてしまったとしたら、その職人は、その角材が誰かに当たってしまうかもしれないと予見するはずだ。合理的な人間の〔外在的〕基準が、彼の行動に適用されるのである（Holmes 1882: 55-56）。客観的状況を参照することが法律や倫理の領域で行き着くのは、こうしたたぐいのことなのである。

同様の考え方で、ホームズは次のように述べて、法的な探究の目標を指し示している。

真相はこうだ。法は、一貫したものへと常に近づいてゆくが、決してそれに到達することはない。法は、一方では人生から導かれる新しい原則を無際限に〔次々と〕採用しつつ、もう一方では歴史から引き継いだ古い原則を常に維持する。[…] 法が成長を止めてはじめて、法は完全に一貫したものになる。[…] どれほど私たちが、法を成文化して、一見したところ自己充足的である一連の命題にしようとも、それらの命題は、継続してゆく成長の中の一段階にすぎないであろう。[Holmes 1882: 36–37]

法の目標が達成されるのは、諍いがもはや生じないというときである。こうした状態は、少なくとも思い浮かべることは可能である。法は成長をやめ、完全に一貫したものとなる、のかもしれない。しかし、パースと同様、ホームズは、この目標の達成が、高い確率で起こりうるとは考えていない。目標の追求は、パースならば統制的想定と呼ぶであろうものによって支えられている。

5-2 ジョサイア・ロイス（Josiah Royce）（一八五五〜一九一六）
――ハーヴァードの観念論 vs. ハーヴァード・プラグマティズム

ジョサイア・ロイスは、カリフォルニアの炭鉱町のさほど裕福ではない家庭で育った。彼の迂闊な父は、ゴールドラッシュの夢を追いかけながら鳴かず飛ばずであった。非常に賢い少年であったロイスは〔カリフォルニア大学〕バークレー校の学士課程に入学し、その後、一八七五年から七六年にかけての一年間、ドイツに留学した。ロイスは、ヘーゲル（G. W. F. Hegel）、シェリング（F. Schelling）、カント（I. Kant）、そしてショーペンハウアー（A. Schopenhauer）の思想に影響を受けて帰ってきて、一八七六年にジョンズ・ホプキンズ大学にて、全く新しいプログラムのもとで大学院生としての勉学に乗り出した。彼はパースの授業を受けており、最初期に博士号を得た一握りの者たちの一人である。彼とジェイムズは、その時代のハーヴァードで最も有名な二人の哲学者となる運命にあった。彼は激しやすく、風采の上がらない人物であった。彼の教え子であるサンタヤナは、彼についてこう述べている。「彼を見ただけで、君だって、彼は哲学者だと感じただろう。彼の大きな頭は、彼の小さな体にとってはあまりに重そうだったし、もっさりとした赤髪を戴いた彼のしかつめらしい額は、顔の下半分とぶつかって皺くちゃにひしゃげたようになっていた」（Santayana 2009［1920］: 64）。ロイスは恐ろしいほどの知性を備えており、アメリカの哲学界に大きな影響を与える人物となった。彼の教え子には、C・I・ルイス、ジョージ・ハーバート・ミード、サンタヤナ、ヘンリー・シェファー（Henry Sheffer）、アーサー・ラヴジョイ（Arthur Lovejoy）、そしてモリス・ラファエル・コーエン（Morris Raphael Cohen）がいる。教え子たちは得てしてロイスの指導に忠実であったが(9)、ロイスに従って観念論者の道を歩んだわけではなかった。思想の独立性をロイスは奨励していたのである。

プラグマティズムの創始者たちが吸っていた知的な空気を理解しようとするなら、ロイスを理解する必要がある。ロイスは、プラグマティズムの殿堂において、類い稀なる位置を占めているのだ。彼は、常にプラグマティズムに魅力を感じていた絶対的観念論者であった。ロイスはバークレー校へ戻って不満を抱きつつも短期間教師をしたが、その後、ジェイムズが彼にハーヴァードでの職を用意してくれ、それ以降はずっと、彼はジェイムズやパースと交流を持つことができた。[10] ロイスはジェイムズやパースと、意味や真理といった事柄について継続的に話し合った。パースはロイスの見解には批判的であったが、その見解を尊重していた。ロイスはロイスでパースに負うところが大きいことを認めており（特にパースの記号の理論に負うところが大きい）、パースの死後、彼の文書を救い出したのも彼である。[11] ロイスとジェイムズはさらに緊密な絆で結ばれていた。彼らはハーヴァードで一緒にいるときにはいつもずっと、熱のこもった、そして公に開かれた、概して友好的な議論を交わしていた。ジェイムズは、哲学は経験にこだわるのだと主張した。ロイスはというと、それ以上の何か、つまり統一的な何か、絶対的な何かが、〔経験される〕諸事実の上位に存在している、と主張した。

ロイスは、しばしば進化生物学に言及したり、心理学について論じたりした。また、自身の哲学的考察の中で、数学や論理学を用いることも頻繁にあった。しかし彼は、ライトやパースやジェイムズのように科学ないし論理学の訓練を受けていたわけではなかった。彼は宗教にいたく関心を持っていて、悲哀、苦痛、贖罪、祈り、そして〔神の〕恩寵に関して、たくさんの著述をした。ロイスが進化論的な考えを活用したのは、新しい科学と倫理学を調停する方法を見つけ出そうとする試みの中で、進化論的な考えを自分の観念論と統合するためであった。ロイスはかなりの努力を重ねていたが、パースは、形式論理学においてロイスは標準以下であると考えていた。いわく、ロイスは「有能できちんとした思想家であるが、彼が自らのヘーゲル的な論理によって議論を進める際には、完全に道を見失ってしまっている」（*CP* 8. 130; 1902、また *CP* 8. 115; 1900 も参照のこと）。

パースとジェイムズの影響は、ロイスの思想の軌跡全体を通して見受けられる。一八八〇年、この年をロイスはバークレーで流浪の身に甘んじていた年と見なしているのであるが、この年にロイスは、ジョンズ・ホプキンズ大学にて復活していたメタフィジカル・クラブに論文を寄稿しないかという招待を受けた[12]。〔そうして書かれた〕論文「思考における目的について」（"On Purpose in Thought"）は、プラグマティズムに深く関わる内容になっている。その少し前にパースが論文「信念の固定化」（"The Fixation of Belief"）を発表しており、ロイスはそこで述べられていた中心的な考えに賛同している。いわく、思考は「不確かさを確信へと変えることを目指す」（Royce 1968［1880］: 227）。思考は「経験の世界についての観念的な描像」を描くことを目指す（Royce 1968［1880］: 260）。〔この考えには〕絶対者（the Absolute）の影が見受けられる――ロイスは、この経験の世界が思考の中で「一者として」描かれるだろうとさらに続けて述べている――けれども、ここで述べられている考えは、プラグマティズム的な傾向を明らかにしている。ジョン・E・スミス（John E. Smith）が述べているように、「ロイスの思想展開において決定的に重要な要素は、彼の同時代人であるチャールズ・S・パースの書いたいくつかの論文を、彼が研究したことであった」（Smith 2001［1968］: 3）。

しかし、その関係は決して分かりやすいものではない。プラグマティズムと、ロイスが支持している観念論との間の複雑な相互作用を見抜くことが大切である。ロイスの議論では、私たちの心に現れ出るものは、事物の観念ないし事物の現れである。外的世界はこうした観念から構築されることになる。時にロイスは、このことを次のように言い表す。「全ての実在は、その実在について真なる判断が下せるからこそ実在なのである」(Royce 1885: 433)。ここに、なぜパースがプラグマティズムを一種の観念論と呼びたくなったのかという理由を見て取ることもできるだろう。というのも、パースもまた、実在をこのような仕方で特徴づけていることがあるからである。しかし、これから見るように、パース(とジェイムズ)は、プラグマティズムとロイスの観念論との間には重要な違いがあることを明らかにしたのである。

初期のロイスの見解は概してプラグマティズムの精神に反するものであった。彼の考えでは、絶対者の経験こそが、哲学におけるもろもろの大問題を解決する鍵である。絶対者の経験はもちろん、有限である人間の経験を超越するであろうし、それゆえロイスの考えはまさに、プラグマティストが反対するたぐいの形而上学である。一八九一年に、パースはジェイムズに、自分はロイスを「まさしくアボット(Francis E. Abbot)と同程度でしかない」哲学者だと評価している、と述べた手紙を送っており、ジェイムズはアボットの哲学を「スコラ的なごみくず」と呼んで片付けていた(*CWJ* 7: 219–20; 1891)。

一八八五年の著作『哲学の宗教的側面』(*The Religious Aspect of Philosophy*)の中で、ロイスは自身の最も重要で長期にわたって影響力を持った議論を初めて打ち出している。それは、誤りの可能性そのものの「論理的諸条件」についての議論である。ロイスは、私たちの諸観念が実在世界と対応しているのかどうかを疑問視する懐疑論者に、応答しようと努めている(Royce 1885: 392)。そうした懐疑論者が知っているに違いない真理の一つは、誤りがありうるということだ、とロイスは論じる。なぜなら、私たちは、自分の諸観念が外的な何かと対応していると考える点において誤っているかもしれない、と懐疑論者は主張するからだ。〔さらに〕ロイスはこう論じている。すなわち、私たちが何かを誤って捉えてしまうかもしれないという可能性そのものこそが、あの人やこの人の考えるかもしれないことを超える観点が存在することを示している。そうでなければ、誰それは間違っているということを、どうやって理解できるというのか。

ロイスにとって誤りとは「不完全な思考」であり、ロイスの議論によれば、誤りが発生したということを見抜けるのは、より高位の思考だけである。

次のように宣言することによって、全ての困難を克服しよう。すなわち、一つ一つの重要な判断がぼんやりと別個に措定しているように思われる、たくさんの超越者（Beyonds）の全てが、全包括的で、絶対的に明断で、普遍的で、そして意識的になされた思考の統一体に対して、〔その統一体によって〕完全に現実化され、意図された対象として現れる。その統一体の判断は全て、それが真であれ偽であれ断片的なものにすぎないが、その全体は絶対的な真理であると同時に絶対的な知識なのである。そうすると、私たちの悩みは一挙に消え去り、誤りが可能となるだろう。なぜなら、いずれにせよ有限な一つの思考は、その思考自体の意図との関係において見られているのであり、その思考はこのより高位の思考によって、その意図に十分に適うものと見なされたり見なされなかったりすることがあるからだ。[Royce 1885: 423]

誤りが可能になるのだとしたら、真理は今ここにおいて信じられているものを超えるものでなければならない、という考えは重要な洞察である。しかし、ロイスの手でこの洞察が展開される仕方、つまり、神、絶対的思考、あるいは「絶対的判断者」(absolute judge) が必要なのだとする議論の運び方は、プラグマティズムの見地からすると、その洞察を表明する最良のかたちではない。

パースは、『哲学の宗教的側面』についての長い書評を書いた。(13) ロイスが自身の哲学上のサンドバッグである「トラシュマコス」氏めがけて放っている攻撃を、パースは、自分に向けられたものだと捉えている。パースいわく、トラシュマコスの考えは次の通りだ。

> 実在〔という概念〕、あるいは、問いに対する真の答えのようなものがあるという事実は、次のことに存している。すなわち、人間の行う探究――人間の行う推理や観察――は、様々な探究者それぞれが〔探究の〕開始時に立っていたであろう特定の観点からは独立した確定的な結論を導くことで、論争を決着させ、究極的な合意に至る傾向がある。ゆえに、実在的なもの (the real) とは、誰であっても、その当人の調査が十分に進められるならば信じるようになるであろう何か、それに基づいて行為する準備が整うであろう何かなのである。[W 5: 222; 1885]

ロイスは次のように不満を述べていた。すなわち、このような見解は、「人間の限界を控えめに表現しているだけではなく、[…] 誠実に見えるが無意味な繰り言である」(Royce 1885: 394)。実際、ロイスは「トラシュマコス」の議論を「古くからある常識的見解」として提示しており、この見解が誤っているのは、妥当な程度に客観的な手法で物事の真理性についての論争に加われるように最終的にはなるであろう「可能的判断者」に訴えているという点においてである（Royce 1885: 426–27）。ロイスならば、探究によって完璧に裏付けられている信念と神の御心のうちにある信念とは一致するであろう、と言うはずだとパースは想定している。しかしそうだとすると、「なぜ彼〔ロイス〕がこの幼稚なトラシュマコスに対してこれほどまでに残酷にならねばならないのか、分からない。結局のところ、両者の間に実質的な違いは無いのだから」。

しかしパースは、自分とロイスの間には非常に重大な違いがあると考えている。パースは、『哲学の宗教的側面』のヘーゲル的な「結論」は次のような考えであるとしている。すなわち、「何であれ現実に存在しているものの実在性は、実在する何かが神によって思念されることに存している」という考えだ（*CP* 8. 40; 1885）。ロイスは、ヘーゲルの「致命的な過ち」を取り込んでしまっている。つまり彼は、「外界との衝突を無視している」。すなわち、「〔外界に〕ぶつかったりぶつかられたりすることの直接的な意識」のおかげで意識は「実在物を意味する」ようになるのだが、そうした意識を彼は無視してしまっているのだ（*CP* 8. 41; 1885）。ロイスはまた、「全ての知識は経験に由来すると雄弁な言葉で述べた後に、続けて、最も価値のある種類の経験の一つとして天界からの精霊の光（spiritual illumination）に言及した、ロジャー・ベーコン（Roger Bacon）に似ている」（*CP* 8. 43; 1885）。この点ではロイスは、彼の強大な対抗馬であったジェイムズとほとんど見分けがつかない、ということに注意してほしい。

誤りが入り込みうる間隙――私たちがたまたま信じていることと真理の間の間隙――を保持しておかねばならない、という考えを、パースはロイスと同様に断固として持っている。パースの見解によれば、外界との衝突があるおかげで私たちは、私たちの〔現在の〕信念はそのあるべき姿とは異なるのだということが分かるようになる。そしてもちろん、真理とは、私たちが可能な限り効果的に経験を集めることを追求するとしたら、人間の経験の全てに適合するであろうはずのものである。真理は、今ここにおいて私たちがたまたま信じているものなどではない。ジェイムズの言い方を借りれば、絶対者を「話に持ち込む」ことなどせずとも、私たちは誤りを説明して、真理と現在の信念の間の間隙を保持することができる（Clendenning 1999: 241）。

トラシュマコスの見解の中でロイスが異を唱えているのは、探究の終着する「可能性がわずかしかない」という点であり、〔ロイスにしてみれば〕「可能性がわずかしかないことというのはまっさらな無と同じなのである」（Royce 1885: 430）。パースは素晴らしい応答をしている。いわく、「彼〔ロイス〕は単なる論理的な可能性について述べているように見えることだろう」。さらに、「知的な生命が最終的に途絶えてしまうことによって、あるいは何か他の理由によって、ある所与の問題に関して、〔…〕決して実際に最終的な意見に到達することがないということはありうることであろうが」、それは単なる論理的可能性とは全く異なる可能性の話である。実際のところはこうだ。

無数の問題について、私たちは既に最終的な意見に到達している。そのことをどうやって知るのか。私たちは自分が無謬的であるなどと思うだろうか。いいや、全く思わない。現在の疑念を超えて確立される全ての信念のうちの千分の一を、あるいは百分の一を、誤っている可能性のあるものとして投げ捨てたとしても、そのさなかで〔私たちが〕最終的な意見に到達してきたような膨大な数の信念群が残るに違いない。あらゆる目録、指南本、辞書、歴史、そして科学の仕事には、そうした事実が詰まっている。[CP 8.43; 1885]

一八九九年にロイスはギフォード講義を行っており、その内容は彼の大著『世界と個』(*The World and the Individual*) として、長大な二巻本の形で公刊された。この連続講義の中で、彼は、こうした論争を解決する試みをもう一つ打ち出している。彼の中心的な問いは、「観念とは何か」という問いと、「いかにして観念は実在との間に真なる関係を取り結んでいられるのか」という問いである (Royce 1899: 16)。現代の読者は、パースと同様にこう考えるだろう。「『観念』という曖昧な言葉に代えて、彼〔ロイス〕は判断という言葉を使えばよかったのに〔…〕。認知について彼は、それが真か偽かという観点で考えており、しかして、判断のみが真であったり偽であったりするのだ」(*CP* 8. 115; 1900)。

ロイスは、次の指摘をすることによって問題設定を行っている。すなわち、観念 (ないし判断) は「〈観念・判断〉それ自体を超えて現存している事実」を表象している、あるいはそうした事実に対応しているように思われるのに、しかし、それの「主要な特性」とは、それが心に去来するときに目的を果したり意志を表現したりするという内的な特性であるというならば、どうしてそのような表象ないし対応が可能なのか、明らかではない (Royce 1899: 24, 41)。実在論者、すなわち観念が何か外的なものに対応していると主張する者たちは、どのようにして観念が、内的なものの世界から脱して、内的世界を超えたところにあるものを表象できるのかということを、述べられていない。ジェイムズは『哲学の宗教的側面』の書評において、ロイスが実在論に反対して展開している議論を次のように言い表している。

> 好きなようにあちこち動き回っていたら、罠にとらわれて身動きができなくなる。私たちは、自分の思考は実在を現に意味していて、思考は実在について真か偽なのである、と信じざるをえないけれども、どうやって私たちの思考が実在を意味できるのかを突き止めることは、私たちの生きている間には不可能である。思考と実在がそれぞれ別々の事柄なのだとしたら、その思考なるものはどういった鋏《やっとこ》を使って、全ての実在から、その思考が知りたいと意図している特別な実在を抜き出すというのだろうか。［James 1987［1885］: 286］

そして、私たちの観念は私たちの観念でしかないと主張する者たちは、どのようにして私たちは自分の信念について誤ることがありうるのか、ということを述べられていない。

この板挟みから抜け出すロイスの活路の中心には、認知と意志作用は切り離せないという、プラグマティズムめいた響きの思想がある。ロイスの議論によると、全ての観念にはその観念の目的があって、それを彼は観念の内的意味と呼ぶ（Royce 1899: 25）。観念にはまた、外的意味、つまり、私たちが当の観念の目的ないし作用を指し向ける先のものがある。外的意味とは、観念の対象ないし指示物なのである。〔内的意味と外的意味の〕両方ともが、観念を持つこと、判断をすること、あるいは信念を有することの本質的な部分を成している。

一九〇〇年にパースは、『ネイション』誌上で、この「重要な」書〔『世界と個』〕についての明快な書評を書いた（*CP* 8. 100; 1900）。パースは、ロイスによる意味の特徴づけはプラグマティズムの格率の一般的精神の連続線上にあると考えており、しかもここでの議論の中に、パースが自身の記号と意味の理論について最もうまく述べている文章の一つを見つけられる（*CP* 8. 119–20; 1902）。当時ロイスがジェイムズの見解に非常に強く反発していたことを考えれば次の文はいささか挑発めいているのだが、パースはこのように述べている。「彼〔ロイス〕がこうもすっかりと彼の同僚であるジェイムズの極端なプラグマティズムに籠絡されてしまうなんて、ほとんど信じられない」（*CP* 8. 115; 1900）。そして実際、ロイスは次のように、ジェイムズと非常によく似た響きを持つことを言っているのである。

真理の純粋に外在的な基準など無い。〔…〕有限の観念は全て、その観念自体の固有の目的によって判断されねばならない。観念は道具のようなものである。目的のために存在しているのである。道具が良いように、観念は真なのである。〔…〕しかし、こう問うてみよう。カミソリはハンマーよりも良い道具か、悪い道具か。蒸気機関は、織機よりも良い機構なのか。そうした問いは、明らかに無為である。なぜならまさに、そうした問いは、ありとあらゆる道具の価値を調べる純粋に抽象的な一つのテストが存在する、あるいは、何か一つの理想的な道具、すなわち仮にそれを手にしたならば、それはいかなる特定の用途からも独立に良いということになる理想的な道具が存在すると示唆してしまっているからだ。しかしながら、これと同じくらいに無為な問いである、観念が真かどうかについての問いを立て、しかも自分たちがその問いに答えるのだと思ってすらいる哲学者たちがいる。［Royce 1899: 308-9］

パースは書評の冒頭で、真理についての自分自身の理論を要約している。いわく、真理とは、「探究が中断することなく遂行されてゆくならば」発見されるであろうものである。書評の対象となっている著書〔『世界と個』〕の中で、ロイスは、こうした考えを愚かなトラシュマコスの見解として棄却するようなことはしていない(14)。むしろ彼は、三様の誤った「存在の歴史的な捉え方」を紹介した上で、読者を彼自身の見解にまで連れて行っている。最初の二つは実在論と神秘主義である。実在論にとっては外的意味が全てであり、神秘主義にとっては内的意味が全てであるという点で、両者は譲らない。それ以外の二つの捉え方――批判的合理論とロイス自身の考えである「構築的観念論（constructive idealism）」――は、内的意味と外的意味を融合させる方法を見出しているのだから、〔前二者よりも〕はるかにましである。ロイスはパースやジェイムズの名を挙げていないが、最終的には満足のゆくものではない批判的合理論者として精査の対象にされているのは、プラグマティストである(15)。

ロイスの述べるところによると、この種の哲学者は科学に熱心であり、私たちの諸観念は外的なものと結びつく必要があるのだということも熱心に言うのであるが、しかし、私たちの信念は実在を表象しており、実在の本質とは、それが知識とは完全に独立しているということだ、という実在論者の誤った見解は忌避する。批判的合理論者の考えでは、実在的なものとは、可能的知識の対象なのである。ロイスはこうした見解に反論し続けている。彼の反論は、彼にとっては問題含みに思われた、

「可能的経験」の「可能性がわずかしかない」という性質に依然として集中している（Royce 1899: 357, 259ff.）。真理と実在が、仮に私たちが可能的な経験を全てしたのならば確定されるであろうというものならば、真理と実在は「ある程度は不確定」なのである（Royce 1899: 290）。書評の中でパースは、この反論に再反論している。いわく、「ロイス教授はこう考えているように思われる。すなわち、当該の事象が起きることは決してないかもしれないのに、何々だろうということ（what would be）について述べているから、この学説は不十分である、と。この批判においては、彼は正しいのかもしれない。しかし私たちの理解するところでは、この『〜だろう』という表現（'would-be'）は、容易に、『〜になる（*will be*）』ことへの希望に溶け込む」（*CP* 8. 84; 1891）。私たちは、自分の問いに確定的な答えがもたらされる（will be）ことを希望し、想定する。これは十分に明晰なことであるのだが、他方、ロイスが「可能性がわずかしかないこと」について抱いている懸念は全く明晰ではない、とパースは考える。

興味深いことに、ジェイムズは、自らロイスに応答する中で、自身の真理観に対する異論への最も効果的な反論の一つを述べている。事実が事実であるのは、意識の領域のもとに事実が降りかかってくる場合だけである、ということについて、ジェイムズはロイスに同意する。知ることができない場合には、真理も実在もありえない。こういうところにこそ、プラグマティズムの中の観念論が宿っている。しかしロイスは、プラグマティズムが探究の可能的な展開に訴えていることを根拠にしてプラグマティズムを攻撃してしまっており、この点で誤っている。鶏が予期されるという意味では、卵は可能的な鶏である、とジェイムズは指摘する。「鶏が実際に現れることによって、今は存在していない真理が作られる。鶏が実際に現れる前に、鶏についてのどんな命題も真か偽のどちらかである、などと言うことは間違っている」（James 1988［1899］: 206）。可能性について述べることは、予期について述べることである。ロイスが問題なのは、可能的な鶏を実際の事実と考えており、それゆえ、まだ存在していないものがどうして現実のものなのかを説明するために、絶対者に訴える必要があるところである。ジェイムズが冴えたことを言っている。すなわち、仮に完全に空虚な宇宙があったとしても、ロイスは無を知る者としての絶対者を持ち込むだろう、と。「ヘーゲルの論理学が復活してしまうのだ。あの珍紛漢紛な話を通して、無を措定することは存在を措定することであり云々かんぬんと述べることになる」（James 1988［1899］: 208）。

ロイスは『世界と個』でも継続して、絶対的思考ないし絶対的目的といった神のようなものに訴えることによってこうした難問を解決することを提案している（Royce 1899: 41）。私たちの「貧弱で儚く有限の諸観念」は、理想を追って努力する（Royce 1899: 359）。「次のものだけが実在である――つまり、何であれ有限の諸観念が求めていることを神聖なるものが達成するという、この完全なる道行き（life）こそが〔実在である〕」（Royce 1899: 359）。私たち人間は「意識を持った全体（conscious whole）」の断片ないし部分なのであり、そうした観点からでしか、諸観念は、真なる内的な意味や目的を有することができない。「最終的な意味や世界の完遂を目の当たりにするのは絶対的意志」である（Royce 1899: 459）。パースの言葉を借りれば、ロイスはこう考えている。すなわち、内的意味は、「ある個の知識、つまり神の知識」という極限へと向かってゆく傾向があるのだ、と（*CP* 8. 115; 1900）。

パースは、誤りの可能性からロイスが展開している議論をそのまま著者〔ロイス〕にやり返すことによって、この系統の観念論を却下している。

> 何であれ議論されている問題には真の答えがあり、その答えは、議論の参加者がその答えについて述べていることや考えていることによって偽となってしまうことなどありえない、という想定に基づいて、全ての推論は進行する。〔…〕この想定は、観念論にとっては明白な困難となる。というのも、全ての実在に、現実の観念であるという本性があるのだとしたら〔…〕、その場合、明らかに偽である〔…〕表象の存在様態は、いったい何だということになりうるのだろうか。しかしながらロイス教授は、真理と虚偽の区別の妥当性を彼〔ロイス〕が否定したと誰かが思いかねないという考えに、憤慨に近い思いをしているようだ。［*CP* 8. 126; 1902］

さらにロイスは、誤りをもたらすものについて考え違いをしている。誤りが可能になるのは、私たちの信念や予期に対して、世界が外的に衝突してくるからである。パースいわく、ロイスは、「何々であること（*to be*）と〔何々であると〕表象されることは別々のことであるという、普通の人ならば誰もが十分にはっきりと了解するであろう事実を見過ごしている」（*CP* 8. 129; 1902）。絶対的観念論は「まさにそうした区別を否定することに存している」主張であり、それゆえにそれは誤りの可能性を否定する。『哲学の宗教的側面』の書評の中でパースが述べているところによると、ロイスは、世界を私たちの思考から独立にありのままにあるものとして記述しなくても世界を指し示す（indicate）

ことができるということを捉えられていない。

ともかく一般的な用語によって、つまりは言説の主題《サブジェクト》に固有の特徴によって、その主題がそれ以外の事柄から区別されねばならないのだとしたら、その主題を完全に切り抜くためには、その主題の特徴について十分な知識が必要となるであろうこと、そして、知らないことは無いようにするであろうことは、なるほど正しいだろう。しかし、実際にそれ単体で命題の主語《サブジェクト》を指し示すことのできるインデックスは、いかなる特徴も含意することなくその主語を指し示す。視界を奪う稲光が強制的に私の注意を奪い、「今だ！」という断定的認識とともにある瞬間へと注意を向けさせるのである。［CP 8. 41; 1885］

ジェイムズもまた、特にブラッドリー（F. H. Bradley）が表明したような絶対的観念論を非難している。(16) ジェイムズの考えでは、全ての絶対的観念論者たちと同様にロイスは、「全てのものが完全にばらばらになっているとするか、全てのものが絶対的な一者の中で完全に統一されているとするかのいずれかを選ぶ」必要があると考えている（James 1977［1909］: 33）。先に見たように、ジェイムズは、この見解には極めて由々しき道徳的帰結が伴うと論じている。ロイスはこの批判――絶対者を完全なものとすると、この世界に現に存在する悪が全て、完全で善良な全体の一部ということになるという批判――を鋭敏に意識していた。この点について、ロイスは次のような立場に立っている。「この世界は、ライプニッツ（G. W. Leibniz）が言ったように、実際に［…］、可能世界のうちで最良のものなのである」(Royce 1967 [1892]: 440)。しかし、ジェイムズからの圧力に対応して、ロイスはこう考えるようになる。すなわち、ロイス自身の述べる種類の絶対的観念論は、絶対者が約束してくれるように思われる、倫理についてのすっきりした解決策を、「そうやすやすと[…]享受する」わけではない。『善悪の研究』(*Studies of Good and Evil*)でのロイスの議論によると、悪は必然であり、私たちの苦しみが聖なるものの苦しみであることだけが私たちの慰めとなる(Royce 1915 [1898]: 14)。彼はまた、こうも考えている。すなわち、「自分が天界の門の[…]近く[…]にいると思う者は[…]、結局、恐れおののく方が賢明である」(Royce 1967 [1892]: 440)。道徳的な目標には、決して到達できない。有限の人間には、絶対者の完全性には決して到達できない。私たちは、無限の連鎖が目標に接近するように、絶対者の完全性に接近することしかできない(Royce et al. 1909 [1897]: 346)。

一九〇三年のアメリカ哲学会(the American Philosophical Association)年次例会第三回の会長講演にて、ロイスは、ジェイムズ、デューイ、シラーのプラグマティズムを攻撃している。彼の講演は「永遠なるものと実践的なもの」("The Eternal and Practical")と題されており、この中で彼は、自分の経歴は「非常に純粋なプラグマティスト」として始まったのだと主張した。彼はまた、『世界と個』における議論を明確化しながら、プラグマティズムと彼自身の絶対的観念論は実在論に反対するある種のカント的な議論を共有しているとも指摘している。〔プラグマティズムと絶対的観念論は〕両方とも、世界は人間の経験から独立に与えられる事実の集合ではなく、むしろ人間が構築しているものであると考えているのだ。(17)

しかしロイスはこのとき、別の理由から、プラグマティズムによる真理の理論は不十分であると考えている。いわく、プラグマティズムは「儚く、一時的な、移ろいやすい」ものである人間にこだわっており、それゆえに真なる判断が、「正真正銘に真なのではなくただ特定の視点からのみ真」ということになっている（Royce 1904: 142）。著書『近代哲学の精神』（*The Spirit of Modern Philosophy*）において、この点は、より一層あからさまにジェイムズ的な言葉遣いで述べられている。プラグマティストの考えでは、観念が真となるのは、その観念が何らかの儚くて有限な必要を満たす場合である。こうした見解に反対して、ロイスは、「真理とは、私たちがそれを獲得する場合には常に、〔…〕確固として動かないものでなければならない」と主張している（Royce 1967［1892］: 17）。

それゆえ、一九〇〇年代初期にはロイスが、「この語を非常に大摑みに緩く捉えれば、私たちはみな、多少はプラグマティストのようなものであることを認める」（Royce 1904: 113）といったことを述べていることが確認されるのであるが、彼の経歴の今のこの段階では、彼は確かに、プラグマティストと呼ばれることを快く思っていないのである[18]。しかしながら、一九〇八年の倫理学の著書『忠誠の哲学』（"The Philosophy of Loyalty"）が公刊された頃までには既に、ロイスは絶対者の観念を共同体の観念に置き換え始めており、彼は正真正銘のプラグマティズムへの一歩と言えるであろう歩みを始めていた。〔とはいえ〕永遠なるものへのコミットメントは、完全には消え去っていなかった。ロイスにとって忠誠とは、「永遠なる何かを信じようとする意志であり、かつ人間の実践的な生活の中でそうした信念を表明する意志」なのである（Royce 1995［1908］: 166）。

ジェイムズ的なプラグマティズムによる真理の理論に対してロイスが抱いた懸念もまた、完全に払拭されたわけではなかった。一九〇八年にロイスは、シラーとともに、ハイデルベルクで開催された

第三回国際哲学会議（the Third International Congress of Philosophy）に出席した。そしてこの二人の間で、プラグマティズムをめぐる議論の応酬が勃発した。[19] ロイスの発表論文は「近年の議論から見た真理の問題」（"The Problem of Truth in the Light of Recent Discussion"）と題されていた。この論文はジェイムズを鋭く批判するものであり、それより程度は控えめになるが、批判の矛先はデューイへも向いている。ロイスの主張によると、〔ジェイムズとデューイは〕両名とも、真理を、変化してゆく自然環境への首尾のよい適応ということにしてしまっている。「それゆえ真理は、私たちの成長とともに成長し、私たちの必要とともに変化し、さらに、私たちの成功に応じて評価されることになる。その結果、全ての真理は、それが道具的であるというのと同程度に相対的であり、それが便利であるというのと同程度に人間的であるということになる」（Royce 1951 [1908]: 66-67）。彼はまた、ちょっとした当てこすりを述べてもいる。「〔ジェイムズらの主張に従えば〕私の主張の唯一の根拠は、私がそれらの主張をすることを喜ばしく思うこと、このことなのだ」（Royce 1951 [1908]: 86）。

ロイスの指摘によると、ジェイムズとデューイはプラグマティズムを、権威、頑迷さ、そして「見せかけの究極性」への反抗と考えている（1951 [1908]: 68）。この反抗は真っ当なものだ。しかしプラグマティズムは不当にも、「真理の問題全体を、個人の権利と自由の問題と同一視してしまう」傾向がある（Royce 1951 [1908]: 70）。ロイスは次々と異論を積み重ねてゆく。現在についての経験的真理を考察する場合にはプラグマティズムはうまく作用するかもしれないが、過去の真理や、ニュートンなどの亡くなった思想家の考えについて考察するには、そういった〔過去の〕「真理」にもはや道具的価値が無いとすると、プラグマティズムは役立たない。他者の心の内容について私たちが抱く信念を検証できるのかは不明だ。今ここにおいて検証可能なことを超えた真理があるということを否定しようとするやいなや、今ここにおいて検証可能なことを超えた真理という考え方に依拠することになってしまう。《真理の理論は確かに真である》。ここで文章を止めねばならない。《真である、ただしある時点において》ではいけないのだ。

もはやロイスは、プラグマティズムについての懸念を、探究の可能的な結果という考えに集中させているわけではない。しかし彼の結論は同じままである。すなわち、プラグマティズムは絶対者を必要とする。私たちは、「私たち個々人の生を超越した真理を認める」必要がある（Royce 1951［1908］: 88）。彼は、個人の信念と真理の間の間隙を認めるパースのやり方、つまり、真理とは経験と論証を最もうまく説明するであろうものだという考えについては、何も述べていない[20]。実は、この論文の中でパースは、論理学における業績を理由に、好意的に言及されている。ロイスは切々と、「絶対的プラグマティズム」という自分自身の銘柄を擁護する結論を述べている。絶対的プラグマティズムにおいては、「私たちが知っていること［…］は常に私たちの人間的な必要や活動に相対的である。しかし、この相対的な知識の全てが［…］絶対的諸原理の観点から定義され」、しかも「全ての真理」は「〔神の〕意志による本質的に永遠なる創造物」なのである（Royce 1951［1908］: 95-96）。

ロイスは、自身のキャリアの後半に当たるこの段階に至って以後、ますますパース的になり始めた。一九一八年の著書『キリスト教の問題』（*The Problem of Christianity*）においてロイスはこう述べている。すなわち、彼〔ロイス〕は、近年の観念論やヘーゲルその人よりも、「私たちの偉大な、そして不当に無視されているアメリカの論理学者であるチャールズ・パース氏」に負うところが大きいのだという[21](Royce 1968 [1918]: 39)。最も重要なのは、パースの影響によって、記号、解釈、そして共同体といった考えが、ロイスの認識論において重要な役割を果たすようになり始めているということである。一九一二年にロイスは、パースの論文をいくつか再読し[22]、こう主張し始めた。すなわち、「人間は解釈をする動物であり、それゆえ人間は共同体の中で生きるのだ」と(Royce 1968 [1918]: 298)。彼の認識論は、第三のもの、すなわち、二つの事物の観念の比較を可能にしてくれる媒介観念についての議論と結びつき始める。彼の認識論は、記号と解釈についてのパースの三項的見解と結びつくのである[23]。ロイスは次のように主張して、教え子であるミードの自我《セルフ》と社会学についての理論が現れるための舞台を整えている。すなわち、「社会的な心」は「言語や慣習、宗教において」、つまりは、個人の心では生み出せないものにおいて表現される(Royce 1968 [1918]: 80-81)。ロイスいわく、「全ての解釈は、誰かに向けて行われるのであるからして、その解釈が向けられている先の誰かからの解釈を必要としている」(Royce 1968 [1916]: 290)。他者の記号の解釈こそが、私たちを言説の中に、そしてそれゆえに共同体の中に、引き入れるのである。共同体という考えもまた、ロイスによる真理の理論において中心的な役割を演じ始める。作業をともにする解釈者たちの共同体が、私たちを真理の方角へと最終的に導いてくれるのである。しかしながらロイスは、わざわざパースと足並みを揃えることには気が進まないままでいる。その理由は決してきっちりと述べられてはいないのだが、彼の構想の中には、神が依然として、神聖なる解釈者、何かしら基礎的な真理として残り続けているのだ。

絶対的観念論をプラグマティズムと合体させようというロイスの試みは、おそらく、一九一六年のアメリカ哲学会例会での彼の記念講演にて最もうまく要約されている。彼はこう主張している。いわく、彼の狙いは、「有限で儚いものたちが具体的な経験の中に有している意味が、この観念論によって刈り落とされてしまうことはないと示すために、絶対者の世界の中に、個が肘をかけられる余地を見つけること」である。(24) ロイスは、自身のキャリアを通して、二つの戦いをして過ごした。一つは実在論との戦いである。ロイスは、この戦いでは常に、プラグマティストたちが同じ陣営に立っていることに気づいており、彼は喜んでプラグマティストに加勢した。しかし、もう一方の戦いは、プラグマティズムそのものとの戦いであった。ロイスの見解では、ジェイムズ的なプラグマティズムは、個が肘をかけられる余地を残しているというだけにとどまらず、個が肘を張り出して本当の不変の真理を押し出してしまうことを容認してしまっている。しかしロイスは、個に依拠するのではなく探究者の共同体に依拠するパースのプラグマティズムによる真理の理論を目の当たりにしたとき、矛を収めた。プラグマティズムの陣営に完全に引き入れられたわけではなく、依然として神聖なるものが肘をかけていられる余地を残そうとしていたけれども、少なくとも彼は、プラグマティストたちとの和解を果たしたのであった。

5-3　F・C・S・シラー（Ferdinand Canning Scott Schiller）（一八六四〜一九三七）の極端な見解

ファーディナンド・カニング・スコット・シラーは、ドイツ系イギリス人の哲学者で、ラグビー校とオックスフォード大学で教育を受けた。彼は一八九三年から九七年にかけてコーネル大学で研究と教育をして過ごしたが、その地で彼はジェイムズの思想に出逢い、ジェイムズの立場と自分が確立し始めていた立場の類縁性を見抜いた。彼はオックスフォードに戻り、そこでブラッドリーやラッセルとの間で非常に活発な議論をした。そして彼は、一般的に非常によく知られているプラグマティズムの顔役の一角となった。

ジェイムズと同様、シラーは自分が、絶対的観念論者と実在論者の両方に対抗して戦っているのだと考えていた。両方の種類の「主知主義の哲学者」はいずれも、次のような真理を切望している。すなわち、「絶対的に真で、自己検証的で、自己依存的であり、従順な世界に対して無制限の支配を冷然と行使し、世界から寄せられる崇敬の念に何の見返りも与えず、さらに、〔真理の〕用途をほのめかしているようなことを全て探し出して、それらは冒瀆的行為であるとしてしまうような」真理である（Schiller 1969［1907］: 9）。他方、プラグマティストあるいは「ヒューマニスト」は、意味や真理を用途から引き離すことはできないと考える。

シラーは、新しいプラグマティズムは明晰で、斬新で、地に足のついた見解であると思った。また彼は、プラグマティズムは哲学における革命であるとも考え、かなりのものであった彼の喜劇の才能を武器として積極的に使ってゆくことに携わった。彼が戯れに書いた『マインド！　古代哲学と近代哲学に関する独自の批評誌（A・トログロダイト編、絶対者その他が協力）』（*Mind! A Unique Review of Ancient and Modern Philosophy. Edited by A. Troglodyte, with the Co-operation of the Absolute and Others*）は、哲学界で押しも押されもせぬ存在である専門誌『マインド』の素晴らしいパロディーとなっている。疑いないことだが、この著作によって、論敵の内心でシラーが好ましく思われるようなことはなかったであろう。例えば、彼がブラッドリーとの間に交わした論争は、次のようなたぐいの文章で特徴づけられている。シラーいわく、ブラッドリーは、「苦境に立たされたイギリス哲学の本拠地でミルの亡骸を勝ち誇ったように引きずり回すことによって」負債を重ねており、さらに「警句や皮肉の効いた脚注を惜しげも無く使用することに基づいた恐怖の統治」を遂行している（Schiller 1969［1907］: 115）。著書『ヒューマニズムの研究』（*Studies in Humanism*）の序言でも同様に、彼はあけすけに述べている。

> 思想の脈動に触れ続けてきた者ならば誰にとっても明らかなことだが、私たちは今まさに大きな出来事が起きる瀬戸際にいる。［…］昔ながらの古臭い考えなど、大あくびや、あからさまな冷笑に遭うのが関の山だ。干からびた骸骨がカタカタ鳴っても、もはや尊敬を集めることもなければ、自己暗示にかかった行者《ファキール》の集団を催眠術的な昏睡状態に陥らせることもない。大したことのない絶望について述べられる不可知論的な繰り言など、若者、強者、壮健なる者によって、嘲笑とともに脇へ投げ捨てられてしまうのだ。［Schiller 1969［1907］: viii］

シラーのヒューマニズムが冷淡な反応にあったのも宜なるかなである。これから見るように、シラーの仲間たちでさえ気を揉んでいた。ジェイムズは、シラーの「革新的な」仕事を励まし、シラーが「専門的に」表現された哲学に攻撃を仕掛けることを応援したこともあったが（*CWJ* 10: 26）、〔後に〕そのことを後悔するようになった。[25] デューイのシカゴ学派も批判的であった。そしてパースは、〔プラグマティズムの〕支援者を追い返すことはしたくなかったのだが、ジェイムズの見解以上に極端な〔シラーの〕立場がプラグマティズムだとされることに、個人的に大いに失望していた。

シラーは、「人間は万物の尺度である」というプロタゴラスの言葉を自分の座右の銘としており（Schiller 1969［1907］: xx: 1939: 21, 105）、「人格（personality）は実在を意味付ける上で最高位の価値であり鍵である」という格率に従う「人格主義（personalism）」の学理にコミットしている。[26] ジェイムズは「人間という蛇の這った跡が全てのものについている」としているが、こちらのシラーの考えは、それよりもさらに強い、支配的な思いなのである。しかしこれから見るように、シラーと他のプラグマティストたちとの間には、おなじみのいくつかの線——最も根本的な考えにおいてジェイムズと仲間のプラグマティストたちとを分かつ、まさにあれらの線だ——に沿って割れ目が開いている。

初期のシラーは、「人格的観念論」と呼ばれる短命に終わった運動の一角を担っていた。人格的観念論は、自然主義と絶対主義的流派の観念論の両方に反対する、「オックスフォードの観念論の発展形」であると自認していた。[27] パースの言葉を借りると、人格的観念論は、「哲学において、人格的性質については十分な研究が為されていない」と考えた。そしてこれは、経験論と観念論の核心にある諸原理を合体させようと試みる。人格的観念論の到来を宣言したシラーの著書の序言において、スタート（Henry Sturt）はこれを次のように言い表している。「『経験的観念論』ではまだ何か矛盾を含むようだ。私は、これが自明の理と見なされるのを見届けたいものだ」（Schiller 1902: viii）。この見解の核心には経験がある。しかし、この経験とは、〔個人の〕関心や性格やその他の種類の主観性で満ちた、個人の経験である。〔こうした考えには〕ジェイムズの「信じる意志」との類似性が鮮明に認められる。

シラーは自身の立場を称する際には、「プラグマティズム」「擬人主義（anthropomorphism）」「主意主義」といった名称や、さらに最も頻繁には「ヒューマニズム」という名称を用いている。彼の狙いは、ある種、「真理を人間化すること」なのである（Schiller 1969［1907］: viii）。彼が初めてこの見解を注意深く導き出した文章は、論集『人格的観念論』（*Personal Idealism*）に彼が寄稿した論文「規約としての公理」（"Axioms as Postulates"）の中に見つけることができる。この論文において彼は、「規約を結ぶ権利」について述べている（Schiller 1902: 90）。シラーにとって知識とは、「もしそれが真ならば望ましいものとして提示されてきた規約、明白な理由ゆえにこれまで成功して生き残ってきた規約、私たちの信じる意志の多様な活動にまでその全ての由来をたどることができる規約」を受け入れるという事柄である（Schiller 1934［1927］: 100）。あることが真なのは、それが真であることを私たちが望んでいるから――それが私たちの利益に資するから――である、と想定してみよう。次に私たちは、それが私たちの経験に適合しているかどうかを見極めるためにそれをテストする。もしそれがテストを通過して生き残るならば、それは実際に真なのだ。信じる意志は、知識と真理の根元にある。シラーはもっと強い形式で、次のように述べている。「真理については、それが特定の状況に関連していなければならないということ以上は何も要求されない」（Schiller 1910［1891］: 133）。

また、シラーは、人間化を進めるという自身の思想を実在概念にも持ち込んでいる。〔いわく、〕世界は「構築物」である（Schiller 1902: 54）。シラーにとって形而上学は、人格的な事柄である。「ある人間の哲学が〔当人に〕適合することというのは、その人の衣服が〔当人に〕適合することと同様に個人的な事柄である（し、個人的であるべき事柄だ）」（Schiller 1902: 50）。「ある人にとっては自分の諸経験を統合するように思われるからこそ、その人にとっては真である形而上学が、他の人にとっては偽ということもありうる。その人の人格が異なるからである」（Schiller 1939: 178）。事ここに至って、私たちは、プラグマティズムの連続体の中で最も極端な立場を目にしているように思われる。この立場に基づけば、真理と実在はいずれも「完全に可塑的」なのである（Schiller 1902: 61）。

シラーは、ジェイムズよりもさらに増して、次のような傾向がある。すなわち、私たちの信念を人間の必要や関心とは完全に独立している実在と対応させようとすることは無意味だ、という考えから、実在そのものが人間の欲求や関心によって完全に決定されているのだという考えに横滑りしてしまう傾向だ。シラーは、私たちは「『外的世界』についての独立した知識」（Schiller 1902: 55-56）を持つことはないという、まことに妥当な考えから出発して、次のような考えに移行する。

適切な区別によって、もろもろの出来事の混沌とした流れが秩序ある形にされるまでは、「物」も「人」も、「結果」も「原因」もありえない。それゆえ、あらゆる種類の判明な知覚的対象は、それが「人」であろうと「物」であろうと同様に、明らかに人間の手が加わったもの、つまり、その対象を選び出した人間的関心に相対的なものなのであり、また、その対象を「実在」として考慮に入れることが便宜に適うからこそ、その人間的関心はその対象に対して「実在」としての地位を保持しているのである［Schiller 1909-10: 226］

ジェイムズは批判を受けるとそうした思想からは手を引くのだが[28]、シラーは自分の立場を変えない傾向がある。その結果ジェイムズは、シラーは相変わらずずっと「ヒューマニズムの立場の最極端の言明」を述べ続けている、と不満を漏らすことになった[29]。しかし、大抵においてジェイムズは、シラーが戦っている姿を見ることに満足している。ジェイムズいわく、シラーの論文は「私〔ジェイムズ〕自身の心血を注いで書かれている」ように思われ、「二人の人間がこれほどぴったりと同じような考えをしていることがあるとは、驚きである」(James 1920 2: 271; 1907)。そして、『人格的観念論』の書評においてジェイムズは、シラーの形而上学に同意しているように思われる。いわく、プラグマティズムの「一般的な成果」は、シラーが思い描いた種類の「再擬人化された宇宙」なのである(James 1987 [1903]: 94)。

他方、パースは、シラーの実在観には抵抗すべきだと考えた。パースは『ネイション』誌に『人格的観念論』の書評を書いており、シラーの執筆論文をこの本の中で最良の論文として選び出した上で、これを手厳しい批判の槍玉にあげている。パースがシラーについてとった態度は、概ねこのようなものであった。例えば、パースいわくシラーの論理は「素晴らしくて魅惑的である」し、パースとしても、シラーはプラグマティズムの一族の一員であると喜んで認めている。しかし次の一文において、パースは、シラーの見解は「非常に悪辣で有害だ」(*CP* 5. 489; 1907) と述べる。パースが『人格的観念論』の書評で述べているところによると、その害がもたらされるのは、次のような理由による。

シラー氏は、私たちが当の事実について何を考えようともそのこととは独立に真のままである

> 堅固《ハード》な事実など存在しない、と考えている。全ての事実を私たちの空想に沿うようにするには必死の努力が必要であることを彼は認めるが、しかし彼は、事実は経験の一つひとつの段階に伴って変化すると考えており、しかも、歴史によって決まる、人はかくあるだろうというありように、誰も「完全に沿って」きてはいないと考えている。彼が思い描いているこの学説は、ジェイムズ教授が「信じる意志」によって意味しているものである。[Peirce 1979 [1903]: 127]

パースはまた、形而上学は「個人的《パーソナル》な空想の事柄」(Peirce 1979 [1903]: 126) と見なされるべきだというシラーの見解にも反対している。パースはシラーを直接小突きながら、自分自身を実証主義者たちから区別している。いわく、「他の生粋の実証主義者たちのように、回りくどいパロディーか何かによって形而上学を単に笑い飛ばしてすませるのではなく、プラグマティシストは形而上学からかけがえのない本質を引き出すのである」[30] (*CP* 5. 423; 1905)。

シラーとパースは、一九〇五年の友好的な手紙の中で、プラグマティズムの格率の本性について議論を交わしている。パースには公刊した論文がほとんどなかったせいで、その手紙のやり取りには誤解が溢れている。しかし、文通が終わる頃までにはプラグマティズムの格率についての両者間の意見の不一致がいくぶん和らいではいたかもしれないが、実在についての彼らの意見の不一致はしっかりと残ったままであった。パースは実在の独立性を主張しており、この主張こそが、パースの立場をシラーの立場から分かつ特徴となっている。

実在的なものが、それについての私たちの考え次第で変化を被るのかどうかに関しては、疑問の余地も無いと考える。［…］私が用語法について有している倫理的方針ゆえ、私は実在的なものに、次のような意味の他にはいかなる意味も与えるまいとしている。すなわち、実在的なものとは、誰かある人ないし人々がそれらを何と考えるかということには全く依存しない特性のものである。あるものが非常に実在的だと言うことは規約を結ぶこと（a postulate）なのである、と私は（一八九二年に）述べた。これは、人が金を借りるために銀行に赴き、確認のために質問をされた場合に、その人が「ええ、私はまさにその担保でそのローン契約を結びます（postulate）」などと言うのと同様のことである。しかし私は、こうつけ加えた。すなわち、多くの物事が、確かに実在的な状態に非常に近くなり、その結果、それらの物事が実在ではないなどとは言えなくなっている。君は、この考えが大変まずい考え違いを犯していると思っているようだ。しかしこれこそ、私たちが実験室で行っている考察なのである(31)。

概してパースは、自分とシラーの違いを次のように綴っている。「私は、君が私により近く思えるようになるという望みは持っていない。君は君の哲学が人間というもの全体の真髄であることを望んでいるのだから。私はというと、自分の哲学が、そのようなものではないことを望んでいる。私の哲学は、科学的で、論理的で、厳格であってほしい。この哲学は、精査を進めれば避けようもなく見つかるはずのあらゆる欠陥（もし君がそれらを欠陥と見なすならばということだが）を伴う(32)」。パースは、これ以上ないほどに断固として、「シラー氏の魅力的な小道の方へ寄り道をすることはあり得ない」

(CP 5. 489; 1905)。ジェイムズがシラーに追随してしまったのは大いにまずいことだ。『ヒューマニズムの研究』についてパースはこう述べている。「シラーの伝えるところによると、彼とジェイムズは、真なるものとは端的に満足なものであると心に決めている。なるほど彼らがそういう考えなのは確かだとしても、しかし、『満足である』と言うこと〔だけで〕は、何にせよ完全な述語になってはいない。何の目的に対して満足ということなのか〔が問題なのだ〕」(CP 5. 552; 1905)。

ケネス・ワイントラウト(Kenneth Winetrout)は、古典的プラグマティズムにおけるシラーの位置付けを見事に要約している。いわく、「プラグマティズムには、最初期にその推進力となったものが三様に存在する。〔まず〕チャールズ・パースは分析的な推進力を代表している。ジョン・デューイは革新主義的な推進力である。そして、ウィリアム・ジェイムズとF・C・S・シラーは、実存主義的な推進力である」(Winetrout 1967: 10)。シラーとジェイムズは、個人の自由と、直接的で具体的な経験、そして人格的なものが、真理と実在についての理論の中心にあると考えた人物であった。シラー自身、プラグマティズムの一族の間にあるそのような溝に気づいていないわけではなかった。

プラグマティズムの創始者であると推定されているパースは、自分が父祖となったこの学説の評判に衝撃を受け、そして、プラグマティズムがいまだ草創期であったにもかかわらず成し遂げたヘラクレスのごとき快挙に辟易してしまったがために、実際に、プラグマティズムの父祖であることを放棄して、「プラグマティシズム」という、彼いわく独りぼっちで放っておいてもらうのに十分なほど不恰好な名称に逃げ込むことになった。〔…〕プラグマティズムの実質的な開祖であるジェイムズは、自分の最も近くにいる最愛の弟子たちが、〔実際には〕彼らが決して理解していなかった〔プラグマティズムという〕ものを誤って表現してゆくという気楽な仕事に参加するのを抑制することは、ほとんどできなかった。〔Schiller 1929: 451-52〕

シラーが述べたことのうち、プラグマティストならばしっかりとこだわるであろう論点が少なくとも一つある。シラーは、あらゆる概念はその概念が持つ帰結によって理解されねばならないというプラグマティズムの格率を受け入れていた。この格率を真理概念に適用する際に、シラーは、この格率が次のことを示唆すると考えた。すなわち、ある主張が真であることと偽であることの差異は、何かしら目に見える、観察可能な仕方で現れなければならない。二つの理論があったとしても、両方ともが実践上で全く同じ帰結に到るのであれば、両理論の違いは言葉の上での違いでしかない（Schiller 1969［1907］: 5）。「帰結」についてのシラー自身の解釈ゆえ、彼はジェイムズに非常に近い側に立つことになる。つまり、〔シラーとジェイムズは〕両者とも、帰結を人間の関心に結びついているものと考えるのだ。シラーはこう述べている。「となると、人間の関心は真理の存在にとって決定的に重要だ。真理には帰結があるとか、何も帰結を伴わないものは無意味であるとか述べることは、真理は何かしらの人間の関心と関係があるということを意味する。真理の『帰結』は、誰かにとっての、何らかの目的のための帰結でなければならない」（Schiller 1969［1907］: 5）。この点で、シラーは興味深くなってくる。シラーは、私たちが考慮するかもしれない帰結の種類を幅広く捉えているという点で、ジェイムズとパースに追随している。シラーいわく、「もちろん、テスト作業の特殊性質は主題によって左右されるし、このようにして数学、倫理学、物理学、宗教において為される『実験』の性質は、表面的には非常に多様に思われるだろう」（Schiller 1969［1907］: 6-7）。シラーがこの多様性について述べている〔次のような〕ことが重要である。

歴史や宗教の多くの問題においてそうであるように、いくつかの場合には、疑いなく、どういった帰結やテストが関連するものとして引き合いに出されるのかに関しては、根深く、ずっと残る意見の差異が見られることだろう。しかしこれらの差異は既に存在しているのであり、それらが認識されたり説明されたりすることによって作り出されているわけでは決してない。とはいえプラグマティズムは、何が関連する証拠となるのかということについての私たちの考えを拡張することによって、全ての信仰を本来的に非合理的で知識とは無関係なものとして非難する主知主義よりも、はるかに、友好的な決着に結びつきやすくなっているのである。［Schiller 1969［1907］: 155-56］

シラーの主張の要点はこうだ。私たちは様々な方法を経て何らかの事柄を信じるようになるのであり、信念を固定するそれらの方法のうちのどれがどういう地位を占めるのかに関しては、どうしても意見が食い違うことになる。プラグマティストたるもの、信念を固定する一つ〔だけ〕の適切で確実な方法があるように振る舞うことなどお断りである。むしろ私たちがしなければならないのは、多様性に注意を払って、どの方法が真っ当でどの方法がそうでないのかについて何か言えるかどうかを見極めることである。先に見たように、原理を取り出そうとしてパースが試みているのは、私たちの信念は事実と何かしらの関係があるものによって確定されねばならないと述べることである。既に見たように、ジェイムズはそのような原理を取り出すことに乗り気でないようだ。シラーはというと、最もうまくやっている場合には両者の中間に相当し、何らかの原理が必要だということは理解しているけれども、自分ではその原理を提供しない。これから本書で、彼ら古典的プラグマティストたちが墓の下に眠った後にプラグマティズムがどうなっていったのかを探ってゆくが、その際には、こうした議論がその後も〔同様に〕展開し続けていることが分かるだろう。

注

（1） Kellogg（2007: 42）参照。このことは特にジェイムズに当てはまる。ホームズは、一八六六年九月に欧州旅行から戻ると、ジェイムズとの間でたくさんの交流や文通をした（*CWJ* 4: 147, n. 1）。ジェイムズは、妹に宛てた十一月十四日の日付の手紙の中で、ホームズとの間で交わした「論争」について生き生きと描写している。しかし、二人の間の手紙のやり取りは次第に減ってゆき、ジェイムズの最晩年の二年間においては、完全に途絶えてしまったようである。

（2） Fisch（1954）参照。フィッシュ（Max Fisch）が Fisch（1942: 94）でしている推測によると、プラグマティズムはホームズによる法の予言説から生じたのかもしれない。

（3） Holmes-Pollock Letters（2: 252; 1929）より。

（4） この「継続的に近似へと向かう」という考えについては、Holmes（1995［1870］: 212）参照。この話題について、そして、ホームズによる法の捉え方がどのように深くプラグマティズム的であるのかについては、Kellogg（2007）が見事に論じている。

（5） 例えば Dyzenhaus（1997）参照。

(6) Fisch (1942: 98) で引用されている。

(7) Holmes-Pollock Letters (1: 138–39; 1908) より。*CWJ* 11: 338; 1907 も参照のこと。この箇所でホームズは、ジェイムズによる真理の理論に反論している。

(8) Fisch (1942) 参照。

(9) サンタヤナはここでは例外である。彼はロイスが彼に割り当てた学位論文の主題に満足しなかった。

(10) ロイスはデューイとも交流し、デューイの仕事に関与した。例えば Royce (1891) を参照。

(11) Clendenning (1999: 358) 参照。

(12) Clendenning (1999: 86) 参照。

(13) これは、この本について論じた非常に数少ない哲学的書評の一つであったが、出版社はこれを公刊しなかった (Clendenning 1999: 124)。

(14) ロイスが、自分なりの理解でパースの考えを知っていることは非常にはっきりしている。例えばロイスは、パースの文章をほぼ一言一句違えずに繰り返して、こう述べている。「数学者［…］は数学的対象の世界を［…］創造してきた。この世界は、いわば、数学者による定めによって存在する。［…］しかしこの世界は、一度創成されると［…］、魔術師が深い奈落の底から呼び出したりする反抗的な霊魂と同じくらいに頑固なのである」。さらに、「実在的存在者を探究する他の学徒と同様に」数学者は「観察と実験を行う」(Royce 1899: 214, 226)。Royce (1899: 254f.) では、数学的実在がどのようにして私たちに影響を及ぼすのか、そして、私たちはどのようにして線図上で実験を行うのかということについてのパースの見解に関して、ロイスが詳しく明確に論じている。この議論から分かるのは、本書でもたくさん論じてきたパースの考えの重要性は、当時において認知され、評価されていたということである。

(15) Kuklick (1985: 119–20) 参照。

(16) 全ての現れを下支えする精神的絶対者が存在するというブラッドリーの思想に、ジェイムズは反対した。この種の絶対的観念論者が、懐疑論についての経験論的な懸念（ヒュームの示している懸念がその好例だ）をどうやって回避するかというと、知覚するものと知覚されるものの間の関係性を再考するのである。〔つまり〕知覚するもの（人間の心）は、何かしらの形で、知覚されるもの（宇宙それ自体）を内包している〔と考える〕。一方、ロイスは、絶対者を無限のものと考える傾向があった。現れは有限であるが、だからといってこのことが、現れがただの現れ、つまり実在未満のものにとどまるということを意味するわけではない。現れは有限であるということは、ただ、現れは無限の絶対者には及ばないということを意味するにすぎない。

(17) ロイスは同様のことを、著書『近代哲学の精神』でも主張した（Royce 1967［1892］: 294-300）。

(18) この他にも、ロイスの見解とプラグマティズムの重なり合う点、特にパースのプラグマティズムと重なり合う点がある。ロイスの一九一三年の論文「仮説と指導観念」（"Hypotheses and Leading Ideas"）は、帰納についてのパースの思想を跳躍板として用いて、科学的な方法は指導観念と統制的想定を重要な形で利用しているのだという議論を擁護している（Royce 1951［1913］: 262）。

(19) Clendenning（1999: 307）参照。

(20) ロイスが『世界と個』の第一巻の序文で銘記している「チャールズ・パース氏に負っている特段の恩義」（Royce 1899: xiii）のことを考え合わせれば、このことはとりわけ興味深い。いわく、ロイスはパースに恩義を負っているが、それは「パースの公刊された様々な論評や議論から得た刺激ゆえというだけではなく［…］、私〔ロイス〕が幸いにも聴講できたパースの未公刊の講義のおかげで得た指針や示唆ゆえでもある」（Royce 1899: xiii）。ロイスがパースによる真理の理論について何も述べていないのは、彼がこれを攻撃対象とは見なしていなかったからではないか、という推測も成り立つかもしれない。

(21) また、ロイスは、偉大な友人であり論敵でもあるジェイムズに、少なくとも時々は同意することがあるとも主張している（Royce 1951［1908］: 78-86）。彼は、ジェイムズのプラグマティズムが、真理を探し求めることは本性的には実践的なことだという事実を捉えている限りにおいては、同意を示している（Royce 1908: 324-48）。ジェイムズの死後、ロイスは次のように述べた。「私はかねてより、自分は彼の門弟であると考えることを好んできた。いつも私は非常にまずい門弟であったのかもしれないけれども」（Royce 1969［1911］: 8）。

（22）ロイスの『キリスト教の問題』（Royce 1968［1913］: 275–76）とともに、Clendenning（1999: 349）を参照。

（23）Royce（1968［1918］: 286–90, 298–304）参照。ロイスいわく、自分はパースの主要な解釈の理論を「心おきなく模倣している」。すなわち、「解釈とは三項関係である」（Royce 1968［1913］: 285–86）。

（24）〔この記念講演の〕抜粋が『米国科学アカデミー会報』（the *Report of the National Academy of Sciences*）に掲載された。他方、記念講演の全文は一九一六年十一月十六日の『ネイション』誌に掲載された。

（25）Shields（1967: 51）と、Schiller（1939［1936］: 57–64）も参照のこと。後者の中でシラーは、次のような批判を鎮めようとしている。〔その批判とはこういうものだ。〕《シラーとジェイムズは、意味を、社会的な事柄とは対置される私的な事柄であると考えてしまっている。彼らは主観性に集中しすぎている。そして彼らは、数学と形式論理学に注意を払っていない。》

（26）これはR・T・フルーエリング（R. T. Flewelling）の定義である。

（27）Sturt（1902: v-vii）参照。

（28）シラーは時に、これほど急進的ではない見解も示している。生物には、「それに依拠して行動でき、それに頼って生きられるような、もろもろの想定が必要である。それらの想定が、目標達成のための手段として役立つことになる。それらの想定が有効で維持可能であると示されることを願いながらそれらの想定を立てることによって生物が手にする、こうした想定は、そして公理は、かくして信じる意志の結果なのである」（Schiller 1902: 91）。うまく働くこれらの想定、すなわち生き残った想定が、真と考えられる。しかしながら、「それらの想定を取り繕って、それらの想定の地位は変更不可能で批判しようがないものだと見なしてしまう」ことは、「それらの想定にとってまずい影響をもたらす」（Schiller 1902: 92）。というのも、私たちが自分たちの思想の大転換を起こしたいと思うなどということは滅多にないけれども、気づけば自分で自分の公理のいくつかを変更しているということはありうるからだ（Schiller 1902: 93–94）。

（29）ジェイムズは〔シラーの考えに〕うんざりしてしまっており、その結果として、この〔ここで引用した」文言が、「プラグマティズムとヒューマニズム」（"Pragmatism and Humanism"）というジェイムズの講演で公式に述べられた（James 1975［1907］: 117）。

（30） シラーの『ヒューマニズム』（*Humanism*）が出版されるやいなや、パースはジェイムズに次のように書き送っている。「プラグマティズムのヒューマニズム的要素は非常に正しく、重要で、印象的である。しかし［…］君とシラーは、プラグマティズムを私の手の届かない遠いところへ連れて行ってしまっている。私はプラグマティズムを極端なものにするのではなく、プラグマティズムの〔正しさを示す〕証拠が限られているという範囲のうちにプラグマティズムを留めておきたい」（*CP* 8. 258: 1904）。

（31） Scott（1973: 372）に引用されている未公刊の書簡より。

（32） Scott（1973: 372）に引用されている未公刊の書簡より。

第二部　中期プラグマティズム

第六章　初期アメリカン・プラグマティズムの受容

6-1　序論

二十世紀の到来を告げる数十年間において、プラグマティズムが白熱した議論の主題であったことは明らかである。ジェイムズとシラーは哲学の世界に新しい立場を導入したのであり、この立場は大いに注目を集めた。その議論に観念論者たちがどのように関わっていたのか、特にジェイムズにとっての強大な論敵であったロイスがどのように関わっていたのかについては既に見た通りである。しかし、プラグマティズムの立場が、〔観念論とは〕別の側の立場から、つまり、より実在論的な傾向の論者たちからどのように受け止められたのかについては、まだ見ていなかった。私たちはプラグマティズムのめぐり合わせがどのように展開していったのかを理解しようとしているのだが、プラグマティズムに対する実在論寄りの論者たちの反応は、特に批判的である。

これは驚くには当たらないことだろうが、最も論評を集めたのはパースではなくジェイムズであった。プラグマティズムは私たちの知的な地平に彗星のごとく到来したと〔自身の〕考えを綴ったポール・ケイラス（Paul Carus）は、一九〇〇年代初頭において実際にパースを読み、パースに熱を上げた数少ない哲学者の一人である。(1)『係争中の真理』（*Truth on Trial*）と題された影響力のある批判的な著書においてケイラスが示しているところによると、彼は、二人のプラグマティズム創始者の差異に敏感に気づいている。

読者諸氏はお気づきだろうが、「プラグマティズム」という言葉は、その言葉の考案者であるパース氏が十分には同意していないように思われる、新しくて人気のある〔思想〕運動の合言葉のようになってしまっているので、パース氏は、あたかも自身の哲学とジェイムズ教授の哲学の差異を指摘するかのように、「プラグマティシズム」という用語を導入したのである。［Carus 2001［1911］: 36］

ケイラスはパースを「プラグマティズムの本当の創始者」（Carus 2001［1911］: 114）と呼ぶが、この著書の残りの部分でパースに言及することはほとんどない。ケイラスはさらにこう述べる。「この彗星の核心部には、素晴らしい人物ではあるが不安定なところのあるジェイムズ教授がいる。そして、たくさんの彼の崇拝者や模倣者が彼の後ろに続いており、その誰もが、彼らのご主人様の熱意によって心を踊らせており、さらに世界は、その先例のない現象に向けて眼を見開いている」（Carus 2001［1911］: 44）。

これと似たような話で、ジェイムズ・プラット（James Pratt）はプラグマティズムを攻撃する際に、ジェイムズを〔プラグマティズムの〕大物スターと見なし、ジョン・デューイとシラーは助演俳優、パースはただの端役と見なしている（Pratt 2001［1909］）。その世紀に居合わせた他の多くの人たちと同様、プラットは「パース」を正しく綴ることすらできていない[2]。ウィリアム・コールドウェル（William Caldwell）もまた、パースを〔プラグマティズム全体の〕見取り図から除外していた。著書『プラグマティズムと観念論』（*Pragmatism and Idealism*）の中で彼はこう述べている。「プラグマティズムは［…］主に三人の人物、すなわち、アメリカのジェイムズ教授とデューイ教授、そしてオックスフォードのシラー博士の仕事に基づく」（Caldwell 1913: 3）。コールドウェルは、パースが「ジェイムズのしている運動の守護聖人として列聖される」ことは認めるが、この著書のそれ以外の部分でパースに言及することはほとんど無い[3]。

バートランド・ラッセル（Bertrand Russell）もまた、晩年に至るまで、パースについてほとんど知らなかった。ラッセルは、パースについて知るようになったとき、「疑いようもなく［…］彼〔パース〕は十九世紀後半において最も独創的な頭脳のうちの一人であり、確かに、これまでで最も偉大なアメリカの思想家であった」（Russell 1959: 276）という見解を抱いた。しかしパースのことを知る前には、ラッセルは、アメリカ哲学の現場で何が生じてきたのかについて、むしろ薄暗い視野の下でしか見られていなかったのである。

既に見た通り、真理と客観性についてのプラグマティズムの理論には二通りの非常に異なるバージョンがあり、これらは〔いずれも〕プラグマティズムの格率を真理概念に適用すること、すなわち、真理概念を私たちの実践と結びつけることによって生起したものである。片方のバージョンはパースのものである。パースは探究という実践に注目し、客観性を希求する私たちの認知的な熱意を捉えようとしている。もう一方のバージョンはジェイムズのものであり、この考えにおいては、真理は安定したものでも静的なものでもなく、むしろ「可塑的」である。激しい批判を呼び込むこととなったのはジェイムズの方の見解である。

ここで少しばかりの注意喚起が必要だ。既に見た通り、最も注意深くあったときのジェイムズは、真なる信念を、この時点やあの時点においてこの人やあの人にとって価値があると思われるもの、ということにはせずに、真理を何か人間的価値のあるものとして特徴付けることに関心を寄せている。ジェイムズはよく、自分がこのことをいつもはっきりと述べているわけではないことを悔やんでいる。彼は次のような議論によって、自分の立場についての誤解を正そうとする。すなわち、ジェイムズを批判する者たちの思惑に反して、ジェイムズの考えでは、真なるものとは「便宜にかなうもの」ではあるが、それは「もちろん、長い目で、全体的に見た上で」便宜にかなうものなのである（James 1975［1909］: 4）。つまり、ジェイムズもまた、真なる信念とは、生き残る値打ちがあるからこそ生き残っている信念である、と論じようとしているのだ。[4] しかし、ジェイムズの著書『プラグマティズム』（*Pragmatism*）に寄せられた反応は、妥当なものもあれば不当なものもあるがいずれにせよ、それ以後の数十年間、プラグマティズムがどのように見なされることになったのかという、その論調を決定づけたのである。ジェイムズの批判者たちは、彼の見解のうちで最も急進的な言明に摑みかかった。実際、プラグマティズムの批判者たちは、自分たちがどういった見解に反応していると考えているのかについて、一枚岩なところがあった。彼らは皆、私たちが真理を作るという考え、真なる信念とは、便利な信念、あるいはうまく働く信念なのだ、という考えに反対していたのである。

例えばコールドウェルは、プラグマティズムには二つの本質的な要素があると指摘している。第一の要素は、真理と実在は「作られる」のであり、可塑的ないし修正可能であるという考えだ。そして第二の要素は、現れと実在の区別の拒絶である（Caldwell 1913）。ケイラスはこの特徴づけに賛同している。〔ケイラスいわく〕プラグマティズムは、「真理の安定性を信じる、すなわち真理の持続性や真理の永遠性を信じる」のではなく、「時流に合わせて変化することのありうるもっと弾力性に富む種類の真理」を採用し、「一貫性の無さによって私たちが必ずしも煩わされなくても良いようにする」。「というのも、ある人にとって真であるものが他の人たちにとって真である必要はもはや無く、今日の真理は、今は本当のことかもしれないが、明日には間違いになるかもしれないからだ」（Carus 2001［1911］: 110）。それゆえプラグマティズムは、真理について係争してきたのであり、ジェイムズは不運な訴追者である。ケイラスいわく、ジェイムズの過ちは、彼が、「パース氏の言葉遣いでは『信念の固定化』でしかなかったものを真理と呼んでしまっている」（Carus 2001［1911］: 58）ことであった。既に見たように、パースの議論では、もし私たちが信念を永遠に安定ないし固定させることができて、もはや信念が私たちを失望させることがないならば、その信念こそが真理であろう。ケイラスの見立てでは、ジェイムズはこう考えてしまっている。すなわち、現在のところ私たちを失望させることのない信念を私たちが有しているとするならば、それが真理なのだ、と。そうした考えこそが攻撃の的になっている見解であり、これから見るように、その攻撃は容赦の無いものであった。

6－2　イギリス戦線

ジェイムズの『プラグマティズム』はラッセルとG・E・ムーア（G. E. Moore）から批判的に注目されるようになり、彼らは徹底的な批判を展開した。そうした〔プラグマティズムにとって〕致命的な注目はシラーにも向けられており、彼はしばしばラッセルの侮蔑の対象となった。ラッセルは例えば、「〔論理学という〕科目について知りもしないしその科目を尊重してもいない」のに論理学について文章を書いているというシラーの「横柄さ」については「極めて腹立たしい気持ち」になったのであった（Russell 1992 [1909]: 292）。ここで問題になっている著作は、シラーの一九〇二年の論文「規約としての公理」（"Axioms as Postulates"）であったようだ。これは、論理学に対する彼の最も横柄な攻撃でもないのではあるが。この題名の論文は、おそらくシラーの一九一二年の著書『形式論理――ある科学的かつ社会的な問題』（*Formal Logic: A Scientific and Social Problem*）の一部になっている。

ラッセルは、自分もまた経験論者であり、それゆえ、プラグマティズムが、アプリオリな推論には背を向けて具体的な事実や帰結の方に注目する方法であると自認していることには共感していたのだという（Russell 1992 [1908]）。しかしながらラッセルは、ジェイムズによる真理の理論は深刻な欠陥を抱えていると考えた。ラッセルの非難の仕方は、時に無責任なものであった。例えば、彼はこのようにあげつらっている。「プラグマティズムのうちに体現されている懐疑論は、『全ての信念は馬鹿げているのだから、私たちは最も便利なものを信じても良いだろう』などと述べる懐疑論である」

こうした思想に接近していったことはない。(Russell 1992［1909］: 280)。ジェイムズもシラーも、こうした思想に接近していったことはない。

しかし、ラッセルの異論のうちのいくつかはもっと慎重なものであるし、真剣に受け止められる必要のあるものだ。例えばラッセルは、プラグマティズム的な真理の理論をその理論自体に差し向けて、こう指摘している。すなわち、それ［プラグマティズム的な真理の理論］がそれ自体で有用であるためには、いつ信念の帰結が有用であるのかを言う方法が存在していなくてはならない、と。

当該の信念を抱くことの帰結はその信念を拒絶することの帰結よりも良いのだということを、これ［プラグマティズム的な真理の理論］は意味していると想定しなければならない。このことを知るためには、その信念を抱くことの帰結が何であるのかを知り、その信念を拒絶することの帰結が何であるのかを知らなければならない。そしてまた、一体いかなる帰結が良い帰結なのか、悪い帰結なのか、いかなる帰結がより良い帰結なのか、より悪い帰結なのかも知らなくてはならない。［Russell 1992［1908］: 201］

これは非常に困難な要求であり、ラッセルは直ちに二つの例によってこの要求を説明している。第一に、カトリックの信仰上の教義を信じることの帰結は、その信念が「ある程度の馬鹿馬鹿しさと僧侶による支配と引き換えに」人を幸せにするということかもしれない（Russell 1992［1908］: 201）。どうやって私たちがこうした利益と負担を天秤にかけて互いを比べれば良いのかははっきりしていない。第二の例はこうだ。ルソーの学説の効果は遠くまで及んだ。ヨーロッパは、仮にルソーの学説が無かったとしたらそうなったであろう場所とは異なる場所になっている。しかし、その効果がいかなるものであったのかを、どのようにして解明すれば良いのだろうか。そして、たとえそれを解明できたとしても、ルソーの学説を良いものと捉えるか悪いものと捉えるかは、私たちの政治的見解次第である。あるものを信じることの帰結が良いのか悪いのかという問いは、とてつもなく難しい問いなのだ。

ラッセルはこれに関連している異論の中で、「うまく働く（works）」や「報われる（pays）」〔といった言葉〕は二通りの非常に異なる意味で理解されうるということを指摘している。科学において、仮説がうまく働くというのは、私たちがその仮説から、たくさんの十分に確証された帰結を導き出せる場合のことである。しかしジェイムズにとっては、仮説がうまく働くというのは、「その仮説を信じることの効果が良いものである」場合のことであり、「その効果の中には〔…〕その仮説や仮説の知覚された帰結に伴って生じる情動や、その仮説や仮説の知覚された帰結に促進されて私たちがするようになる行為が含まれている」。ラッセルが続けて指摘するように、「これは非常に異なった捉え方の『うまく働くこと』であり、こうしたものについては、科学的手続きの権威に訴えることができない」（Russell 1992 [1908]: 210）。

ムーアは一九〇七年の『アリストテレス協会紀要』（*Proceedings of the Aristotelian Society*）に、ジェイムズの『プラグマティズム』についての書評を書いている。この書評は手厳しく、牽強付会のきらいすらあるもので、ムーアはジェイムズの中心的な主張を指して、ジェイムズはそうしたことを述べるのを「熱望している」のだとしている。ムーアはそれらの主張を個別に詳しく取り上げて、最終的には、ジェイムズが逆に抗議を述べていたにもかかわらず、それらの主張を「馬鹿げている」と考えるに至っている（Moore 1992［1907］: 161, 174）。ムーアが打ち出した議論の主題や論調は、ジェイムズについての論評の多くに現れている。

> 彼〔ジェイムズ〕自身の言葉とは違う言葉で言い表された見解が彼の前に示されたら、彼は大いに腹を立てて、自分は決してそのようなことを意図も含意もしていなかった、と抗議するだろう。しかし、彼が述べていることから次のように判断することが可能であろう。すなわち、別の言葉で言い表されたまさにこの見解は彼が抱いていたものであっただけでなく、まさしくこの見解によって、彼の思想が彼にとって興味深くかつ重要であるように思われたのである。［Moore 1992［1907］: 174］

ムーアがジェイムズの見解に寄せた異論の数々をここに列挙しよう。第一に彼は、プラグマティズムの真理観全てにつきまとう問題を指摘している。真理が検証可能なものに密接に関連しているというのならば、根拠となる証拠が毀損されてしまった言明や、非常に些末であるせいで誰もそれを立証する証拠をわざわざ集めてこなかった言明、あるいは、はるか過去の奥底に証拠が埋もれてしまっている言明については、どのように考えれば良いのだろうか（Moore 1992［1907］: 165, 179）。第二に、ラッセルと同様にムーアは、真なるものと有用なるものの関連を精査している。有用性が（ジェイムズ自身の言葉を借りれば）生じたり消えたり（come and go）する性質であるならば、ムーアいわく、「様々な機会に生起するものである信念は、その信念が生起しているある場合にはその信念は真であるが、また別の場合にはその信念は真ではないということがありえてしまう」（Moore 1992 [1907]: 183）。つまり、ある信念が真であるかどうかは、時が移り変わったり文化が変わったりすれば変化してしまう。真であることは、信念の持つ安定した性質ではないということだ。そのような考えは、ムーアにとって忌み嫌うべきものに思えた。そして最後に、ムーアは、私たちが真理を作るのだというジェイムズの主張に攻撃を仕掛けている。いわく、「思うに、彼〔ジェイムズ〕は確かに、私たちは私たちの真なる信念を作るということだけではなく、私たちは信念を真にするのだ、とも述べようとしている」（Moore 1992 [1907]: 191）。ムーアの考えでは、〈*P*である〉という私の信念が〈*P*である〉ことを真にすると述べるなど常軌を逸している。〈今日は雨が降った〉という私の（正しい）信念が、今日に雨を降らせたわけではないのだ。

　これは驚くほどのことでもないが、プラグマティズムに魅力をおぼえていたウィトゲンシュタインでさえ、自分はプラグマティズムから距離を置く必要があると感じていた。彼はジェイムズの著作（特に『宗教的経験の諸相』（*Varieties of Religious Experience*）と『心理学原理』（*Principles of Psychology*））を熱心に読み、それによって明らかに影響を受けた。これはラムジー（Frank Ramsey）も同様であった[5]。ウィトゲンシュタインはこう述べている。「ゆえに私は、プラグマティズムのような響きを持つことを述べようとしている。ここにいる私は、一種の世界観（*Welanschauung*）によって貫かれている」（Wittgenstein 1975 [1969]: s. 422, 54e）。ウィトゲンシュタイン自身としてはジェイムズの見解に協調することはできない。「しかし、お前はプラグマティストではないのか〔と自問してみる〕。いや違う。なぜなら私は、ある命題が有用ならばその命題は真だなどとは言っていないのだから」

(Wittgenstein 1980: s. 266, 54e)。

このようによく練り上げられた批判の総攻撃の下で、大西洋を横断した先でのプラグマティズムの評判は深刻に傷つけられた。プラグマティズムは、アメリカにおいても同様の逆境に立たされることになった。

6-3　本土戦線

ジェイムズ・プラットは、〔ウィリアム・〕ジェイムズの見解に最も注意を払っている批判者である。プラットは、プラグマティズムの核心に二つの野心的な主張を認めている。第一の主張は真理についてのものだ。すなわち、「科学においてそうであるのに加え、道徳規範や形而上学や宗教においても、信念の有用性によってその信念が真理であるかどうかをテストすることが正当化される」(Pratt 2001 [1909]: 13)。真なる主張とは「検証済みの人間的な主張」である(Pratt 2001 [1909]: 83)。第二の主張は、意味についてのものだ。すなわち、「あらゆる哲学的命題の意味は常に、私たちの未来の実践的経験における特定の帰結に帰着されうる」(Pratt 2001 [1909]: 25)。

ラッセルと同様、プラットは、プラグマティズム的な真理の理論それ自体が真なのかどうかを問い直した。プラットいわく、そうした真理の理論は確かにプラグマティストにとって有用であると考えられるが、それ以外の全ての哲学者たちにとってそうであるわけではない(Pratt 2001 [1909]: 127)。プラグマティズムが真であることとは、プラグマティズムがこの哲学者やあの哲学者にとって有用であると考えられるかどうかということよりももっと頑強《ロバスト》な何かにこそ存しているのだ、と述べることによってプラグマティストたちは応答するだろう。〔しかし〕そうした事実が示すのは、プラグマティストたちもまた、何かもっと超越的な真理の理論が作用していると考えているということである。プラグマティストは、「自分が論駁しようとしている対象であるはずの真理の捉え方をまさに活用して」しまっているのだ（Pratt 2001［1909］: 129）。

プラットはまた、宗教的仮説が信じると良いようなものであるならば、そうした仮説は真である、というジェイムズの考えにも攻撃を仕掛けている。ここでプラットは、うまく働くものや良いもの〔という言葉〕が持つ二通りの意味についてムーアがしていた区別を繰り返している。プラットはプラグマティズムについて次のように述べている。

〔プラグマティズムは〕宗教が持つ良い帰結や満足な帰結によって、宗教が真であることを証明しようとする。しかしここで区別がなされねばならない。すなわち、宗教的概念そのものが持つ、「良い」、調和していて、論理的に確証された帰結と、これらの諸概念を信じることに由来する、良くて喜ばしい帰結の間の区別である。ある信念が真なのは、その信念〔そのもの〕から導かれる論理的帰結が、それとは別に根拠づけられている私たちの知識と見事に調和しているからである、と言うことがあるが、これは、ある信念を信じることが喜ばしいからその信念を真と呼ぶということとは全く別の事柄である。［Pratt 2001［1909］: 186–87］

二つの但し書きを付け加えれば、プラットの区別によって、パースの見解とジェイムズの見解の差異がうまく要約できる。パースは、「ある信念が真なのは、その信念〔そのもの〕から導かれる論理的帰結が、それとは別に根拠づけられている私たちの知識と見事に調和しているからである」と考えている。そしてジェイムズの方は、時に、「ある信念を信じることが喜ばしいから」その信念は真なのだと考えているように見える場合がある。第一の但し書きはこうだ。既に見た通り、パースは仮定法での定式化を主張している。すなわち、調査を実り豊かに進められる限り進めてゆくことになったならば、その〔調査対象の信念が持つ〕論理的帰結が、それ以外の方法で根拠づけられている私たちの知識と見事に調和するであろう（*would*）場合に、その信念は真なのである。第二の但し書きはこうだ。ジェイムズの抗弁が示唆している通り、また、先にも見た通り、場合によってジェイムズは、もっと注意深くて繊細な真理の理論を打ち出しており、それはパースの理論に非常に近いものであった。

　プラットはこれと同じくらいに破壊的な一連の異論を、意味についてのジェイムズの主張に対して、やはりムーアの主張を繰り返すかのように述べ立てた。つまり、文の意味とは、未来の経験に対してその文がどういう帰結を有するのかに存する、という主張への異論をぶつけた。プラットはこう指摘する。「私たちの経験」が、私自身の経験を意味するのか、あらゆる時点において全人類が有する経験を意味するのか、はたまた可能的な何らかの理性的存在ないし感覚的存在が有する経験を意味するのか、定かではない。〔これらのうちの〕どの選択肢を採るにしても、遠い過去に埋もれた文（例えば「最初の人間が誕生するよりもはるか昔に絶滅したイクチオサウルスは痛みに苦しんだ」〔という文〕）は、未来の経験的な帰結など何も有していないので、無意味に思われる[6]（Pratt 2001［1909］: 25ff）。

この問題がいかにパースの関心を引いたのか、そしてパースがどのようにしてこの問題を解決しようとするのかは、先に見た通りである。ジェイムズはこの問題に取り組んでいない。

ジェイムズは、こうしたしばしば乱暴に述べ立てられることもあった異論に対して怒りを露わにして、それらの異論には「狂乱的」で「中傷的な」性質があり、意図的な誤解に基づいていると言っていた（James 1975 [1909]: 8, 99）。例えば彼は、ラッセルに応答して次のように主張している。すなわち、命題Pを信じている人は、まずその命題の帰結が良いものであることを確定し、その上で信念を固定し、命題Pの帰結が良いということにしなければならない、などと考えることは「明らかに馬鹿げている」だろう、と（James 1975 [1909]: 272）。しかし彼の抗弁はほとんど効果を生まなかった。ムーアがジェイムズの主張をどのように扱ったのかについては既に見た。ケイラスも同様に冷淡なままである。いわく、「彼〔ジェイムズ〕は、自分では意図していないことを時々言ってしまう癖があるようだ。そのため彼は、自分は誤解されていると言って世間を非難する」（Carus 2001 [1911]: 23）。ジェイムズが誤解されているのだとしたら、その誤解は「彼自身の不注意」による身から出た錆なのではないかとケイラスは述べている（Carus 2001 [1911]: 127）。ラッセルがジェイムズに帰しているような見解をジェイムズ自身は有していないのだと聞いて、ケイラスは喜びつつも、次のように言っている。「しかし、プラグマティズムの意味についての彼〔ジェイムズ〕の説明は、ラッセル教授がそのように考えることを正当化するのに大いに役立っていると考えざるをえない」（Carus 2001 [1911]: 128）。

ウィリアム・コールドウェルは、〔プラグマティズムに対して〕共感的でなくもない著書『プラグマティズムと観念論』の中で次のように指摘している。すなわち、アメリカにおいてさえ、プラグマティズムが黎明期の十年の間に遭遇することになったのは、「少なくとも、他の場所でも〔プラグマティズムが〕直面していた軽蔑と不信と敵意の入り混じった反応、そしてさらには、大々的に喧伝されている目新しいものに対する、アメリカ人たちの抜け目ない、広漠たる無関心」である(Caldwell 1913: 49)。その次の十年間について、コールドウェルはこう述べる。すなわち、アメリカでの反応は、「合理論者たちが公然と展開した非難、つまりプラグマティズムは証明が不完全で、『主観的』でしかない、そして全く体系的ではない哲学であるという非難のうちで、最も鋭利なもの」である(Caldwell 1913: 51)。ケイラスは著書『係争中の真理』をジェイムズの思い出に捧げており、しかも彼は、ジェイムズは「魅力的な人であり、思いがけない変化に際しても独創的で好奇心を絶やさず、親切で才気に溢れ、有能で知識も豊富であった」と述べている。さらにケイラスはこうも述べている。「方法の精確さ〔を追求すること〕は彼の頭脳の妨げになっていて、彼にとって当然それは衒学的なことのように思われたようだ。彼は曖昧な可能性でしかないものを明暗法《キアロスクーロ》で〔鮮明にして〕描き出すことに好んで没頭しており、それゆえ彼は、テレパシーやら霊との交信やらによる心霊現象の神秘に対して熱心な関心を示すこともあった」(Carus 2001 [1911]: 42-43)。「ジェイムズ教授へのありったけの敬愛を込めて、私は[…]、彼の哲学のやり方には締まりのないところがあったけれども、それが全体として若い世代に影響しているわけではないのだということを、包み隠さず告白せねばならない」(Carus 2001 [1911]: 42)。一九一二年にデューイは、ジェイムズについて次のように述べている。「専門的な哲学者たちの間では、彼〔ジェイムズ〕の哲学的な試みについて、悪口を言って盛り上がるかのような調子で語ることが、むしろ流行していた」（*MW* 7: 142; 1912）。

以上のことから、二十世紀初頭のプラグマティズムは、プラットの言葉を借りれば、「思考の締まりのなさ」で定評があった（Pratt 2001［1909］: 245）。プラットがいささか冷笑的に述べていることには、プラグマティストたちはプラットの異論を、「『論理による切り刻み（logic-chopping）』と呼ぶだろう——とはいえそれは、どうしても自家撞着に陥ってしまった場合に簡明で有用な方策なのだが」（Pratt 2001［1909］: 128）。そういったもろもろの異論は非常に精力的に提出されたので、プラグマティズムは、その一九〇〇年代初頭に降りかかった風評を十分に振り落とせずにいる。ジェイムズの影響がこびりついたのだ。哲学者たちの日干し煉瓦の家（adobes）の中で、彼が「プラグマティズム」という言葉を普段使いのものにしたのだが、彼の述べたたぐいのプラグマティズムが永遠に居座ることを歓迎する者は多くはなかった。

注

（1）ケイラスは『モニスト』（*The Monist*）誌上にて、偶然と法について、パースとの間で敬意のこもった議論を戦わせ、一歩も引かなかった。

（2）南イリノイ大学に所蔵されているオープン・コート文書（the Open Court Papers）の中を見ていると、パース自身の論文の校正刷り上で、彼の名前の綴りを何度も間違えている人がいる。この件について私に教示してくれたダグ・アンダーソン（Doug［Douglas］Anderson）に感謝する。

（3）Caldwell（1913: 3）参照。プラグマティズムの擁護者たちもまたパースを無視した。例えばMurray（2001［1912］）を参照のこと。

（4）この点についてこのように述べている論考としてはKappy Suckiel（1982: 105–15）を参照。

（5） Goodman（2002）、Misak and Bakhurst（2017）を参照。プラグマティズムの歴史におけるフランク・ラムジーの位置付けについての物語は、これからの研究で述べられる必要があるだろう。ラムジーは素晴らしい哲学者であり、経済学の二つの分野と数学の一つの分野を切り拓いた人物でもあった。彼は二十六歳という年齢で世を去った。彼はジェイムズからも影響を受けたが、それよりもはるかにもっと、パースから重大な影響を受けた。そして彼は、真理について論じた、未完ではあるが非常に興味深い草稿を残している。Misak（2016）を参照。

（6） プラットの結論はこうだ。プラグマティズムは、現実の経験であれ可能的な経験であれ、過去、現在、あるいは未来の経験であれ、あらゆる経験を考慮に入れるものとして広く解釈されねばならない。その上でプラットは、プラグマティズムは観念論と区別できないと述べている（Pratt 2001［1909］: 37f.）。

第七章　ジョン・デューイ
(John Dewey)（一八五九〜一九五二）

7-1　序論

デューイは、ヴァーモントの中流階級の、教養あるカルヴィニストの家庭で、食料品屋の息子として育った。彼は十五歳でヴァーモント大学に通い、それから高校教師をしながら独学で哲学を勉強する数年間を経た後、一八八二年に、「『大学院での研究』という新しいことに乗り出すために［…］ジョンズ・ホプキンズ大学へ」（*MW* 5: 150; 1930）行った。彼の経歴は華々しかった。ホプキンズ大学で学位を得てすぐにミシガン大学で職を確保し、その場所で瞬く間に出世した。彼はミネソタに移り、そしてミシガンに戻り、さらにその後、シカゴ大学の研究科長に就いた。シカゴ大学でデューイは、一八九四年から一九〇四年にかけて、自然主義とプラグマティズムの温床であったシカゴ学派の頂点に君臨した。教育理論における名声が高まり、彼は実験的な小学校〔シカゴ大学実験学校〕を開校した。そうして彼は広く知られるようになり、引く手あまたの人物になった。

デューイは、自分の妻が実験学校の校長に留任するかどうかをめぐってシカゴ大学との間で不愉快な意見の食い違いがあったことから、一九〇四年四月にシカゴ大学を退職した。彼は〔シカゴ大学の〕他には職を確保しておらず、彼に着任の打診をできるというこの機会にコロンビア大学が飛びついた。〔その後〕デューイは、一九三〇年にコロンビア大学を公式に退官したが、並外れた仕方で研究活動を続けた。認識論における彼の最も重要な著作である『論理学——探究の理論』(*Logic: The Theory of Inquiry*)は一九三八年に書かれたものであるが、このとき彼は七十歳代後半であった。

デューイは(短期間ながら)ジョンズ・ホプキンズ大学のパースの授業に出る学生であったのだが、彼はパースやジェイムズよりも四十年も長生きし、プラグマティズムの旗手として長い間立ち続けることになり、知的世界の地勢図が大きな変貌を遂げてゆく中でその〔プラグマティズムの〕伝統を見守った。デューイはまた、アメリカの最も有名で、論じる対象の幅広い思想家でもあった。教育理論と子供の発達に関する彼の著作は伝説的に有名である。彼は、子供を全人的に教育するという運動の最前線に立ち、子供は〔自分で〕行為することによって学習する[1]という考えをその前線で唱導した。彼はまた、非常に注目を浴びていた政治的な議論にも参加し、さらに、フロイト派精神分析からアレクサンダー・テクニークに至るまで、流行している幅広い物事の利点について見解を述べていた。

知識人はいつも、自分の時代の社会的問題、政治的問題、倫理的問題について述べてきたものであるが、二十世紀中葉というのは、アメリカの学者たちにとってとりわけ政治的な時期であった。共産主義やスターリン主義についての論争が白熱していたし、さらに冷戦時において病的な疑心暗鬼の念が高まる中で、大学教授が共産主義の兆候を示すようなことがあれば、尋問を受けたり職を追われたりしかねなかった。デューイはこうした論争のいたるところに顔を出しており、ほとんど常に、進歩的革新論者でなおかつリベラル陣営に与する立場をとった。アラン・ライアン（Alan Ryan）の適切な記述によると、デューイは急進的中道（the radical center）を支持していた（Ryan 1995: 244）。デューイは、共産主義的ではない社会民主主義、すなわち反スターリン主義左翼のために戦った。彼は、モスクワ裁判における起訴案件についてレオン・トロツキー（Leon Trotsky）を無罪とした審議会の議長を務めたのである。さらに彼は、マッカーシズムには熱心に反対した。『ニューヨーク・タイムズ』紙（*The New York Times*）は、彼の九十歳の誕生日に際して、彼こそが「アメリカの哲学者」であると謳った。彼は自身の考えを携えて世界中をめぐったのだが、とりわけ異国情緒を感じさせる国だけをいくつか挙げるとすると、彼は中国、ソヴィエト連邦、日本、トルコ、メキシコで外遊講演を行った。彼の著作は七十年間にわたって膨大な数の話題を扱っており、〔著作集で〕三十七巻にも及ぶ分量になる。

デューイの評判を以ってすれば、プラグマティズムのめぐり合わせは安泰であるに違いないと思われた。しかしそうはならなかった。ライアンは、一九五二年に「デューイが亡くなるやいなや、彼の評判は沈下した」（Ryan 1995: 328）と指摘する。そしてブルース・ククリック（Bruce Kuklick）の述べるところによれば、デューイの教え子たちは学術的な哲学の現場においてプラグマティズムを推進したが、そうした場において傑出した経歴を積み重ねられた者は彼らの中にはいなかった（Kuklick 2001: 191）。かくしてデューイは、この二十世紀の期間にプラグマティズムに何が起こったのかをまさに理解したい者なら誰にとっても、特別に興味深い対象なのである。

プラグマティズムが、それを推進していたデューイの逝去後に衰退してしまった理由の一つは、確かに、デューイ自身の著述様式にある。ジェイムズの筆致のような魅力が無く（パースの筆致のような魅力すらも無い）、デューイ自身の見解の理解をむしろもたつかせてしまうような書きぶりなのだ。オリヴァー・ウェンデル・ホームズ〔Jr.〕は、デューイの『経験と自然』（*Experiences and Nature*）を揶揄してこう述べた。いわく、この本は「信じられないくらい文章が下手」だが「宇宙の内奥と親近性があるように感じられ［…］、それゆえ私には、神が、不明瞭ながらも宇宙がどのようであるかを語りたいと熱烈に欲しておられて、それで〔このような文章を〕語られたのだろうかと思われた」（Holmes 1942 2: 287）。しかしこれから見るように、プラグマティズム衰退の物語には、もっと複雑で興味深い要因がある。デューイが打ち出したバージョンのプラグマティズムは、彼が新しい生物学の教訓であると考えたものに基づいており、ヘーゲル的な形而上学の風合いがある。このバージョンのプラグマティズムの諸側面は、〔後に〕近代的な分析哲学となってゆく思想にとっては魅力的でなかったのだ。

　私がここで取り扱うデューイの著作のほとんどは、認識論と倫理学に関するものである。これらの領域においてデューイは、ロイス、ジェイムズ、パースの頭を悩ませたものと同じ〔次のような〕哲学的問題に関心を寄せている。〔すなわち、〕私たちは実にたくさんのものを世界に持ち込んでいるが、その上で私たちは、どうやって世界について考えられるようになっているのだろうか。〔そして、〕私たちは自身の信念や理論の主題となっている事柄について自由に知ることはできないが、ならば私たちは、どのようにして真理を理解することになるのか。デューイは、最初はロイスと同様に、こうした問いへの答えはヘーゲル（G. W. F. Hegel）〔の著作〕の中に見出だされるだろうと考えた。デューイは、完全にヘーゲル的な解決策を打ち出すという自身の試みが頓挫したことから、徐々にプラグマティズムへと移行した。ただし、このプラグマティズムは、ヘーゲル主義の残滓を漂わせるものであった。

デューイの最重要課題は、哲学の全分野において科学的思想を奨励することである。認識論においてこのことが意味しているのは、パースやジェイムズと同様にデューイは、探究こそが真理と知識についての私たちの諸理論のまさに中心にあるに違いないと考えているということである。美学、教育、政治・社会哲学、そして倫理学においてこのことが意味しているのは、デューイがこれらの領域を経験科学ないし実験科学として特徴付けているということである。ヒュームは懐疑論者であると考えられているにもかかわらず、デューイは自分のことを、「デイヴィッド・ヒューム（David Hume）の伝統を引き継ぐ」者と考えている（Dewey 1983 [1939]: 228）。ヒュームをもっと適切に読めば彼はプラグマティストの先駆者のようにも見えるのだと、デューイは考えることができたかもしれない。ヒュームは自身の研究を進める中で、どうしても懐疑論をとらざるをえないと考えるようになっているのだが、彼が理論的哲学を進める上でのこうした〔懐疑論という〕あまり誰も寄り付かない立場を離れればすぐに、懐疑論はそれまで有していたかもしれない威力を失うことになる。(1) この懐疑論者の懐疑など紙の上に書かれた懐疑でしかない、とパースならば言うであろう。ヒュームが『人間知性研究』（*The Enquiry Concerning Human Understanding*）で述べているように、哲学の「僻地でなされる思索」には「ほとんど影響力が無い」のであり、経験において直接的に感じられる自然の感覚は、

「どんな哲学的な理論や思弁によっても制御ないし変更されることはありえない」(Hume 1975 [1777]: §80)。しかしこれから見るように、デューイをそのまま単純にヒュームの伝統を引き継ぐ者として分類するというのは間違いであろう。デューイの立場は複数の見解が複雑に組み合わさったものであり、その複雑さゆえ、彼の立場を単純な観点から提示しようとする試みは成功しない。以下では、真理と知識という観念にまつわる諸問題に集中的に取り組むことにして、〔デューイの立場を〕十分に明晰に述べられればと思う。

7-2 デューイ、ジェイムズ、パース

デューイが〔ジョンズ・ホプキンズの〕大学院で勉強をしていた時期は、パースがジョンズ・ホプキンズ大学で短期間ながら講師職に就いていた時期に重なる。ホプキンズ大学在任中の一八七九年に、パースはメタフィジカル・クラブを復活させていた。デューイはこうした会合に出席しており、そこでは哲学、心理学、生物学といった広い範囲の話題が論じられていた。(2) しかしデューイは、パースのことが、そしてパースの専門的な手法が、あまり気に入らなかった。デューイは、「本当の論理」とはアリストテレス的な論理あるいはヘーゲル的な論理なのであって、〔当時の〕哲学的地平にまさに出現し始めていた形式的な体系ではない、と考える点で、パースとはまた別の自身の師であるジョージ・シルヴェスター・モリス(George Sylvester Morris)の側に立っていた。(3)

既に見たように、絶対的観念論は、デューイが大学院生だった頃にはアメリカで支配的な哲学であ

った。デューイはヘーゲル主義者として〔哲学研究のキャリアを〕歩み始めた。絶対的観念論は哲学において「極めて重要で建設的な」運動であった（*MW* 5: 152f.; 1930; and 1939: 522）。ロイスは進化論の考えを活用しているが、デューイはこれをむしろ観念論により近しい考えであると捉え、生命体と環境の関係はヘーゲル主義における弁証法に相当するものだと論じている。「環境」という用語を人口に膾炙させ、「適者生存」という表現を考え出したヴィクトリア朝時代の功利主義哲学者ハーバート・スペンサー（Herbert Spencer）の著作から、デューイは大いに影響を受けた[2]。デューイにおいて生物学と心理学と観念論が相互に織り合わされているということについて、ジェイムズは次のように述べている。

> スペンサーと同様、［…］デューイは生物学と心理学を連続的なものとしている。「生命」ないし「経験」が〔両者の〕基礎となる考えである。これを物理的な意味で捉えようが、心理的な意味で捉えようが、これは諸条件間の調整というものを含む。デューイが好む言葉は「状況（situation）」である。ある一つの状況は、少なくとも二つの要素を含意する。それらの要素のそれぞれが、独立変数でありかつもう一方の変数の関数なのである。これらを便宜上、E〈環境：environment〉とO〈生命体：organism〉と呼ぼう。両者は相互作用し、果てしなく互いを発展させ合う。というのも、EがOに及ぼす作用それぞれがOを変化させ、今度はOがEに及ぼす反作用がEを変化させ、それによって、EがOに及ぼす新しい作用は変化し、それが〔また〕新たな反作用を引き出す、といったことが永遠に続くからだ。デューイ教授のもう一つのお気に入りの言葉

を使えば、状況は永久に「再構築される」のであり、この再構築こそ、全ての実在を構成している過程なのである。(4)[James 1977 [1904]: 2]

既に見たように、絶対的観念論をめぐる論争は、プラグマティズムについての論争、すなわち(反観念論者である)ジェイムズと(観念論者である)ロイスが至高のもの(supremacy)をめぐって争ったことと密接に関わりあっている。ロイスが最終的に自分の観念論はプラグマティズムの方向へ進展してゆくと考えたのと全く同様に、デューイもそのように考えたのだった。一九三〇年にデューイは、ある種の知的自伝を書いた。その自伝の題名、すなわち「絶対主義から実験主義へ」("From Absolutism to Experimentalism")は雄弁に物語っている。ここでデューイが述べていることによると、彼が絶対的観念論に惹かれたのは、それが統一的な哲学だからである。絶対的観念論は、事実と価値を、そして客体と主体を、一緒にまとめ上げてゆく営みである。これから見るように、統一的な哲学を目指すこうした態度は、デューイの観念論よりも長く残り続ける。デューイはほぼ二十年かけてヘーゲルから離れていったと控えめに言っているが、その態度は彼の長い経歴を通してずっと維持されているのだ(*LW* 5: 154; 1930)。こうした[ヘーゲル主義から離れてゆく]漸次的な移行の原因は何だったのだろうか。おそらくその理由の一端には、デューイがいたるところで、自身のヘーゲル主義的な立場に反対する議論に直面し始めていたことがある。中でもジェイムズの反対は猛烈であった。(5)また、デューイ自身が、生物学的機能主義を継ぎ足すことによってヘーゲル主義を自然化しようと努力したけれどもうまくいかなかったことに因る部分もあったかもしれない。

いずれにせよ、彼は大学院生の頃はヘーゲル主義者であり、気性の激しいパースとはぶつかり合う知的な道筋を歩んでいたのである。〔大学院の〕一年目に、デューイはヴァーモント大学の恩師に手紙を書いている。

> 私は論理学の講座はとっていません。その講座は非常に数学的で、しかも論理学〔という言葉〕によってパース氏は、可能な限り数学的な形式で表記された、物理科学の方法の説明のことしか意味していないのです。もうそれは、哲学の講座というより科学の講座のようです。実際、思うに、パース氏は、物理科学の一般化の他には哲学的なものなど無いと考えているのです。〔*CJD* 1: 00415; 1882. 10. 05. See also *CJD* 1: 00429; 1884. 01. 17〕

そういうわけで、パースがデューイのことをどう見ていたのかを知っても私たちは驚かないはずだ。パースは、書評や公的な場ではデューイを仲間のプラグマティストとして褒める配慮をしたが、書簡や私的な場では手厳しかった。最終的にはデューイが獲得したシカゴ大学での職の最終候補者リストにパースの名前があったのだが、そのことで状況は〔さらに〕ややこしくなった[6]。

パースは、デューイがプラグマティズムの名に対して行っている何事かを恐れていて、それを気にしているのである。彼は、一九〇四年のデューイ宛ての書簡で次のように綴っている。いわく、パースはデューイの「プラグマティスト的な見解」は「大いに好ましく思っている」が、探究と知識についてのデューイの説明は「知的な放蕩（licentiousness）の精神」に「貫かれて」いるように思われる

(CP 8. 241; 1904)。〔そして〕パースは、自分がジェイムズに向けて述べたのと非常によく似た不満を〔デューイに対して〕述べる中で、デューイがもっと厳密であったら良かったのにと述べている。(7)

しかし、このことは君に言っておかねばならない。君が推論について推論するやり方は、人々がこの話題に触れる際には、その人たちはともかく推論に締まりが無さすぎるということなどありえないと考えているかのように、つまり、その人たち自身がそれを使おうなどとは他のいかなる科学の分野においても夢にも思わないであろう不注意な議論にも、実際は何かしらの利点があるのだ、などとその人たちが考えているかのように見えてしまうという、よくある過ちを犯しているように私には思われる。〔CP 8. 239; 1904〕

パースの見解によると、デューイは、「締まりの無い推論をするという道楽」に耽溺している。最終的にデューイは、パースをきちんと評価するようになった。一九〇三年には、ジェイムズへの手紙の中でデューイが、〔パースへの〕態度を軟化させていることが見て取れる。

とはいえ、こう言わねばならない。私はいかに遠くへ来てしまったか、〔今では〕よく分かる。今年になって、私はいかにたくさんのことをパースから取り入れているのかということ、そして、数年前には、彼の思想は私にとって、時おり着想源になることはあったがそれを別にすればほとんど封印された書物のようなものだったのに、〔今では〕いかに容易に彼の思想が理解でき(8)

るかということに思い至っている。彼が継続的に研究を進められないことは、ひどく残念である〔CWJ 10: 221; 1903. 7. 27〕

一九〇八年にはデューイが、パースこそプラグマティズムを先導する〔次のような〕思想を特定した人物であると認めていることを確認できる。つまり、「実験室における心の習慣」が、「実りある形で探究が遂行されるそれぞれの場全てに行きわたるべきである」という思想だ（MW 4: 100; 1908）。これこそまさに、デューイが思い描いているプラグマティズムの姿である。つまり、適切に考案された科学的方法を、あらゆる探究領域ないし主題に適用することがプラグマティズムなのだ。一九三〇年代には、デューイはパースを非常に真剣に読み始めており、デューイの著述の中には、経験やカテゴリーや探究に関して論じたパースの著作についての、更新された、深い知識が見て取れるようになっている。一九三五年、トム・グージ（Tom Goudge）がパースについて論じた著作に関してデューイは論評を寄せており、その中で彼はパースを擁護して、〔パースは〕人間の心理学と自然の両方を取り入れる素晴らしい経験観を打ち出したのだと述べている（LW 11: 86ff.; 1935）。デューイ思想のこうした後半局面になると、いかにパースの探究観が「最も文字通りで否応なしの（brute）意味でその言葉を捉えて言うところの現実性（actuality）」という観念に立脚しているのかということを、デューイがよく分かっていることは明らかだ（LW 11: 482; 1937）。これから見るように、まさにこの現実性という論点こそ、パースとデューイの見解が袂を分かちかねない点なのである。

同じく一九三五年、パース著作集の第一巻を賞賛する書評の中でデューイは、おそらくは自分がか

って パースの著作を見過ごしていたことの言い訳をしようとして、こう述べている。「彼の思想は、三十年前の人々の心性に、というよりも今日《こんにち》の人々の心性に近い」(LW 11: 422; 1935)。また、パースが「自身の萌芽的な思想を紡ぎ出す際に、その一方で周囲に、たくさんの石や礫《つぶて》、時には岩石すら投げつけていた」(LW 11: 478; 1937) という不幸な事実もある。デューイの見解によると、そういった岩石の多くは、パースの「並外れて専門的な手法」(LW 11: 481; 1937) のせいで生じている。しかし一九三八年には、それでもデューイは、探究とは問題含みで疑念が積み重なっている状況を問題の無い状況に変容させる社会的活動であるとする、自分自身の探究観の基盤にはパース思想があることを認めている (LW 12: 3, 484 n. 3; 1938)。

これもまた驚くようなことではないが、ジェイムズが比較的温和な人柄であったことと形式的推論を好まなかったことの両方ゆえに、デューイとジェイムズの関係は〔パースとの関係よりも〕はるかに心やすいものであった(9)。ジェイムズはデューイの教師ではなかったが、ジェイムズの著作、とりわけ『心理学原理』は若きデューイに多大な影響を及ぼした。デューイとジェイムズは互いに敬意を示し合いながらの書簡往復を、一八九一年から一九〇九年まで行った。例えば、ジェイムズは次のようにしたためている。

> 君が真理についての新しい学派に関して書いてくれていることに、私は喜ばしく思うとともに恥ずかしくも思っている。恥ずかしく思うというのは、君がこんなにも私自身の文章をしっかり読んでくれていたのに、私はムーア (E. C. Moore) の論文を読むまでそのことに気づきもせずにい

たことについてだ。もちろん、君が〔私にとって〕ますます近い存在になってくれることは〔かねてより〕歓迎していたが、私は君の仕事全体の根幹にあるものを見過ごしていた。今こそ君の著作を読み直そうと思う（私は君が引用している文献は全て読んだことがある（けれども、このように見抜けていないことというのがまだまだある））。そして、私が常々その独創性を認めてきたけれども、これまでは核心をはっきりと捉えられず飲み込めずにいた論者であるミードとロイド（Alfred Henry Lloyd）に、再び切り込んでゆこうと思う。私が想像するに、出発点に左右されることというのはたくさんある。君の思想の全てはヘーゲル由来であり、君の用語法はその影響を感じさせる。私はというと経験論から出発している。そして、私たちはほとんど同じ目標に至っているのに、〔それぞれの立つ〕対照的な立場から見れば表面的には違って見える。[10]〔*CWJ* 10: 217; 1903. 3. 23〕

デューイの側では、ジェイムズこそ唯一、一八九一年のデューイの著作『批判的倫理学理論の概要』（*Outlines of a Critical Theory of Ethics*）の要点を理解している人物であると考えている（*CJD* 1: 00459; 1891. 05. 10）。デューイもまた、ジェイムズのことを非常によく理解しているため、ジェイムズの「非一貫性」や「体系構築への懸念」はさておいて、ジェイムズ思想の最良の部分を見抜くということができている（*LW* 12: 471; 1938）。デューイは〔ジェイムズの論文〕「信じる意志」（"The Will to Believe"）について次のように述べている。

根底にある考えは、こうだろう。すなわち、結局のところ個人は、自分が生きる宇宙との間に生き生きとした結びつきを有していなければならず、この結びつきは究極的には二種類だけがありうる。個人を抑圧するような結びつきか、個人を援助し、活力を与えるような結びつきか、そのいずれかである。その妥当性を合理的に証明することはできないけれども、それでも道徳的に言えば、行為の目的のために後者の態度を採用する資格が私たちにはある。当の信念が妥当であることを示す圧倒的な証拠が存在するわけではない場合には、私たちは、宇宙にある何かが私たちの理想的な願望を満たしてくれて、そうした願望の実現を能動的に支持してくれるのだ、という想定に基づいて、果敢に生き、行動することを選んでも良いだろう。[*LW* 12: 475; 1938]

言いたいことはつまりこうだ。ジェイムズは時に、神を信じることの合理的な根拠を確保しようとしたが、仮に彼がそのようなことをする代わりに、この楽観主義を擁護する議論、すなわち、世界が道徳的な場であるかのように行為すること、あるいは、そのように想定するということを擁護する議論にこだわっていたならば、彼の思想ははるかに説得的になっていたであろう。

実際、「ある信念を受け入れることから導き出される良いことは、それが何であれ」、その信念が真であることの「証拠」として取り扱うことができる、という、異論を呼びやすいジェイムズの考えに与する方向へは乗り出さないことをデューイははっきりさせている（*MW* 4: 109; 1908）。彼は一九〇八年に、「実践的という言葉によってプラグマティズムは何を意味するのか」（"What Pragmatism Means by Practical"）と題された重要な文章で、ジェイムズの『プラグマティズム』を評した。ジェイムズがデューイの真理観について述べる際には、デューイは次のような考えをしているということにして、彼をジェイムズの一派に含めようとする傾向があるのだが、デューイはこのことに異を唱えている。〔ジェイムズがデューイに帰する考えとはこうだ。〕「真理は当の『状況』に取り囲まれた特性のうちに存する。状況の安定性が最大であり、状況それ自体の主体要素にとってその状況が最も満足のゆくものである場合にはいつでも、その状況はその主体要素にとって真なのである」（James 1977 [1904]: 105）。しかしデューイはすぐさま、自身の立場についてのこうした誤解を正している。

> ジェイムズ氏は、私が「真理とは満足を与えるものだ」と述べているとして私に言及してきたから、私としては（真理とは満足を与えるものだなどと自分で言った覚えはないということは置いておくにせよ）次のように述べておこう。私は、〔次の例外を除いては〕いかなる満足についても、ある考えが真であることと同一視したことなど決してない。ただし、作業仮説ないし試行的方法である当の考えが、その考えの意図していることを果たすような仕方で既存のものに適用される際に生じる、あの満足については、例外である。[*MW* 4: 109; 1908]

デューイが警戒しているのは、ジェイムズ〔の思想〕はいとも簡単に、「真なる考えは良いのだから、ともかく良い考えならばどんな考えであっても真だ」というように横滑りしてしまいかねない、ということに対してである（*MW* 4: 108; 1908）。デューイが自分自身の立場を「主意主義的な」立場から区別する際に、ジェイムズを念頭に置いていることは明らかである。デューイいわく、自分が提唱しているのは「主意主義的な心理学への依存とは全く無縁な種類のプラグマティズムであり、情動的満足や欲求の働きに言及することによってこのプラグマティズムを複雑にするようなことはない」(*MW* 8: 22; 1915)。

デューイはしばしば、自分の見解を「道具主義」と呼ぶ。しかし前述のことから明らかなように彼は、〔実際に〕そう見なされることはよくあったのだが、次のような種類の道具主義者と見なされることを望んでいなかった。つまり、私たちにとってうまく働くものは何であれ——私たちの個々人の欲求を満たす仮説や、私たちが価値を認めるものを得られるようにしてくれる道具である仮説は何であれ——保証付きである、ないし真である、と言ってしまうような種類の道具主義者とは見なされたくなかった。真理が望ましい帰結と一緒くたにされてしまうと、「賢明な仕方でプラグマティックである哲学が恐れなくてはならない〔…〕唯一の深刻な問題に〔…〕直面する」(*MW* 6: 54; 1911) ことになるということを、デューイは見抜いている。それは、現在欲求されているもの、信じられているものを、欲求されるべきもの、信じられるべきものへと引き上げてしまうという問題である。すなわち、「知的に満足なものと個人的に同意できるもの〔…〕、あるいは、正真正銘のものとたまたま権威づけを得ているもの、真っ当なものと合法でしかないものを〔…〕同等視してしまう」(*MW* 6: 5; 1911) という問題である。

しかしデューイはジェイムズを注意深く読んでおり、いま検討されているジェイムズの見解は、あなたや私を個人的に満足させる信念が真なのだ、というものではないことをよく分かっている。「彼〔ジェイムズ〕の本当の学説は、信念が個人的な必要と客観的なものの要求の両方を満たす場合にその信念は真である、というものだ」(*MW* 4: 112; 1908)。デューイは、この立場は自分自身の立場とうまく足並みが揃っていると考えている。信念は、探究者の必要を満たさねばならないとともに、状況を満足させないといけない。信念は、個人的なもの、あるいは心理的なものに必ずなってしまうが、当の状況がその信念に対して行っている要求を満たすということもせねばならない。心理的なものが真理についての問題から閉め出されることはあり得ないのだから、心理的なものを無視しようとするのではなく、心理的なものに対する責任を認め、受け入れる方が良い(*MW* 4: 114; 1908)。

デューイはまた、次のような点でもジェイムズやパースから区別される。すなわち彼は、自分が若い頃に信じた宗教に代えて、民主主義と、教会の手によらない教育を信仰しているのだ。彼は、組織立っていて教義で縛られている宗教について懐疑的であり、その理由の一端として、彼が断固として支持する自然主義と緊張関係にある超自然的な考えが宗教には溢れているということ、そして、組織立っている宗教には道徳的な危険がともなっていると彼が考えているということがある。デューイは、神の存在について賛成する議論にも反対する議論にも、自ら飛び込もうとは思っていない。いわく、「私〔デューイ〕は哲学的問題としての宗教にさほどの重要性があるとは考えられないでいる」(*MW* 5: 153; 1930)。彼の一九三四年の著作『ある共同の信仰』(*A Common Faith*)は、超自然的でない宗教の可能性を探っている。彼の考えはこうだ。宗教において価値あるものとは、マイケル・エルドリッジ(Michael Eldridge)が言うように、「知的で情感のこもった社会参加」を伴いながら人間を変容させる「包摂的で熱烈なひたむきさ(allegiances)」である(Eldridge 2004: 59)。宗教は畢竟、「称揚され、大切にされねばならない人間的価値観の根源」(*LW* 9: 54; 1934)となるべきだ。デューイの見解では、

「科学の精神には陰伏的な宗教的価値」（*LW* 14: 79; 1939）もあり、私たちは、良い芸術に出合うとき、神なしでの宗教的経験をすることがありうる。〔デューイいわく〕「芸術の作品＝作用（work）によって発生する交流（communion）の感覚〔…〕は、はっきりと宗教的な質を帯びる」（*LW* 10: 275; 1934）。とはいえジェイムズと同様、デューイの考えでは、神についての話は有用でありうる。それは、「孤独感や、その結果として絶望したり反社会的になったりすることから人間を守ってくれるかもしれない」（*LW* 9: 36; 1934）。つまりデューイは、血気盛んな、あるいは攻撃的な無神論者ではなかったのだ。

7-3　探究の理論

デューイは早い時期から、知覚主体は外的世界からの入力を受動的に吸収しているのだという、経験論の考えであると彼が見なしているものに反応している。既に見たように、この反応は、デューイに先行するプラグマティストたちとも完全に足並みの揃ったものである。彼の考えでは、カントとヘーゲルの偉大な洞察とは、私たちは経験に人間的カテゴリーを押し当てているということである。デューイが一八八四年の論文「カントと哲学的方法」（"Kant and Philosophic Method"）で述べていることによると、ヘーゲルの論理学は、「内在的かつ外在的で、主観的かつ客観的な」経験の理論であり、「一つの体系、つまり有機的な統一体をなす経験の理論であり、それぞれの経験がその体系ないしその統一体内でそれ自身の定位置を有している」（*EW* 1: 44; 1884）。主体と客体は、経験のうちで合一するのである。

かくして、パースが自身のカント的見解を論文「新しいカテゴリー表について」（"On a New List of Categories"）で導き出した一八八〇年代中葉には、さらに若輩のデューイが、同様の主題について似たような見解を発表していた[11]。今引用した論文に加えてデューイは、心理学についての論文を二本、『マインド』誌（*Mind*）で発表し、カントについての論文を一本、『思弁哲学雑誌』（*The Journal of Speculative Philosophy*）にて発表している。これらの論文はいずれもともに、知識についての経験論的な理解と観念論的な理解の両方を攻撃している。

論文「心理学的観点」（"The Psychological Standpoint"）においてデューイは、心と世界についての経験論的な見解に反対する議論をしている。イギリス経験論が経験論の旗印を奪ったようであることは残念だ、とデューイは考えている。ロック、バークリ、ヒュームは、心的現象を経験によって説明するという立派な目標を胸に出発しており、それゆえ彼らは心理学的な観点から出発している。デューイは、「経験の中に現れないものを哲学の中に招き入れることは認められないし、経験の本性は［…］知るという過程の説明によって、つまりは心理学によって、これと定まるだろう」（*EW* 1: 124; 1886）という彼らの考えには好意的だ。しかしデューイの見るところ、イギリス経験論者たちは早々とこの観点を放棄してしまっている。彼らは、形而上学が、あるいは心理学から独立した実在が、どこかで彼らの思い描く思想に入り込むことを許してしまっているのだ（*EW* 1: 124; 1886）。この「独断的に前提された存在論」、つまり知りえない「物それ自体（things in itself）」〔という考え〕は彼らの〔遺した負の〕残骸である（*EW* 1: 144f.; 1886）。彼らは、妥当な関連性を求めて区別したり選別したりするという実践がいかにして私たちの有する経験を形作るのかを、調査した方が良かっただろう。デューイは生涯を通して、この、心理学から独立した実在に言及するということに対する反感を持ち続けることになった。この点こそが、デューイの立場を、パースの立場や、さらにこれから見るように、デューイの同時代人であるC・I・ルイスの立場から区別する点である。

デューイはこうも論じている。すなわち、経験についてのプラグマティストの理論は生物学の発展と轍を同じくするが、イギリス経験論はそれと「完全にかち合って破綻してしまう」（*MW* 12: 127–28; 1920）。「心的な生はそもそも、個々別々に受動的に受け取られる諸感覚、〔記憶〕維持の法則と連合の法則を通して、心象（images）と知覚と概念的把握のモザイク画の形にまとめ上げられた諸感覚から始まった」などとはもはや考えられない（*MW* 10: 12; 1917）。むしろ経験は、生命体と環境の間の能動的な関係性として考えられねばならない。さらに、プラグマティズムの経験論は、「前提として生じている現象ではなく帰結として生じる現象のことを主張し、そして、行為の条件ではなく行為の可能性のことを主張する。こうしたものの見方の変化は、それがもたらす帰結という点において、ほとんど革命的と言って良い」（*LW* 2: 12; 1925）。既に見たように、似たようなイギリス経験論批判は、パースとジェイムズによって同じくらいに説得的な方法で定式化されていた。

「哲学的方法としての心理学」（“Psychology as Philosophic Method”）の中でデューイは、自身の批判的関心を、グリーン（Thomas Hill Green）[3]やケアード（Edward Caird）といった哲学者に代表される、心と世界についてのイギリス観念論的な理解の仕方にも向けている。さらにデューイは、心理学という科学は哲学を運ぶ運転手でなければならないと主張する。このときに、科学によってその誤りが証明される形而上学とされているのは、絶対者の形而上学である。しかしデューイは、ヘーゲルと進化生物学が手を取り合って進むという観念論者の考えに心を動かされつつあった。一八八七年の時点で彼は、自分の思想を『心理学』（*Psychology*）と題された本にまとめた。これは、観念論と経験論における最良のものを融合しようとする試みとなっている。この試みは、経験論的な心理学者の多くには気に入られなかった。デューイの昔の恩師であるG・スタンレー・ホール（G. Stanley Hall）は次のように述べている。「それ〔『心理学』〕は、〔もしかすると〕半世紀前に書かれていて、たくさんの安易な生理学的実例によって〔今のものより〕もっと残念なことになっていたかもしれないしろものだ」（Hall 1888: 157）。ジェイムズもまた、良い印象を持たなかった。ジェイムズは心理学とドイツ観念論の混合に「ひどくがっかりした」のである（*CWJ* 6: 187f.; 1886. 12.27）。

実際にデューイは、自分が過去の何かをしっかりと捉えていると考えている。しかしながら彼は、半世紀どころか、それよりもさらに昔へ遡ろうとしている。〔すなわち〕彼は、経験が行為と密接に結びついていると考える点で、〔古代〕ギリシャ人たちと同じ考えをしているのだ。ロックその他のイギリス経験論者たちが哲学に、経験は観察として定義されうるという考えを持ち込んだことを、デューイは嘆いている。こうした「知識の観衆説（spectator theory of knowledge）」は見当違いの考えなのだ(12)。経験の中心に実践的活動があると考える点で、私たちはアリストテレスに回帰しなければならない。しかし、経験論も観念論も、心と世界の関係を十分に正しくは捉えていない。デューイの目標は、非常に早い時期からずっと、経験論の洞察と観念論の洞察を調停することである。そしてそれをする中で、彼は自分がプラグマティズムの方へ移行していると気づく。一九〇三年には、この移行は完遂されている。まさにこの年に、デューイがシカゴ大学の哲学関係の同僚たちと共同で著した『論理学理論の研究』（*Studies in Logical Theory*）が出版されたのである。本書の中心人物であるデューイが、本書の導入部にあたる四つの章を執筆した。本書はジェイムズによって、アメリカのプラグマティズムの基礎をなすと認められた（James 1975 [1907]: xiv）。『論理学理論の研究』の中でデューイは、彼が最初に保持していた探究の理論、彼がその時点までの三年か四年の間に考え抜いてきた理論を述べてくれている。彼は序言において、次のようにして、大枠の考えを打ち出している。

> 判断は知ることの中心的な機能であり、それゆえ論理学の中心的問題をもたらす。知るという行為は、愛着を持つこと、観賞すること、実践することという、よく似ているけれども多彩な機能と、密接に、かつ分かち難く一緒になっているので、知ることを、それ自体で閉じた、それ自体で説明が足りる完全なものとして扱うことは、達成される結果を歪めることにしかならない。ゆえに、論理学理論は機能心理学と密接な関連があるのだ［…］。［*MW* 2: 296; 1903］

知識と人間の心理学とは、分かち難く織り合わされている。既に見たように、これこそがプラグマティズムの大黒柱となっている考えである。すなわち、何かを知ること、あるいは、経験することについて信念を持つことは、私たち人間の能力やカテゴリーと結びついて一体となっているのだ。私たちがひとたび経験を、把握されたものの領域、理解の領域、あるいは信念の領域に持ち込めば、もはや私たちの手が加わっていないものの経験などという考えは、わけがかわらなくなる。理解された経験、把握された経験とは、常に、実在と経験主体（the experiencer）の共同作業の成果なのである。

デューイは、着想源としてジェイムズに言及しながら、実在は「経験の観点から定義されねばならない」（*MW* 2: 296; 1903）と明言している。同様に、論理学とは「経験についての論理学」（*MW* 2: 314; 1903）である。つまりそれは、「互いに互いを参照し合う様々な典型的な関心・役割が、経験において発生すること、そして機能すること」（*MW* 2: 315; 1903）についての論理学である。すなわち、論理学とは、人間的探究についての学問なのだ。驚くには当たらないことであろうが、論理学についてのこのような考え方に、ラッセル（Bertrand Russell）は満足しない。彼はデューイについてこう述べている。「彼〔デューイ〕が『論理学』と呼んでいるものは、私には、論理学の一部だとは到底思われない。そんなものは、心理学の一部と呼ぶべきである」（Russell 1983 [1919]: 134）。

『〔論理学理論の〕研究』のデューイの執筆箇所の大部分は、論理学を探究の一部として解釈しようというヘルマン・ロッツェ（Hermann Lotze）自身の試みを詳細に批判することにあてられている。デューイいわく、「私たちはロッツェの議論をたどってきたが、その道中は首尾一貫しない点だらけの拷問のような道のりであった」（*MW* 2: 330; 1903）。パースその他の〔『研究』の〕批判者たちは、この道のりを、実りのない脇道見物であると考えた。彼らにとって重要だと思われたことは、デューイの実証的な探究観の方であった。『研究』にはパースについての言及は無いが、この探究観は決定的にパース的な雰囲気が認められるものだ。(13) この探究観は、思考とは解決ないし決着を必要とする問題によって活発になる活動であると考える。思考の成功の尺度は、その思考がどの程度まで問題を解決するか、あるいは疑念を鎮めるかということである。

パースは『論理学理論の研究』の書評を『ネイション』誌（*The Nation*）に寄稿し、さらに同書について二通の手紙をデューイに書いている。先に本章第2節で引用した激しい言葉はこれらの手紙から引用したものだ。パースが気を動転させているのは、彼がデューイの「発生論的な（genetical）」推論と呼ぶ考えについてである。そのデューイの考えによると、知識、論理、そして実在は、人間がどのように考えるのかを見ることで理解できる。それゆえ論理学は「思考の自然史」（CP 8. 190; 1903）である。こうしてデューイは「発生論の研究」を次のように特徴付ける。「生命の何かしらの過程を扱う際に、私たちがその過程の歴史を辿って、現在の状態がどのようにして生じてきたのかを理解するならば、それ〔発生論の研究〕が、現在の状態を理解するのに大いに役立つと分かるだろう」（*MW* 5: 8; 1908）。一九〇〇年代初期に、デューイはしばしばこう述べている。「実験的方法は発生論的な方法として位置づけられる資格がある。というのもこの方法は、あるものがどのような仕方で、あるいはどのような過程を経て、〔現に〕経験されているような存在となっているのかに関わっているからだ」（*MW* 2: 5; 1902）。「発生論的な方法の必要性」〔を主張するこの考え〕は、次のことを述べている。すなわち、哲学的概念の意味とは、「直接的経験の典型的な危機ないし岐路にある、それらの概念の起源」の問題である。そして、これらの概念の「妥当性（*validity*）」とは、「それらが今後のさらなる経歴においても相対的に成功をおさめる」かどうかの問題である（*MW* 3: 316; 1904）。時にデューイは、ジェイムズと非常によく似た響きのことを言う。〔例えば次のようなデューイの文章がそうだ。〕「プラグマティストはこう言う。全ての命題は、これから取りかからねばならない探究を指し示している仮説（つまりは研究計画《プロポーザル》）であるのだから、命題が真であるかどうかは、その命題の経歴、その命題の歴史の問題である。つまり命題は、真に（あるいは偽に）なる、もしくは［真あるいは偽に］されるのだ［…］」（*MW* 6: 38–89; 1911）。こうして、真理の「発生」説によれば、真理は発見されるのではなくむしろ生み出されるのであり、静的なものではなくむしろ進化するものなのである。この考えこそ、パースが懸念を抱いた考え、そしてジェイムズとデューイは懸念を示さなかった考えである。[14]

おそらくデューイの教え子の大学院生の中では最も優秀であったアーネスト・ネーゲル（Ernest Nagel）は、デューイの業績を回顧する中で、パースの懸念を自分なりの言い方で打ち出している。いわく、「文脈分析の原則を健全に適用することと発生論の誤謬を犯してしまうことを区別するものは、髪の毛一本ほどの差でしかないのかもしれない」。懸念されているのは、デューイの哲学が「妥当性と論理的秩序の問題を起源と発達の問題と混同している」のではないかということだ（Nagel in McGilvary *et al.* 1939: 578）。この髪一本の差が、私が本書で追跡している二種類のプラグマティストたちを分ける。第一の種類のプラグマティストの考えでは、私たちの歴史や進化のおかげで私たちは現在のような解釈発動機関（the interpretative engines）となっており、そして、物事が真であるかどうかということから解釈を完全に切り分けることはできないけれども、それでも私たちが解釈している事物は存在している。この種類のプラグマティストはパースであり、さらに後で見るようにC・I・ルイスもそうだ。もう一方の種類のプラグマティストの考えでは、私たちの解釈とは切り離されて存在しているものがあるなどとは、たとえ抽象化を進めたとしても言うことはできない。こちらの種類のプラグマティストはデューイであり、また、少し違った仕方ではあるが、ジェイムズとシラーもそうである。

デューイの科学観は見当違いを犯していると考えたのは、パースとネーゲルだけではなかった。デューイの教え子であるモリス・ラファエル・コーエン（Morris Raphael Cohen）は、こう批判する。いわく、彼の師〔デューイ〕は、人間の心理学と人間の関心に集中することによって、科学の核心にある「関心抜きの好奇心」を無視してしまっている。コーエンの議論によると、「〔関心から〕離れていること、そして批判的な態度を保つことは、科学者あるいは哲学者として知的統一体の典範を維持してゆかねばならない者たちの特別な義務である。一時的な大義名分に身を捧げたせいで哲学の灯火が過激派の熱源に変わってしまうということが、これまであまりにたくさんあった」（Cohen 1949 [1940]: 175）。

興味深いことに、パースの苛烈な批判は、デューイの探究観についてはなりを潜める。なぜならデューイは、論理学を探究の一部として特徴付け、そして探究を、疑念がより良い信念に置き換えられる活動として特徴付けている点で、パースと同じ轍を歩んでいるからだ。しかしパースにとって、論理学は実際に探究の一部であるが、その一方で、論理学は探究のための規範を提供する形式的で厳密な学問でもある。論理学の仕事は、「ある思考の進行は健全かつ妥当である、そして別の思考の進行はそうではない、と明言する」ことである（*CP* 8. 190; 1903）。そして既に見たように、パースの考えでは、科学とは、事実と無関係ではない説明を探し求めて信念を安定させる方法なのである。パースに言わせれば、『論理学理論の研究』など、「私〔パース〕がここ十八年間ずっと打ち込んで来たような研究の全てを立ちいかなくさせてしまうことが確実である」(CP 8. 243: 1905)。

『論理学理論の研究』で示されている論理学や探究についての見解は、長い期間を通してデューイ思想に残り続けており、それの最も長く考え抜かれた末の定式化が、一九三八年の『論理学——探究の理論』において為されている。これらの話題は、一九一四年から一九二八年の間にデューイがコロンビア大学で講じていた、ネーゲルいわく「非常に有名な」大学院生向け講座の主題であった(Nagel 1986: 533)。実際、デューイは、一九四九年に依然としてこれらの考えに取り組み続けており、そうした主題についてさらにもう一冊の本を執筆しようと構想していたのである(Nagel 1986: 544)。

『論理学——探究の理論』は、パースとジェイムズの逝去から随分経ってから書かれている。最終的にデューイは、自分自身の仕事の基礎的要素として活用している探究の理論の創案者として、パースに適切に言及できるようになっている(15)。しかし、この本は「徹底的にプラグマティック」であるにもかかわらず、デューイは自身の立場を「プラグマティズム」とは呼んでいない。〔デューイいわく〕「その〔「プラグマティズム」という〕言葉については、あまりに多くの誤解と、比較的に実りの少ない論争が集中してしまっているので、その言葉を使うことは避けた方が無難であるように思われた」(LW 12: 4: 1938)。どのような名称をデューイが使おうが使うまいが、はっきりしていることがある。デューイはさらに、パースの探究の理論から出発しつつ、その上で、進化論から着想を得ながら、その探究の理論を、パースならば歓迎しなかったであろう仕方で変成しているのだ。

『論理学——探究の理論』は、まず、探究についてのパースの疑念‐信念モデルをほぼ一言一句、きっちりと受け入れることから出発している(LW 12: 17 n. 1: 1938)。以下に示す〔デューイからの〕

引用は、〔パースの論文〕「信念の固定化」(“The Fixation of Belief”)からの引用であったとしてもおかしくないだろう。

疑念は不安なものだ。疑念とは、探究の過程において、それの表現や捌け口が見つかる緊張状態である。安定したものを探し求める中で、探究は完了に至る。この安定した状態こそが、本物の信念を区別する特徴である。今のところ、信念というのが、探究の目標にふさわしい名前である。
[*LW* 12: 15; 1938]

デューイは、探究とは疑念を解消することであるというパースの考えから出発する。裁判は、探究を必要とする問題状況(a problematic situation)の一例である、とデューイは述べている(*LW* 12: 123; 1938)。裁判の形式的諸概念(軽犯罪、犯罪、不法行為、契約など)は、「日常のやりとり」から生起している。つまりそれらは、「天上から、あるいは何かしらの外在的ないしアプリオリな源から」課されているのではない(*LW* 12: 106; 1938)。「しかし、それらの概念が形成されれば、それらも形成的(*formative*)なものとなる。〔そうなると、〕それらの概念が発展してくる元となっている活動の適切な振る舞いを、それらの概念が統制する」(*LW* 12: 106; 1938)。問題が生じれば、私たちの理論は、その問題によって促される新しい洞察に照らし合わせて改訂されることになるだろう[(16)]。すなわち、問題状況や疑念が生起するとき、私たちは、「未来の活動の決定的な指針」を提供してくれる安定した信念を得るまで、自らの信念の改訂に勤しむのである(*LW* 12: 124; 1938)。

既に見たように、パースの論文「信念の固定化」は、こうした探究の理論に対して突きつけられる問いに答えることに関心があった。では、安定した信念ならばそれは真なのだろうか。デューイは、この問いに答えねばならないという圧迫を直接に感じているわけではないが、これから次節で真理と確実性についての彼の思想を見ると分かるように、彼は他所で、この問いをもっと深刻に受け止めている。目下話題にしている著作では、デューイの思想は、（真理に対置される）保証付きの主張可能性というものが私たちの目標とするものなのだ、という考えにかかっている。それこそが特定の探究を切り上げさせるものなのである（*LW* 12: 15; 1938）。

プラグマティストにつきまとうもう一つの問題についてはどうだろうか。つまり、これは「である」と「べき」の混同ではないのか。デューイは次のように述べる。

> 人が現に「考える」仕方というものは［…］、人がある時点で探究を遂行する仕方を端的に表している。それがその人たちのあるべき考え方との違いを示すために使われるのならばその限りで、それは良い農業と悪い農業、あるいは良い医術と悪い医術の間の違いのようなものを表す。当該の探究に関して狙い通りの結末に至ることはありえないということが過去の探究の経験から分かっているような探究の方法に従うときには、人はそうすべきではない仕方で考えているのである。［*LW* 12: 107; 1938］

パースは、未来の探究のうちに規範的なものを位置付けている。探究が改善されるに従って、探究によって信念や方法が覆されることになるのならば、その信念や方法は良いものではない。デューイもまた規範は探究から生起するとしているが、彼は規範を過去に位置付けている。信念ないし方法が良くないというのは、探究によってその信念ないし方法が良くないということが示されていて、それでいて探究者はそのことに気づいていないという場合のことなのだ。

パースとデューイの間にはいくつもの類似点があるけれども、一つ、とりわけ際立った違いがある。先述の〔裁判の〕例に関しては、次のような異論が避けられない。すなわち、この例は（オリヴァー・ウェンデル・ホームズ〔Jr.〕がそうしたように）法を見る仕方としては素晴らしいかもしれないが、物理科学に対してはそれほど上手くゆかない。なぜなら、そこには永遠なる何かが作用していると思われるし、確実にパースもそのように考えていたからだ。もちろん、デューイの捉え方で言うところの探究において〔も〕、私たち自身の原理や欲求以上の何かが作用している。例えば、農業の方法が良いと判明するかどうかは、土地や植える作物などに左右されるだろう。しかしながらデューイは、誰かが世界や世界の諸条件について述べる場合には常に、その人たちは旧態依然とした真理の対応説と思わしき考えをとれと彼に迫ろうとしているのだと考えた(17)。世界と世界の諸条件について述べようとするプラグマティストは、自分の見解とその論敵となる実在論者の見解の間に、どのようにして何らかの空隙が開いているのかを示すべく頑張らなくてはならない、ということは確かにその通りだ。既に見たようにパースは、私たちには〔私たちから〕独立した客体の世界に対する認知的アクセスなど無い、と論じることによって、この空隙を開いた。つまり、経験から強制的な要素を引き出すことによってのみ、私たちは世界がそこにあるということをうすうす知ることができるのである。

他方、デューイは、なぜ自分の見解が、改善、間違い、基準といった観念を理解することに苦労してきた観念論的な対抗相手から十分に離れているのかを言う努力をしなければならない。パースとデューイの分断は、髪一本の差なのかもしれないが、これは、プラグマティズムの歴史の成り立ちを決定づける分断、様々な種類のプラグマティズムの前に立ちはだかる難問を作り出す分断なのである。続いては、デューイは必ずしも、直面した難問に上手く応答できたわけではなかったことを見てゆこう。

7-4 デューイの形而上学

既に見たように、全てのプラグマティストたちと同様にデューイは、知ることというのは主体が受動的に客体を見ることとして特徴付けられうるような関係性ではない、と論じている。主体が、関心や価値観や文化や心理の介在を経ていない世界と邂逅するということはありえない。私たちが経験することの全ては、能動的認知を帯びることになる。とはいえ私がこれから論じようとしているのは、プラグマティズムの土台にこうした床板を据えるためにデューイがしている議論の仕方には困難があるということである。

デューイは、パース的な探究の理論に生物学的なひとひねりを加えている。すなわちデューイの捉え方では、探究とは、生命体が環境の中で安定ないし調和を維持しようとしているという事柄なのである。生命体は、問題状況、すなわち不安定な状況、あるいは均衡の欠如に直面し、そうした状況を取り除こうとする。デューイにとって生物学は、いくら言っても言いすぎにならないほどに重要である。彼の考えでは、私たちを形作ってきた生物学的な事実は、知識や真理といった概念を分析する際に決定的に重要である。生存のための動因や、協力の必要性といったような、生物学的な根拠を持つ命令的原則（imperatives）だけが、探究を駆動しうる命令的原則なのである。

パースもまた、私たちの能力の生物学的起源が重要な関連を持つと考えている。〔つまり彼は、〕私たちが有する目的や能力は、進化によって形作られた、人間の目的・能力である〔と考えている〕。しかし彼の考えでは、そうした人間の目的の一つには、単に物事を正しく捉えているように思うということではなく、むしろ〔現に〕物事を正しく捉えるということへの関心がある。私たち人間の関心には、私たちの信念を経験の力によって確認したい、という欲求が含まれている。つまり、私たちの信念は、〔外的な〕事実と無関係ではない何かが原因となって引き起こされるのでなければならない。

一見したところでは、デューイは〔この考えに〕同意しそうだ。経験とは「生きものとそれを取り巻く物理的・社会的環境の関わり合いによる事柄」（*MW* 10: 6; 1917）である。知識とは過程、つまり、探究者と環境を含む過程である（*MW* 10: 10; 1917）。しかしデューイは、生命体と環境を、相互作用する二つのものであるとは考えていない。生命体と環境は、もっと複雑な仕方で、もっとヘーゲル的な仕方で、網の目のように関わり合っているのだ(18)。

デューイは、自分なりにこの複雑さを表現しようとして、実在は「実践的な特性を有する」と述べている（*MW* 4: 128; 1908）。この世界は、固定された形式の世界ではない。デューイは、新しい物理学が自分の見解の正当さを示してくれると考えている。いわく、ハイゼンベルクの不確定性原理が示すところによると、相異なる探究者が探究している世界は、ごく文字通りの意味で、相異なる世界である。「知られること〔知識〕というものは、〔個々の〕観察行為がその中で必要な役割を果たしていることによる産物と見なされる」[19]（*LW* 4: 163; 1929）。デューイはまた別の表現でこの複雑さを言い表していて、それによると、生命体と環境は一つのものなのだという。そしてそれゆえ、ロバート・タリース（Robert Talisse）が論じているように、デューイにとっては、探究者ではなく状況こそが疑念を抱くのかもしれない（Talisse 2002）。私たちがある状況を、曖昧なもの、混乱したものとして経験する場合、その状況は現に曖昧で、混乱しているということになる。デューイはこれ以上明晰には言い表せなかった。「これらの性質を有しているのは、その状況なのである。その状況が本来的に疑わしいから、私たちは疑わしく思うのである」（*LW* 12: 109; 1938）。どうやらデューイは、次のような形而上学を提供しようとしているようだ。すなわち、心的状態（疑念）は状況に属しており、その状況とは、信念や必要や欲求や心理的な気質を備えた人間の探究者と自然界の合成物である[20]。

この「状況」という考えは、世界を人間化しようとするデューイの試みである。彼は、人間と世界が一体のものであるという見解を明確化しようとしている。ここまでは、なるほど悪い話ではない。人間が世界の一部であるということ、あるいはデューイの用語で言えば、生命体が環境の一部であるということは、誰もが喜んで認めるに違いない。また、デューイが自身の形而上学的構想から外在性を取り払ってしまわないようにしていることも、なるほど良いことだ。状況こそが疑念を持つのだ、と述べた後でデューイはこう続ける。「実際に存在している状況によって引き起こされるのではない、そうした状況とは無関係な、疑念という個人的状態があるとすれば、それは病理的な異常である」。

そのようなものは、「実在からの撤退」である（*LW* 12: 109: 1938）。「自然」は、探究を必要とする問題状況の一部である。つまり自然は、生命体と、あるいは自我と、相互作用をする（*LW* 12: 110: 1938）。状況とは、「〔生命体の〕有機的反応と〔生命体を〕取り囲む諸条件（conditions）の相互作用」なのである（LW 12: 111: 1938）。

実際、パースの『著作集』（*Collected Papers*）第一巻についての書評の中でデューイは、「主観的観念論」を拒絶している点でパースを賞賛し、さらに、問題状況というデューイ自身の考えを、経験とは不意に現われて私たちを驚かせるものだ、というパースの考えに関連づけている。「パースいわく、経験は一連の驚きを介して私たちに教えてくれる。〔つまり〕私たちの予想と現実の出来事がかち合うことを通して、私たちは学習するのである」（*LW* 11: 423: 1935）。一九三〇年代中葉におけるデューイのパース読解は、洗練されている。彼はパースの三つのカテゴリーのうちの最初の二つを次のように正しく理解しており、そうであるからには、彼がパースに同意しないとは考えにくい。

> 存在の一般的ないし個別的な「証明」は、私たちが反応せざるを得ないという事実、事物に対する私たちの反応に対してそれら事物が〔さらに〕反応するのだという事実のうちに見つかる。それは、私たちの経験の中の知的でない要素、合理的でない要素である。それは、説明し尽くすことはおろか、説明をつけることすらできない。それはただある。私たちはそれを取り扱わねばならないので、それを放置してはおけない。それは、それ専用の言葉で記述することすらかなわない。それは、経験されることはありえて、その上で他者に向かって示されることはありうる。

［*LW* 11: 482; 1937］

デューイの見解では、主体と客体は経験のうちで合一するのであり、これは言ってしまえば、パースのカテゴリー論に非常に似たものである。しかし、外的世界のことを〔自身の思想に〕持ち込む〔デューイの〕やり方は、控えめに言っても、ぎこちないものである。信念や疑念を持つのは信念主体なのであって、信念主体と、その信念主体にとって外在的であるものから何らかの形で作り出される、形而上学的な捏造品〔つまりデューイの言う「状況」〕が信念や疑念を持つわけではないとする点で、パースは確かに正しい。ヘーゲル的な洞察を経験論的ないし自然主義的な構想に加えようとするデューイの試みは、ずっと、満足なものには至っていないように思える。リチャード・ゲイル（Richard Gale）が論じているように、デューイの立場において、経験論とヘーゲル主義の間には緊張関係があるのだ（Gale 2010: 119–20; 186）。

一九二九年にネーゲルは、デューイに対して、強力な問題提起をしている。

> デューイ教授はいかにして形而上学を手にできるのかという問題が、当然ながら生じる。どうやって彼は、固有性、相互作用、変化が全ての存在を特徴付けるということを知るのだろうか。そして、これらの区別が、この世界でうまくやってゆくという目的のために拵えられた論理的なものというだけではなく、独立した存在が有している性質でもあることを、どうやって知るのだろうか。なにゆえに彼は、人間の経験に現れる特徴を、その経験を包み込んでいるがそれ以上のも

のも含んでいる自然に帰属させてしまうのだろうか。［Nagel 1929: 707］

ネーゲルの考えでは、私たちは「記号（symbol）を、記号が指し示す対象物から」区別しなくてはならない（Nagel 1929: 477）。既に見たように、パースはこれに同意する。ただしパースは、可能な限り最小限の仕方でこの二者を区別する。すなわち、私たちにできることの全ては、対象物を指し示すこと、ないしほのめかすことで尽きてしまう。

ラッセルもまた、デューイの言う「主体と客体が変化する［…］『探究』の過程」なるものは意味がわからなかった[21]。ラッセルいわく、状況とは「特異《ユニーク》な実存的全体（existential whole）」（*LW* 12: 125; 1938）であるとデューイは述べているが、彼は決して、「『実存的』というのがここで何を意味しようとしているのか」を述べてはいない（Russell *CP* 10: 147; 1939）。また、デューイは決して、どうやって諸状況を個別化すれば良いのかも述べていない。

「状況」というのは、どれほど大きいのか。［…］潮の満ち引きについての探究においては、太陽と月がその「状況」に含まれねばならないことは明らかだ。この問いはどこにおいても明示的に論じられてはいないが、どのようにすればデューイ博士の原理に基づいて、「状況」が宇宙全体ほどに大きなものを包摂できるようになるのか、私には分からない。［Russell *CP* 10: 147; 1939］

しかし、ラッセルが抱く主な懸念というのは、デューイの理論で言われているような探究は全く探究らしくないということである。それは、「真理を探し求めること」でも正しい答えを求めることでもない。そうではなく、デューイの言葉で言えば、探究とは、「統制されたやり方、指針に基づくやり方によって、不確定的な状況を変容させ、その状況を、その構成要素の区別や関係という点において確定的にすることによって、元来の状況の諸要素を統一化された全体へと転換すること」(*LW* 12: 108; 1938) なのである。ラッセルの指摘によれば、こうした探究の捉え方に基づけば、ひよっこの新兵達を一丁前の連隊に変える教練担当軍曹や、レンガを積み上げて建築物に変容させるレンガ職人は、うまく探究を遂行していると言われなければならない。しかし、探究において私たちは、何かについて探究している。つまり、問いに対する答えを見つけようとしているのだ。ある実存的状況を別の状況に変容させようとしているのではない。

ジェイムズでさえ、それ以外の点では好意的な内容の論評の中で、デューイとその弟子たちは次のような「特殊な『事実』観」を有していると述べている。

> 事実と理論には、通常考えられているような別々の性質、すなわち、片方が客観的でもう片方が主観的であるというような性質があるわけではない。両者はいずれも、同一の素材、つまり、経験という素材から作られており、両者の差異は、両者の機能の仕方にのみ関連している。[…] それが変わらず安定して機能するとき、それは「事実」であり、そうとは言い切れない場合、それは「理論」である。[James 1977 [1904]: 104]

もちろんジェイムズは、大概の論者よりもデューイの考えに共感的になることだろう。しかしジェイムズは、デューイの思想体系にある「大きな穴」の一つとして、「様々な主体が共通の客体世界（object-world）を共有している［…］という事実についての説明がない」（James 1977［1904］: 105）ことを見抜いているのだ。デューイにとって、知識の対象とは、私たちが探究をする以前から存在しているものではない。事物は、私たちの探究から生起するのである。私たちは事物を発見するのではなく、むしろ事物を構築するのである。

このことをおそらく最もうまく要約しているのはウィリアム・セイヴァリ（William Savery）の一九三九年の次の文章である。これは、彼が『リヴィング・フィロソファーズ文庫』（*The Library of Living Philosophers*）のデューイの巻に書いた、プラグマティズムにおけるデューイの位置付けを全体的には好意的かつ寛大に説明した文章からの引用である。

> デューイが未解決のまま残していて、しかも時にデューイはそれを全く問題だとは見なしていないらしい、哲学上の重要な問題というものがある。これはつまり、外在的世界の性質についての問題である。デューイはしばしば、自身があたかも自然実在論者であるかのような書きぶりを見せる。［…］しかし彼は観点実在論者（perspective realist）であって、彼の考えでは、私たち〔それぞれ〕の観点とは、既に存在している出来事と連続的でありながらそれに付加されている、自然の出来事なのである。［Savery 1951［1939］: 508］

セイヴァリはこの見解を理解できないでいる。

それゆえ、デューイに真っ向から反対する二種類の実在論が一九〇〇年代初頭に出現したことも驚くにには当たらない。ラルフ・バートン・ペリー（Ralph Barton Perry）とウィリアム・モンタギュー（William Montague）をその中心に擁していた「新実在論」、そして、ジェイムズ・プラット（James Pratt）、C・A・ストロング（Charles A. Strong）、デュラント・ドレイク（Durant Drake）、ロイ・ウッド・セラーズ（Roy Wood Sellars）、アーサー・ラヴジョイ（Arthur Lovejoy）、そしてサンタヤナをその主要な提唱者としていた「批判的実在論」である。こうした哲学者たちは皆、外在的世界は存在していて、私たちは外在的世界について知識を有することができると論じた。彼らは、デューイがこうした実在論の中心的主張を否定していると考えたのであった。

ロイスとジェイムズの教え子であるペリーが、新実在論の運動の中で非常に目立っていたということは興味深い。というのも、ペリーは細心の注意を払ってプラグマティズムを解釈しており、ジェイムズについての素晴らしい知的伝記を著していたからだ(22)。ペリーは、「知ることということのは既知に基づいて実在を発生させることである」という観念論の「至上原理」を槍玉にあげ、プラグマティズムがそうした観念論的な見解に、不愉快なほどに接近してしまうことを危惧した（Perry 1910: 326）。一九〇七年の論文「知識の理論としてのプラグマティズムについての批評」（"A Review of Pragmatism as a Theory of Knowledge"）の中で、彼はこう述べている。「知識において真なる事柄は常に特定の意図に相対的である」という「命題を、観念論者と共に歩むプラグマティストは、見事に主張してきた」（Perry 1907a: 369）。そして一九〇七年のもう一つの論文「哲学的一般化としてのプラグマティズムについての批評」("A Review of Pragmatism as a Philosophical Generalization")では、彼は注意深く、次のように結論づけている。「私がプラグマティズムの気質を大いに見誤っていないのであれば、この学説は何よりもまず経験論的であり、相対主義的な特徴は副次的なものにすぎない」(Perry 1907b: 428)。ペリーが懸念しているのは、プラグマティズムのこの副次的な特徴が前面に出てしまった場合には、プラグマティズムは「ある形式の超越論的観念論のために経験論を捨て」(Perry 1907b: 427) ねばならないのではないかということである。

批判的実在論者は二元論者であって、彼らは〔新実在論者以上に〕さらにもっとデューイに反対する見解を打ち立てた。彼らは、知覚主体と知覚される客体が存在すると論じ、さらに、知覚する・知るという行為(これらは心的行為である)と、知覚されるもの・知られるもの(これらは心的ではないかもしれない)を区別しなければならないと論じた。この区別は、心的な出来事〔が存在すること〕は容認するけれども、心的な実体を支える基体(substratum)が必要だという考えは否定しており、それによってこの実在論者は、知覚がどのように機能するのかを説明するために心的存在を措定するということをしなくてすむようになる。既に見たように、プラグマティストは、こうした方策がどのようにしてうまく働くと想定されているのかについての説明を求めている。そして、誰もそうした説明をしてくれてはいない。

しかし、デューイと同じく、こうした批判的実在論者や新実在論者も皆、自然主義者であった。彼らは、信念と信念の対象の対応について語ることは「その場しのぎの混同をしてしまうこと」(Perry 1907a: 374) であると考える点では、デューイに同意していた。実際、彼らは、自分たちは多くのことをデューイと共有していると考えていたのであり、それゆえ〔ロイ・ウッド・〕セラーズは次のように主張していた。いわく、「非常に基本的な部分では私は〔デューイに〕同意しており、だからこそ、些細な論点についての目立った意見の不一致はどれも、修正可能であるに違いない」（Sellars 1907: 432）。しかし、その修正は容易には行えないことが明らかになった。例えばラヴジョイは、過去や未来についての言明に関する昔からずっと続く問題を、デューイに突きつけた。〔その問題とはつまりこうだ。〕知識とは検証可能なものなのだとしたら、私たちはどうやって、過去や未来についての知識を持てるのか。ラヴジョイには、〔この問題に〕応答しようとするデューイの試みは不明確で不十分であるように思われた（Lovejoy 1922: 506）。

こうした実在論者たちの異論に注意を向けるときにデューイは、観念論と実在論という信頼に値しないと思われた二つの考えのそれぞれの中から、〔それでも〕正しいものを捉えてゆこうという試みを、精一杯にやっている。デューイは論文「真理の問題」（"The Problem of Truth"）の中で、真理は探究という社会的過程と結びついている、と述べている。しかし、そうした探究の過程もまた、何かに反応して生じている。「帰結を参照することを通して真理を定義する」というデューイの考えによって、事物の「本当のあり様」が導かれる。というのも、「事物こそ原因」だからである（MW 6: 47; 1911）。「客観的真理」（MW 6: 53; 1911）が存在するのである。しかしデューイは、そうした明確で説得力のある理論を提供している場合であっても、客観性というものを、ほとんどその〔客観性という〕言葉に値しないように思われる仕方で特徴付けてしまっている。この論文でのデューイの結論は次の通りである。

私は、仮説以上のものを提供しているとは言えない。〔…〕それ〔客観性〕の身分は社会的に決まるのである。私が提案している客観的真理の捉え方——すなわち、客観的真理とは、人間の目的を自由化し、人間の努力を効率良くするために、事物を効果的に機能させるような、それら事物についての解釈の仕方を意味するのだという捉え方——は、社会的使用によるテストをあらゆる真理の尺度として要求するのであるが、それ自体としてはそうしたテストをまだ受けていない。

〔*MW* 6: 66; 1911〕

つまりデューイは、社会的使用こそが真理のテストであると述べることによって議論を終えており、この真理には彼自身の捉え方で言うところの真理が含まれている。〔となると、〕デューイは客観的なものにあまり関心がなく、むしろ主観的なものの方に関心があったのだ、と考えられてしまったこと、そして今もなおそう考えられていることは、全く不思議なことではない。

〔実在論者たちの〕こうした異論を、次のことを示唆する議論として特徴付けられるかもしれない。すなわち、二元論の解体を要求する者は、その〔二元論という〕誤ったものの見方を、それよりもましなものに取り替える義務を負っているのだ、と。デューイは、「主観と客観、実在と現れ、心的なものと物理的なもの」の間にある「余計な二元論」を捨てる必要があると主張している（*LW* 14: 9; 1939）。しかし彼は、それらの二元論を、納得のゆく考えに取り替えねばならない。場合によっては、彼は、もう一歩のところまで漕ぎ着けている。デューイいわく、もし経験論が、「所与のもの（givens）」、つまり生《なま》のデータとして私たちに与えられるものについて語っていたのでなければ、哲学的思考はもっと良くなっていただろう。「〔選び〕取られたもの（takens）」、つまり私たちが直面する対象物から選び出すものについて語っていた方が良かった（*LW* 4: 142; 1929）。ここで彼は、私たちにとって外在的に存立しているものがあり、そこから私たちは何かを選び取ったり、それと相互作用をしたりするのだ、ということを認めているように思われる。しかし全体を通して見れば、デューイはそうした思想から距離をとったままである。というのも彼は、そうした思想は、知識の観衆説や真理の対応説に内在している二元論を再生産してしまうと感じているからである。

既に見たように、初期のプラグマティストたちは皆、信念は行為への指令である、あるいは、信念は行為への指令を含む、と考える点でベイン（Alexander Bain）は正しかったと考えた。パースとジェイムズは、信念のこうした側面を、信念が信念主体の状態であるということと共存させようとしている。それゆえ彼らは、信念が、真や偽になりうるものであってほしい。信念が、保証を得たり得なかったりするものであってほしい。〔信念とは、〕心的状態であり、それを肯定したり否定したりする証拠があるものであり、しかも、行為に、あるいは行為への性向に結実しうるものである。どうやって信念がこういった全てを兼ね備えたものでありうるのかという問題については、もしかしたら全てのプラグマティストが良く分かっていないことなのかもしれない。しかしこの点についてはデューイが、全てのプラグマティストたちの中でも最も混乱しているだろう。というのも、彼はこの既に頭でっかちになっている混合物に、さらに、信念とは状況の状態であるという奇妙な考えを加えているからである。〔とはいえ〕信念と疑念を状況に帰属させる際にデューイが本当のところ追求していたことは、全くもって合理的であったのかもしれない。実験という考えが、彼の重要な洞察を理解するための鍵である。探究において、私たちは何かを行う。私たちは、自分の信念を変更するとともに、世界も変更している。デューイもまた、信じる意志の問題に関しては、自分自身をジェイムズから区別しようとしていたのではないだろうか。ラッセルがデューイの状況という考え方を理解しようと試みているのに応答して、デューイはこう述べている。

ラッセル氏は、まず、疑念に満ちた状況というものを個人的な疑念に変更してしまうことによって話を進めているが、この二者の違いを私は繰り返し指摘している。個人的な疑念は、それが問題状況を反映してのものでないならば病理的なものである、と明示的に述べたことすらある。次に、疑念〔の話〕を私的な不快感〔の話〕に変えてしまうと、真理はこの不快感の除去と同一視されてしまう。私の見解に従えば、〔今の話に〕関わってくる唯一の欲求とは、当の状況に含まれている問題を可能な限り誠実かつ私心に左右されず解決したいという欲求である。「満足」とは、その問題によって規定された諸条件を満たすことである。何であれ、ある仕事がその仕事自体の要求に従ってうまく為されたときには個人的な満足が生起するのだから、そうした満足が〔ここで言う「満足」に〕入ってくることもあるだろう。しかし、そうした満足は、いかにしても、妥当性の確定に関わってくることは無い〔…〕。［*LW* 14: 156; 1939］

これは効果的な応答だ。この応答から私たちは、デューイがどういう動機から、探究者の疑念と信念の方ではなく、そこから離れて、状況に疑念が満ちているということの方に強調点を移したのかを垣間見ることができる。しかし、個人的な疑念や欠乏感を宥めることが真理に結びついているというジェイムズ的な見解から距離を取ろうとして、デューイは、形而上学的にこんがらがってしまっている。とはいえ、倫理学にとっては、デューイの形而上学は比較的に問題が少ないということを指摘しておこう。倫理的な世界は、部分的には私たち自身の行為の結果として、時間を経て絶えず変化し続けている。倫理学において私たちは、自分たちの変化してゆく必要・関心・能力と、私たちが産出するものである、変化し続ける社会的環境との間の、まずまず受け入れ可能な均衡を維持しようとしている。本章第6節で見るように、実のところ、プラグマティズムに対するデューイのとりわけ目覚ましい貢献の一つが、倫理学におけるものなのである。しかしまずは、どのようにデューイが進化論的な思想をプラグマティズムに持ち込んでいるのかを理解する必要がある。

7－5　真理、そして確実性の追求

真理とは「いかなる検証の過程にも先行するもの（antecedent）である」という「主知主義的な」真理の理論に、デューイは反対する立場をとる（*MW* 4: 76; 1909）。デューイいわく、ブラッドリー（F. H. Bradley）やロイスといった〔デューイと〕同時代の観念論者たちがこうした〔主知主義的な〕考えの一種を擁している。〔それとは〕また別の種類の主知主義的な理論が真理の対応説であり、これによれば、真理とは、「観念が事物に一致している、ないし対応しているという関係にあるということに存する」「自己充足的な（self-contained）」観念の性質である（*MW* 4: 77; 1909）。主知主義者の抱える問題はこうだ。彼らは、心と実体の間、あるいは意識と客体の間の「二元論」を措定しているが、「これらの用語それぞれは何らかの確定した存在の秩序について述べていると想定されているにもかかわらず」、その二元論について理解できないでいる（*MW* 4: 79; 1907）。それどころか、デューイの警告によると「観念論の名に［…］値しない」という主知主義者の「観念–主義（idea-ism）」は、自らそれ自体が真であるとか偽であるとか喧伝している「自明の（self-luminous）」観念〔という考え〕にコミットしてしまっている。デューイが的確に述べているように、問題はこうだ。「そうした燐光のようにぼんやりした考えは不十分なものであるとして悪名高く、〔そうした考えの〕結果として、ある観念が真か偽かということが、実在とのはっきりした結びつきを、つまりはまさに両流派の主知主義者が賞賛している結びつきを伴わなくなってしまう。デューイは次のように核心を突いている。

するとと、当然ながら、〔主知主義者の言う〕一致なるものの性質とは何か、その一致の認識とは何なのか、という問題が生じる。観念と存在の両方についての調査を認識し、さらに両者の一致を認識する経験とは、いったい何なのか。それは観念なのだろうか。［…］さらに、真理とは、観念が観念を超えた存在と一致していることだ、という規定についてはどうなるだろうか。絶対的なものが、その〔観念と存在の〕違いを超越し、吸収してしまうのだろうか。さらには［…］特殊な判断についてのテストとは何なのだろうか。事実と思考の対応についてはどうなるのか。あるいは、もっと喫緊のことで、生活、実践、科学についての差し迫った問題は、あれこれの理論、計画、解釈の相対的な妥当性、あるいはより高度な妥当性を見分けることなのであるからして、

真理の基準とは何なのだろうか〔…〕。〔MW 4: 79; 1907〕

これらはなるほど良い問いであり、デューイは明らかに、これらは主知主義者には答えられないと考えている。

真理は、思考とそれに先行する実在との対応でも、思考と事物の「本当のあり様」との対応でもありえない（MW 6: 34; 1911）。なぜなら、事物の本当のあり様など、私たちには把握できないからだ。「最初の命題とその命題の対象が一緒に調査され、比較され、両者の一致ないし不一致が認められるようになるための、第三の媒介物が必要であるように思われる」（MW 6: 34; 1911）。

デューイの時代に最も目立っていたこれら二つの真理の理論は、〔結局〕持ちこたえられなかった。驚くほどのことでもないが、デューイいわく、「最終的には第三勢力がそこに勢いよく食い込んできた」（MW 6: 33; 1911）。その第三勢力こそが、「知識の機能的理論」あるいは「経験の哲学」を保持する、プラグマティストつまりは「道具主義者」である（MW 4: 50; 1907, MW 4: 78; 1907）。この見解に基づけば、かの観念論者や実在論者のように「出来合いの（ready-made）」真理に注目するということはもはやない。私たちは未来に注目する。つまり、命題が「さらなる経験において生じさせる」「差異」に注目する（MW 6: 38; 1911）。私たちの理論の役目は、絶対的なものを〔鏡のように〕映し出すことでも、世界を本当にありのままに映し出すことでもなく、予測、行為、問題解決を私たちがうまくやり遂げられるようにすることなのである。

『論理学』の中でデューイは快く、真理を、調査を行う者全てによって合意されるであろうこととして「定義」している（*LW* 12: 50; 1938）。デューイは、こうした後期になって、「継続している探究」という観点から真理について考える点で自分はパースと同じ立場である、と述べている（*LW* 14: 56; 1939）。「真理の安定性、C・S・パースの定義によるところの「実在」のようなものは、一つの極限（a limit）を表わしているのだと言わねばならない」（*LW* 5: 215; 1930）。既に見たように、これは本当のところはパースの見解ではない（彼は真理を一つの極限として定義してはいない）けれども、デューイが、信念が真であるということは安定しているということだ、という真理概念に至っていることは興味深い。

一九二九年にデューイは、ジェイムズとロイスに続く三人目のアメリカ人講演者として、エジンバラでギフォード講義を行った。この連続講義は『確実性の追求』（*The Quest for Certainty*）と題されていた。この講義で講じられた事柄のうちで相当にたくさんのことが、『論理学』のためにデューイが準備していた事柄から引かれている。それゆえ、『確実性の追求』が、真理の問題についてデューイとパースは異口同音のことを述べているのだとする根拠を補強するばかりであることは驚くほどのことではない。彼らは両者共に、真理とは抽象的な命題ではなく、人間の判断や信念に付随するものであると論じている。トム・バーク（Tom Burke）がデューイの主張の要点をまとめているのだが、それによると、実に興味深いことに、〔デューイは〕「判断が実際に成立する仕方を理解せよという要請に沿った具体的な行為を通じて、判断〔の妥当性〕を保証している」（Burke 1994: 238）のだという。つまり、『確実性の追求』の考えでは、絶対的な真理の追求は全て成果を得られない運命にあるだけでなく、絶対的真理は実際のところ、私たちが探し求めていると思っているものでもない。特定の問題を調査している者は誰も、確実性を目標にしてはいない。そうではなく、「安定（security）」を目標にしている。すなわち、取り扱っている問題に対する信頼の置ける解決策を目標にしているのだ（LW 4: 3f; 1929）。どんな証拠が出揃ってもそれら全てに持ちこたえるであろう信念を得ることを、私たちは目指している。つまり、うまく働く信念を得ることを目指しているのだ。私たちは常に、探究の文脈の中にいる。その文脈においては、下されるべき決断とは、今のこの地点から何を信じるべきかの決断であり、仮にゼロ地点、つまり確実な基礎ないし不可謬な基礎から出発できたら何を信じるべきか、についての決断ではない。アラン・ライアンが述べているように、デューイとパースは読者に次のように訴えているのだ。すなわち、確実性への欲求からは離れよ、そしてこの不確実性の真っ只中においては、安定で十分であるということを受け入れよ、と（Ryan 1995: 233）。伝統的な信仰は、「人間（humanity）を含む自然、あらゆる欠点や不完全さを伴う自然〔…〕、理想の源泉としての自然」（*LW* 4: 244; 1929）に置き換えられることになる。

しかし、良くも悪しくもデューイは、こうした思想をパースよりも先に進めている。彼は、哲学の伝統的諸問題や、それらの問題が依拠していた諸概念が捨て去られることになるような、包括的な哲学の再構築を要求するのである。〔デューイいわく、〕私たちは哲学の伝統的諸問題を「解決する」のではなく「克服する」（*MW* 4: 14; 1909）。つまり、デューイは革命家なのだ。彼は哲学に背を向けようとしている。なぜならば、彼は、自分に対して寄せられる異論に正面から取り組むのではなく、むしろそれら異論を無視しがちであり、結果、問いに答えるのではなく問いを回避するからである。彼は、そうした問いの多くは、完全に考え違いをしている哲学にこだわり続ける場合にのみ生起する問いである、と考えている。

しかしながら、そうした革命的な態度はプラグマティズムのプロジェクトと緊張関係にあるのではないか、と問わねばならない。プラグマティズムのプロジェクトに基づくと、私たちは、今いる場所から出発することになる。私たちは、哲学的諸問題を通して〔今の〕諸概念や考え方を得ている。それらをきっぱりと屑入れに放り込んでしまって再出発するなど不可能だ。たとえデューイがしているように、〔今の〕私たちの哲学的概念の多くはダーウィン（Charles Darwin）以前の進化論が言うような誤った仕方で発生したものなのだと論じたいのだとしても、それでもそういった概念は私たちの実践に組み込まれている。プラグマティストはそのような革命的な手を打つわけにはいかないと論じても良いかもしれない。しかし、これから見るように、デューイの革命的な精神はプラグマティズムの一部界隈で力を持ち続けている。彼の再構築主義的な考えは、一九七〇年代にリチャード・ローティによって取り上げられている。いかに哲学の過去が、「籾殻」（*LW* 1: 4; 1925）として捨てられるべき一連の単なる「パズル」（*LW* 1: 17; 1925）で構成されているかを示すということに、哲学者は勤しむべきである、というデューイの議論に、ローティは同調している。両者ともに、「認識論という産業」を捨てよと主張しているのだ。知識一般とは何なのかを言おうとするのではなく、私たちはむしろ、特定の知識にまつわる「たくさんの諸問題」を解決しようとするべきである。なぜなら、「知識一般の問題などは存在しない」のだから（*MW* 10: 23; 1917）。

他方、パースは、知識一般、真理一般の問題は存在すると考えている。ある特定の問題のための解決策を得るという直近の目標は常に私たちの念頭にあるけれども、どのようなさらなる問題や経験に直面しようとも持ちこたえられる解決策を見つけられたならば、その解決策こそが正しい解決策であろう。そしてそれは真であろう。既に見たように、時にデューイは「真理とは思考の目標であり基準である」（*MW* 4: 64; 1907）と述べることもあるが、それよりも彼は、「保証付きの主張可能性（warranted assertibility）」こそが私たちの目指すものであると述べることを好んでいることの方が多い（*LW* 12: 15; 1938）。信念が真であることを示すためにはその信念が将来に何をするのでなければならないだろうか、ということについて、デューイは語ることを避ける傾向がある。むしろ彼は、現在の問題を解決する信念の能力の方にこだわっているのだ。

パースとデューイの間にあるこの不一致を言い表すもう一つの方法は、真理が静的な現象であるかどうかを問うことである。私たちの信念は、絶対者の世界を反映している（からその信念は真である）か、そうしたものを反映できない（からその信念は偽である）かのいずれかである、といった意味で真理は静的だとする考えについては、両者ともに拒絶する。しかし、パースの考えでは、探究が厳密に遂行されれば、信念は生き残るか生き残らないかのどちらかであろう、という意味においては、真理は静的である。そのまた一方で、デューイはこうした思想からは距離を置く。彼の関心は結局、特定の局所的な問題を解決するために姿を現す信念、というところで終わるのだ。

7-6 倫理学と探究

一九五三年にコロンビア大学に着任し、その後同大学でジョン・デューイ教授職に就いたシドニー・モーゲンベッサー（Sidney Morgenbesser）によると、デューイは二という数字を嫌っていたのだとうまく言ってのけたのがラヴジョイであった。デューイは二元論を嫌ったのみならず、いかなる種類の区別も嫌っていた（Morgenbesser 1977: xxxi）。もちろんこれは誇張だが、これ以上なく確実にデューイは、あると信じられている一つの確固たる区別、すなわち事実と価値の間にある区別を、破壊しようと心に決めている。デューイいわく、プラグマティストは、「道徳的『知識』と科学的『知識』が両方とも同一の世界を捉えうるということはどういうことなのかという問いに、少なくとも向き合おう、その問いを避けないようにしよう、と努めてきた」（*MW* 4: 132; 1908）。

デューイは、ダーウィンの進化論が「危機」の原因、まさにライトとパースとジェイムズの心をとらえて離さなかった危機の原因であると見ている。進化論は、倫理その他の人間の行動に関わる諸価値を愚弄しているように思われる。「悪名高いことに、現代の科学のこうした影響によって、現代の哲学の主要問題が設定されているのだ。科学を受け入れつつ、しかし価値の領域を保持するにはどうすれば良いのか」（*LW* 4: 33; 1929）。デューイの考えでは、観念論は私たちに何ら満足のゆく答えを与えてくれない。彼は、観念論に備わっている倫理的見解であると自分が見なしているものに憤慨しているという点で、ジェイムズに与する。デューイはグリーンの立場について、「行為の話になると」「救いようのない」点がある、と述べている（*EW* 3: 163; 1892）。〔グリーンの立場においては、〕絶対者が脇に孤立して存在していて、次のように語っているのだという。「君が何をしようと君が満足を得ることはないだろう。私は完全者であり、対して君は偏っている。私は統一体であるが、君は断片にすぎない。君は、君や君のような者たちが束になったところで満足を得られることは決してないような断片にすぎない」（*EW* 3: 163; 1892）。観念論の帰結に不満を漏らすとき、デューイはこの上なくジェイムズに似たことを言っている。

倫理学は私たちに実践的な指針をもたらさなければならない。倫理的な事柄は探究と知識の範囲内に収まるという、パースにおいては暗黙裡に見受けられ、ジェイムズにおいては明示的になったが必ずしも十分に展開されたわけではない考えに、本当に徹底的に従った最初のプラグマティストは、デューイである。探究、すなわち科学の方法は、倫理や政治といった領域にも持ち込まれねばならない。

> 探究の遂行に基づいて［…］論理を打ち立てることに失敗すると、とてつもない文化的帰結が生じる。このことは、蒙昧主義（obscurantism）を奨励してしまう。すなわち、探究の方法が現在の状態に至るよりも前に形成された信念を受け入れることを促進してしまう。そしてこのことは、科学的な（つまり有能な）探究の方法を特殊な専門領域に追いやってしまう傾向がある。科学的方法は端的に、ある時点で可能な最良の方法で作用する自由な知性を示すのであるから、全ての問題に関連する全ての領域において、科学的方法を使い損ねた結果生じる混乱や歪曲は、計り知れない。こういった考察を踏まえれば、探究の理論であるところの論理的な理論が主要な人間的重要性を有する地位にあるのだという主張は強固になる。［*LW* 12: 527; 1938］

パースやジェイムズと同様、デューイは、「統一的な探究の理論」、つまりは、科学や倫理、政治、そして法律における問題状況をどうやって解決するのかについてのたった一つの考え方を提供したいと思っているのだ（*LW* 12: 102; 1938）。こうした考えに至った経緯を、彼は次のように述べている。

研究や思索が進むにつれて、ますます私は、「科学」と呼ばれるものと「道徳」と呼ばれるものの間の［…］現に存在する（伝統的でもある）二元論に含まれているように思われる知的スキャンダルに悩まされるようになった。これらの〔科学と道徳という〕語によって指し示されている領域に対して、〔科学と道徳の〕連続性を唐突に破壊してしまうことなしに適用されるであろう、論理つまりは効果的な探究の方法の構築こそ、私たちに必要な理論的溶媒であると同時に、私たちの最大の実践的要求を補うものであるのだと、私はずっと感じてきた。［*LW* 5: 156; 1930］

一九〇三年に論文「道徳性の科学的扱いについての論理的諸条件」（"Logical Conditions of a Scientific Treatment of Morality"）の中でデューイが体系的に成し遂げようと試みているのは、新しい科学によって到来した危機を解消すること、そして、「行い（conduct）のまさに本性には、論理的方法を、既に認められている科学的探究の領域で用いられているような仕方で使用することを妨げる何かがあるという主張」（*MW* 3: 5; 1903）と向き合うことである。彼は、科学と倫理学の間には「深い溝（gulf）」があると考える理由一式を取り除いてゆく。例えば、科学は一般的事実についてのものであるのに対して、倫理学は特定の行為、個別の行為についてのものである、という考えを攻撃するジェイムズに、デューイは同調している。一般的なものも特定のものも、科学と倫理学両方の一部なのである（*MW* 3: 7ff.; 1903）。こうした考えはデューイの思想において繰り返し現れるものである。パースの議論では、全ての経験は各カテゴリーの側面（質、粗暴な相互作用（brute interaction)、規範を引き受けて行う解釈）を含んでいるということであったが、これと全く同様に、デューイの議論では、規範的なものと事実的なものが状況それ自体のうちに混ざり合っているのだ[23]。

ここで示されているデューイの洞察は、状況についての彼の形而上学的理論とは独立に明確化させられる。（状況というものと対比させて理解したならば）探究というものは、純粋に記述的なものではない、と言える。探究とは規則によって支配された活動である。すなわち探究とは、〔様々な〕仮説、予測、説明を展開し、仮説や予測の証左となるもの、あるいはその反証となるものを評価し、どの説明が採用されるべきか、手を加えられるべきか、などなどを確定するという活動なのだ。探究は、探究がいかに遂行されるべきかについての方法論的な諸原則・諸規範によって紡ぎ出されており、私たちの心理的な気質や価値観がその中に入り混じっている。〔こうして〕私たちは、次のようなプラグマティズムの中心的な思想に至る。すなわち、探究についての諸々の「べき（oughts)」は人間的な探究の外側から来るのではないが、だからといってそうした「べき」が〔探究を〕束縛することがないわけではない。

デューイの議論によれば、倫理学において私たちは、疑念にあふれた状況、問題状況を、「混乱や不確実性」が解消された状況に変容させることを目指している（*MW* 14: 144; 1922)。科学においてそうであるのと同様に、倫理学においても、「客観的真理」が存在する。ただしこれはデューイの言う意味での「客観的」だ。既に見たように、デューイにとって「客観的」とは、個々人の気まぐれには左右されないということを意味する。

個人の願望や学習からは独立した真理が存在するということ。そして、これらの真理には程度の差があり、それによって個々人が自分の私的な判断や結論の形成を統制できるような規則がもたらされているということ。つまりは、これらの事実が私たちを正面から見つめているのだということ。それらの真理は、それらが多かれ少なかれ独断によって道徳的なものとされた領域の中のものである場合と同じくらいの影響力を、経験の全ての段階において発揮するのである。[*MW* 6: 53; 1911]

倫理学についてのデューイの理論は、科学についての彼の理論よりも好意的に受け入れられた。例えば、デューイとジェイムズ・タフツ (James Tufts) が書いた広く使用された教科書『倫理学』(24) (*Ethics*) (一九〇八) は、「抽象的で思弁的な論考の終焉と、そして確立されている人間的諸価値についての実証的研究のはじまりを」(Wilde 1908: 636) 示していると見なされた。この本はまず、探究を必要とする問題状況に似た、「道徳的状況」というものについて述べている。「人間の諸問題」が科学ないし探究の領域内に持ち込まれねばならない。

倫理的な諸原則を発見できるとすれば、それら諸原則は、絶えず姿を現わす、決断の必要な人生の未解決の諸問題に対する指針を与えてくれるはずだ。倫理学以外の諸学にとって何が真であろうと、倫理学は少なくとも何かしらの実践的価値を有しているべきだと思われるだろう。[…] 人間は行為しなければならないし、しかも、善く行為するか悪く行為するかのいずれか、正しい行為をするか間違った行為をするかのいずれかであるに違いない。その人が反省したならば、つまり己の行いを、人間の秩序と進歩の一般原則に照らし合わせて考察したならば、その人はより知的かつより自由に行為できるようになり、批判的検討を経ていない大雑把な実践とは対照的に科学的な実践にはいつも伴っている満足に、到達できるはずである。〔*MW* 5: 10; 1908〕

既に見たように、デューイは『論理学』の中で、法的な裁判を、探究によって解決される問題状況の一例と考えている。彼はその箇所でこうも述べている。すなわち、道徳的問題についての探究ないし「熟慮」は、それを解決すること——解決して「道徳的に満足で正しい」状況にすること——を目指して問題状況を審判しているまた別の例である（*LW* 12: 170; 1938）。

倫理学と科学はいずれも探究の主題ではあるが、両者の間には違いがあるとデューイは認めている。デューイの考えによると、道徳の際立った特徴とは、行為者の性質を表明するような自発的な行為ないし行動を含むということである（*MW* 5: 188; 1908）。道徳的な問題あるいは状況とは次のようなものだ。「その人はどちらを選ぶだろうか、そしてその理由はなぜなのか。〔そうした問いは〕その人自身に訴えている。つまり、その人は、本当は何を望ましい結末と考えているのか。その人にとって何が最上の魅力になるのか。その人はどういった種類の行為者、どういった種類の人なのか。そして最終的に、正真正銘に道徳的な状況において、最も喫緊の問いはこれだ。すなわち、その行為者は何であるのだろうか」（*MW* 5: 194; 1908）。何をすべきか、そして、何を評価すべきかについての選択は、まさに私たち自身を形作る選択なのである。

このことがプラグマティズムにとってむしろ個人主義的に聞こえてしまってはいけないので、デューイも、これから見るようにシカゴ学派の残りの者たちも、次のように考えているということを強調しておかねばならない。すなわち、「私たちは自分たち自身をある程度は社会的な存在であると考えずにはいられない。それゆえ、私たち自身の観念や私たち自身の善の観念を、私たちが抱く、他者の観念や他者の善の観念から区別することはできない」(*MW* 5: 268; 1908)。一九〇九年のラヴジョイは、『倫理学』のこうした側面はヘーゲル的な形而上学に依然として囚われていると考え、これには感心していない。

> 著者〔デューイ〕がたどり着く道徳的基準は〔…〕、グリーンやその門弟たちの「自己実現」の基準から、それが意図しているらしいほどにはそう徹底的に異なっているわけではない。この議論における重大な移行は、次の所見に依拠しているように思う。すなわち、自己とは本質的には社会的自己〔…〕なのだから、個人の本当の善や幸福は社会的な幸福を必要とする、という所見だ。〔しかし、社会的な自己は、〕新ヘーゲル主義的な用語論の中でも際立って抽象的で、しっかりしておらず、あてにならない部分である〔…〕。[Lovejoy 1909b: 143]

この考えがヘーゲル的ならば、あらゆるプラグマティストたちの中に何かしらの形式のヘーゲル主義が確実に見つかるだろう。例えば、既に見たように、社会的自己という考えは、推論についてのパースの見解の中心にある。しかし、デューイにとって実質的に重要な問題は自己実現(self-realization)

という考えにある、としている点でラヴジョイは正しい。デューイにとっては、次のような問いが重要と思われたのである。すなわち、道徳的熟慮というものが、私が何者であるのかを確定することになる選択を私がするという事柄であるのならば、正確さ、誤り、より良い信念の獲得、過ちを犯すことなどなどの諸観念を、どうやって理解できるのであろうか。自己を共同体に接続したところで、困難は消えない。というのも、自己実現を極めているということは、「他者」すなわち〔自分とは〕異なっている者たち全てを消去することによって、同質の共同体を作り出しているということである、と考える人たちに対して、デューイには何かしら言えることがあるのか、不明だからである。つまり、共同体は、目下の自己実現の考えや、支配的な文化規範や、現行の権威を疑問視するような者たちを、全て排除してしまっても構わないだろう。そういった共同体によって正しいと考えられているものは、何であれ正しいと言わねばならないのだろうか。デューイはまさにこうしたことを言わねばならなくなってしまう、とデューイの仲間のプラグマティストで現代の論者であるモートン・ホワイト（Morton White）は考えている。〔つまり〕ホワイトの考えでは、デューイは、ミルの過ちであると自分では考えている過ちを犯してしまっており、望ましいことと望まれていることを混同してしまっているのだ（White 1996: 230ff.）。

デューイはこの問題は手強いと感じ、自らの仕事の全期間を通して、その問題を解決しようとした。時おり彼は、特定の状況や文脈の外で探究の目的に何かしらの内容が与えられることなど無いのではないかと疑っていることもある。[25] しかし、デューイがしばしば痛感しているのは、どの行為が善であるのかをどうやって確定するのか、どうやって私たちは正しい答えを理解できるのか、そして複数の信念間でどの信念を選ぶかの判断をどうやって下すのか、といったことについて何かしらのことを言わねばならないということなのだ。

デューイの思考の初期段階には、判断力が正しいと感じるということになっている。すなわち、葛藤し合う衝動が、私たちの経験という実在と一致するように思われる仕方で落着する。『倫理学研究』(*The Study of Ethics*)の中でデューイが述べるところによると、私たちは、自己実現を目指すときであっても、結論が道を誤っていると言うことができる。というのも、結果として、内的な葛藤や不快さ、「良心の呵責」が生じることになるからである(*EW* 4: 298; 1894)。私たちは、自分の欲求や狙い、さらに自分自身についての様々な捉え方が不調和に至ることを見抜いた場合には、それらを疑問視して問い直すことができる。しかし、これではまだ十分ではない。というのも、悪い行いをしてしまう者の全てが皆、そうした不快感を経験するわけではないからだ。ジェニファー・ウェルチマン(Jennifer Welchman)は、この難題を次のように明確に述べている。

> とはいえ、次のような反論があるかもしれない。すなわち、普通の熟慮はデューイが示唆しているような道筋に沿って進行するかもしれないが、自責の念や後悔、そして自己を改革しようとする努力において発生する反省的熟慮は、そのような道筋で進むことはありえない。私自身にとって真であるがゆえに「正しい」行為であっても、私のようなたぐいの自己は間違った自己、悪い自己であるがゆえに、その行為は間違っているということがあるかもしれない。[Welchman 1995: 109]

ナチスや児童虐待者が、おぞましい行為のうちに意味や自己実現を見出すこともありうる。個人を超え、そして現在の局所的で均質化されているかもしれない共同体を超えてゆく種類の検分作業がなければ、批判的なことが言われるということがありえなくなってしまう。倫理学においても、パースのような思想が必要なのだ。つまり、私たちは、事実と無関係ではない何かに応答しなければならない。

『人間性と行い』(*Human Nature and Conduct*) の中でデューイは、また別の試みによって妥当性の問題に答えようとしている。仮に私たちがただ、次から次に継続的に問題を解決しながら、「自分の行動傾向の意味について学習に学習を重ねている」だけなのだとすると、「これは、永遠に岩を坂の上へ運び、そしてその岩をもと来た方へ転がり落とし、そしてまた以前の仕事を繰り返すだけのシシュフォスの無駄な苦役へと、道徳的な生を還元してしまうのではないか」(*MW* 14: 144; 1922)。デューイの答えはこうだ。道徳的な生がこのようなものになってしまうのは、問いに対して固定された確定的な答えを探し求める人の視点から見た場合だけである。「変化を続ける活動の意味を見つけ出すための絶え間ない調査や実験によって、活動は活力を保ち、重要性を増すのだ」(*MW* 14, 144-45; 1922) ということを分かっている人の視点からすると、道徳的な生は無駄ではない。つまり、手にできる確実性など無いのだということ、前もって定まっている人生の意味や目的など無いのだということを、私たちは理解する必要がある。熟慮は続くし、その熟慮全体の目標は、「私たちが目指しているものの意味を学び、そうした意味を実効的に運用すること」なのである (*MW* 14: 194; 1922)。熟慮は、私たち自身のための、そして私たちの社会のための、意味の構築なのである。

しかしそれは、何か古くからあった意味を単に構築しているということではない。私たちは、より良い自己、より良い社会を実現しようとしている。つまりデューイは、改善論（meliorism）の目標、すなわち倫理的熟慮の進歩を祈願しているのである。

〔私たちは〕闘争状態を調和に、単調な景色を色とりどりの景色に、制限を拡張に転換する。この転換が進歩であり、これこそ、人間が考えられる、あるいは到達できる、唯一の進歩である。それゆえ、全ての状況にはそれぞれその状況自体の尺度や進歩の質があり、進歩の必要性は、何度も継続的に生じる。〔*MW* 14: 195; 1922〕

このことをデューイは、一九二〇年の著作『哲学の再構築』（*Reconstruction in Philosophy*）の中で次のように述べている。

静的な成果や結果よりもむしろ、成長の過程、改善と進歩の過程こそが重要なものとなる。動かしようのない最終的目標として健康があるのではなく、必要に根ざした健康の継続的な改善という過程こそが、目標であり善なのである。そうした目標はもはや、到達すべき終着点でも極限でもない。それは、既存の状況を変容させてゆく能動的な過程なのである。最終的な目標としての完全な状態ではなく、完全化、成熟、洗練の永遠に続く過程こそが生きることの中で目指されることである。〔…〕成長それ自体こそが唯一の道徳的な「目標（end）」なのだ。〔*MW* 12, 181; 1920〕

確実性が無い中で私たちは前進し、もっともっと善く行動しようと努める。葛藤は脅威と見なされるべきではない。葛藤は調和を破壊するものと見なされるべきではない。むしろ葛藤は、探究を進め、より善き状況、すなわちより増大した道徳性を現出させる好機なのである。デューイにとって成長とは、ダイナミックな行為をするための能力の増進である。成長こそが、より豊かでより興味深い環境内で生きることなのである。

残念なことに、「より善くなること」つまりは改善の観念についてデューイが説明するやり方には、至らないところがたくさんある。マシュー・フェステンスタイン（Mathew Festenstein）が言うように、こうした目標を達成するための基準は明らかではない。

〔改善を達成する基準は〕彼〔デューイ〕の哲学においては定義されていないか、あるいは、ひどく中身のない仕方でしか定義されていないように思われる。〔つまりそれは、〕「成長」、諸活動や諸関心の調和、あるいは満了した（consummatory）経験に繋がるもの〔としてしか定義されていない〕。合理的ないし「知能を持つ（intelligent）」行為者は道具的なもの、目標指向を持つものと見なされているようだが、その行為者が目指す目標、あるいは目指すべき目標は、探究や実践的判断の見取り図の外側に置き去りにされている。［Festenstein 2008: 89］

既に見たように、パースもまた、調和と成長という観念に惹きつけられていた。彼は、そうした観念に訴えることで、どうすれば神の存在を検証できるのかを述べるという実りのない試みをしていた。

こうした観念には問題がたくさんある。「調和」という観念を解明することは非常に困難であるし、それだけではなく、デューイの教え子であり仲間のプラグマティストであったシドニー・フック（Sidney Hook）が述べるように、成長がそれ自体で善いことであるわけではないのだ。成長は危険な場合もある。「時に私たちは、あるものが成長しないでほしいと願うだけでなく、あるものは成長しなければよかったのに、と考えている自分に気づくことがある」（Hook 1959: 1013）。フックは、デューイがこうした事実から生じる問題に決して取り組んでいないということを指摘している。

パースは、他所では成長という観念に惹きつけられながらも、それとは距離を置く真理観を抱いていたが、その真理観に基づけば、私たちが目指している何かが存在している。私たちは、それを獲得していると確信できることは決してありえないが、それでも、経験と熟慮を経ても永遠に持ちこたえられるであろう信念を目指している。既に見たように、場合によっては、デューイがパースの一般的真理観を採用しているように思われることがある。時にデューイがそうした様子を見せるのは、倫理についても次のように述べる場合である。「真に道徳的な（あるいは正しい）行為とは、明白で独特な意味において知的な行為である。すなわちそれは、合理的な行為なのだ。それは、その行為の瞬間において考えられて、その行為は善いと考えられる行為であるというだけではなく、これ以上ないほどに注意深く辛抱強く続けられる反省の中で「善い」と考えられ続けることになる行為なのである」（*MW* 5: 278–79; 1908）。その「結果得られるもの（outcome）」は「道徳的知識」である（*MW* 5: 279; 1908）。しかし、パース的な「だろう（would be）」〔という時制〕ではなく、「ことになる（will be）」と〔いう時制で〕述べられていることに注意してほしい。パースは、プラグマティズム的な真理の理論を仮定法の時制で形式化することを主張する唯一のプラグマティストであった。それによってパースは、〔プラグマティズムの様々な真理観から成る〕連続体のうちの主観的な側ではなく、むしろ客観的な側に立って、真理を位置付けているのだ。正しい信念、真なる信念は、正しい、あるいは真であると考えられ続けることになる（will continue）信念ではない。それは、もし私たちが全ての証拠や議論を検討できたとしても、正しい、あるいは真であると考えられ続けるであろう（would continue）信念なのだ。

しかし大抵の場合、デューイに付いていっても、いかなる目標地点を目指すようにもならない。それゆえ、彼にとって進歩とは何を意味しているのか、全く明らかではないのだ。デューイはそれとは逆のことを主張しようと努力しているにもかかわらず、〔結局〕私たちの目標は、ともあれ任意の文化で広まっている基準であれば何でもよいことになってしまうように思われる。

デューイが妥当性の問題を離れて、倫理学において探究がどのように作用するのかに関して詳細に調べて論じるという段になると、道徳哲学とはあまり関係のない洞察が議論の本筋に流れ込んでくる。例えば、思考実験が探究一般において非常に重要であると考えている点でデューイはパースに従っているのだが、しかしデューイは中でも倫理学的探究において思考実験を重視する。いわく、倫理学においで実験とは次のようなものだ。

〔倫理学における実験は〕試行的な行為の過程である。私たちは、あれやこれやの目標を「試しに抱いてみる」。すなわち、その目標を実際に目指して行動することを想像し、このなりきり行為

(make-believe action）に、実際には行為に移さず可能な限りで、本当に入り込んでゆくのだ。事実、私たちは、自分がこうした一連の流れを遂行していると気づくことがよくある。ある衝動を私たちが「試しに抱いてみる」と、その衝動が私たちにもたらす支配的な効果は、意識的にそうした意図を持っていなくても、表に現れ出る行為となる。［*EW* 4: 251; 1894］

デューイは、思考実験の中で何かを学ぶことができるのだと考えている。私たちは、自分自身についての何か、つまり、ある道徳的な物事の経緯に対してどう反応するのかに関する何かしらのことを学ぶことができ、さらに、他人の立場に立ってみることで、そういった他人がどのように反応するであろうかということについても何かしらのことを学ぶことができるのだ。

道徳的な事柄についての熟慮や実験は、デューイが「直観（intuition）」と呼ぶものを含む。私たちは、自分に突きつけられている倫理的な問題に対して、解決策になるかもしれないものを提案する。そしてそうした解決策がどういった帰結をもたらすのかを予測しようとし、さらに、その帰結に対する私たちの反応は肯定的か否定的かどちらになるであろうか、と問いかける。解決策が思考実験や想像の中での実験によるテストという試練に持ちこたえたならば、私たちはその解決策を携えて現実の暮らしを生きてゆけるということになる。

熟慮とは、能動的で、かつ、〔実際に行動に移すことは〕控えられた（suppressed）、予行練習《リハーサル》の過程である。すなわち、様々な行為を想像上で芝居の演技のようにやってみることで、その〔想像上の行為の〕適切な帰結に対して、私たちのうちで掻き立てられるように感じられる様々な傾向性がもたらされる。もたらされるはずのあれこれの変化を想像の中で見越すとき、その変化に付随する価値の量や種類についての直接的な感覚が存在する。この感覚は、仮に当該の行為が実際に遂行されていて、その帰結が実際に私たちにとって切実になっていた場合と、同じくらい強いわけではないにせよ、同じくらいに現実的で、直接的ではあるのだ。〔*MW* 5: 292; 1908〕

道徳的な領域で思考実験が非常に重要である理由には、次のようなこともある。デューイ、ジェイムズ、パースが皆そろって主張しているように、倫理的判断は物理科学における判断と同じではない。それゆえ、これら相異なる種類の判断の確証に関わる証拠の種類がそれぞれ相異なることになったとして、驚くには当たらない。デューイいわく、「全ての種類の判断には、それぞれにその種類の判断自体が達成すべき目標がある。そして、〔それぞれの種類の判断の〕道具性（すなわち適用されるカテゴリーと方法）は、目標が変わるのに応じて変化するに違いない」（*MW* 3: 20–21; 1909）。

このように述べることでプラグマティストの直面する妥当性の問題が十分に解決されるというわけではないが、これによって私たちは、道徳的な領域における妥当性を理解することに、かなり近づくことができる。倫理的判断は、人間の要求や必要、文化と結びついている。となると、期待されるのはこういうことだけである。すなわち、思考実験の中で〔行為の〕可能性を検討する際に見つかるのは、事物に対する私たちの反応、つまり、Xは望ましい、忌まわしい、ためになる、などなどの感覚（feeling）のみである。また、そういった反応は、探究者、共同体、時代次第で変わるものでしかないと予想される。〔さらに、〕探究すべき主題が人間の必要に強く結びついている倫理学のような探究領域では、きっぱりと割り切れる答えを探し求めることは不適切だ、とも付け加えて良いかもしれない。また、〈それと競合している他の正当な関心に基づいて行為することができないならば〉という留保をつけなければ、多くの問題が不確定になる、あるいは答えられなくなるような主題においても、きっぱりと割り切れる答えを探し求めることは不適切である。

しかしながら、私たちはそれよりもはるかにましなことを試みている。ジェイムズと同様にデューイが論じるところによれば、倫理学における諸信念が精査を受けた結果凋落することがある、ということを私たちは経験から学んできた。デューイはこの点を指摘し、この点こそが「である」と「べき」の間に区別をつける際に重要な役割を果たすとしている。彼はこう述べる。「経験から学ぶことのできる段階にいる人ならば皆、〔実際に〕望まれていることと望ましいことの間を区別している」(*LW* 13: 219, 1939)。私たちが欲求を持つとき、まず欲求が生じて、次に私たちが「最初に生じる衝動」を修正ないし変容させている。デューイは次のように述べている。

「望ましい」こと、すなわち望まれる(評価される)べき対象は、アプリオリな天界から突然降りてくるのでも、道徳のシナイ山から命令として降りてくるのでもない。そうした対象が姿を現すのは、批判的検討を経ていない欲求に基づく拙速な行為は、失敗や場合によっては破滅に結びつくのだ、ということが過去の経験によって示されているからなのである。「望まれている」こととは区別される「望ましい」ことというのは[…]、一般者(something at large)、アプリオリな何かを表している。それは、検討を経ていない衝動の作用とその帰結と、〔それとは違って〕諸条件と帰結について精査した結果もたらされている欲求や関心の作用・帰結との間の違いを指示している。［*LW* 13: 220; 1939］

ここでもまた、パースの影響が見受けられる。すなわち、私たちの知覚は〔最初は〕無批判的に到来し、その後で私たちはそれらを精査するのである。

〔アラン・〕ライアンが述べているように（Ryan 1995: 337）、デューイの見解の中心には、私たちの道徳的判断はまさに判断であるという考えがある。私たちは考察し、反省し、実験し、より多くの情報を入手し、自分の欲求を精査する。〔そうして〕自分が望んでいることは本当に望ましいことなのかどうかを問う。私たちは、〔望んでいることと望ましいことの〕二者の間に何かしらの距離を認めているのだ。裁定と妥当性の問題は残っているが、今や〔以前よりも〕もっと扱いやすい形式になっている。個人は、自分自身の欲求を非常に注意深く検討・修正するが、それでも間違っているということがあるかもしれない。しかし、自分の倫理的信念を改善させようという努力に本当に従事しているということは、半分戦いを制したも同然である。

エリザベス・アンダーソン（Elizabeth Anderson）は近年、デューイの倫理学理論を説得力のある仕方で復活させている（Anderson 1993: 2）。彼女の指摘によると、私が何かを価値がある（valuable）と判断するとき、私は、何かしらの状況においてそれをたまたま〔高く〕価値づけしている（to value）のではなく、それは適切に価値づけされている、と判断しているのだという。倫理学において私たちが関心を持っているのは、正しいこと、間違っていること、価値あること、無価値なことは何であるかということであり、何が私にとって、あるいは大多数の人々にとってでも、正しい、間違っている、価値がある、無価値だ、と思われるかということではないのだ。アンダーソンはこう述べる。

> 情動的な経験には、規範的な力との特別な結びつきがある。欲求を抱くということはその対象が望ましいものであることの証左である、というのと同様に、憧れの感覚を抱くということは、その対象が憧れを抱かせる性質を持つということの証左である。もちろん、そうした感覚は取り消されるかもしれない。[Anderson 2006b: 6]

自分はXに憤慨している、Yに憧れている、といったことに気づく経験を、まずは額面通り、〔それぞれの情動に〕対応している倫理的判断が真であることの証左と考える。デューイの見解に基づけば、私たちが学習することというのは、どういった選択肢が私たちにとって魅力的なのか、不愉快なのか等々のことである。となると私たちは、そういった感覚を考量し、評価するのであり、時には他の理由がそれらの感覚を覆すことを発見したりもするのだ。主に経験を通して為される私たちの判断は、さらなる経験、反省、議論を通して、まやかしが解かれることもありうる（Anderson 2004: 8）。最も洗練された形式のデューイの見解は次のようになる。すなわち、私たちは、探究に従事するまでは、自分たちが何を〔高く〕価値づけている（value）のか、あるいは、何が価値ある（valuable）ものなのか分からない(26)。哲学に対するデューイのとりわけ重要な貢献の一つが、こうした考えである。

7-7　民主主義と政治哲学

もう一つのデューイの重要な貢献は、民主主義は探究と手を取り合って前進するという考えである。民主主義とは実践的な諸問題を解決するために実験的方法を用いることである、とデューイは主張する。すなわち、民主主義とは「協働的な知性」の適用、つまりは探究なのである（*LW* 13: 187; 1939）。さらに民主主義は、私たちが「理由によって説得したり説得されたり」しうる場である（*MW* 10: 404; 1916）。デューイは、知的に行為を開始したり、熟慮したり、相談したり、実験したりするための私たちの能力や、そうした行為をする実践に関心がある。彼の示唆するところによれば、民主主義は、物理学から政治に至るまでの全ての探究領域で行われているそうした実践の前提条件となるものである。探究（あるいは科学の方法）は、情報が妨げなしに流れること、そして、自由に仮説を提案し、批判検討できるということを必要とする（*EW* 3: 33; 1895, *LW* 11: 375; 1936）。つまり探究は、民主的な基盤を必要とする。

こうした考えの起源がパースやジェイムズにあることは既に見た。真なる信念とは全ての証拠を説明している信念なのだとしたら、誰にでも発言権があるのでなければならない。このような理屈によって民主的な探究方法は認識論的に正当化されるのであり、デューイはそのことをさらに詳しく述べている。『倫理学』でのデューイの議論によると、探究者の共同体は、人々が調和と平等、そして安定した行動形式を追求している共同体でなければならない。〔さらに〕論文「自由と文化」（"Freedom and Culture"）においてデューイは、探究者の共同体は民主的な手段によって「共通して賞賛される諸価値」を特定することになる、と論じている（*LW* 13: 71; 1939）。

さらに次のような疑問もあるかもしれない。すなわち、民主的な探究・熟慮に従事しないことにする人の政治的見解についてはどうなるのか。熟慮をする際に、他人の見解や感覚を気にかけないで、進むべき道はそういった他人を排除することなのだと結論付ける人についてはどうだろうか。探究をした上で、民族浄化こそが自分たちの社会が進むべき道なのだ、と決定する人についてはどうだろうか。モートン・ホワイトは、次のように懸念を表明している。いわく、デューイの見解に基づけば、「これ以上なく不愉快な目的や手段」であっても、一つの統一的な共同体によって擁護されることがありえてしまう（White 1957: 201）。ゆえにマシュー・フェステンスタインは、このことを次のようにはっきりと述べている。「デューイの個人的な道徳的コミットメントや政治的コミットメントがどうであるにせよ［…］、彼の実験主義（experimentalism）は、最も強い力を有している社会的勢力によって都合の良いように使われてしまう危険性がある」（Festenstein 2008: 90）。

こうした疑問に答える方法はあるだろうか[27]、デューイはこうした疑問に、とりわけ差し迫った仕方で苛まれた。パースとジェイムズの真理の捉え方（というのはつまり、ジェイムズが論文「道徳哲学者と道徳的な生」（"The Moral Philosopher and the Moral Life"）において〔パースと〕共有しているような真理の捉え方ということだが）と民主主義の間には直接的な結びつきがある。真理についてのそうした捉え方をデューイが取り下げるとき、くだんの疑問が彼にのしかかってくる。時にデューイは単純に、民主主義への参加は、何か良い人生を送ること、自己実現に至ること、成長と改善を追求することのうちの欠くべからざる本質的な部分であると主張している。すなわち、民主主義への参加は、「真に人間的な生き方」のために必要なのだ（*LW* 11: 218; 1935）。こうした提案は、それとは逆の主張をする人たち、例えば、良い人生は暴力的な国粋主義を中心に据えてこそ実現する、などと考える人たちについて何を言えばよいのか、という問題を未解決のまま残す。

デューイの政治哲学に関して非常に目立つ批判の多く（この批判のおかげで、デューイの政治哲学は、専門的な哲学研究の機関や学術誌の館内から、広く一般の人々の目に触れる領域へと躍り出ることとなった）は、似たような問題を中心にして展開している。デューイは、多くの読者にとって、ナイーヴで楽観主義的に見えた。ランドルフ・ボーン（Randolph Bourne）は、社会はデューイが想定しているような合理的で公平な存在ではないと指摘することによって、デューイを攻撃した。(28) ウォルター・リップマン（Walter Lippmann）は著書『世論』（*Public Opinion*）（一九二二）と『幻の公衆』（*The Phantom Public*）（一九二五）において、端的に言って人間は、デューイが主張しているほど合理的なわけではない、と述べている。[4] 科学的探究へのコミットメントが何を意味するのか知っていたとしても、人間はそうしたコミットメントによってではなく、情熱や情動によって突き動かされる。合理性が人間を突き動かす原因であるとするならば、そうした探究に関心を持って従事できる人々というエリート階層が必要になるだろう。そして、そうしたものは民主主義の性質に逆行してしまう。

デューイはまた、道徳理論と政治理論の両方において、さらに別の種類の楽観主義にも陥っているとして批判を受けた。彼の見解は、悲劇的な選択肢しか無いこと、幸せな結末が無い、あるいは納得のゆく結末すら無い状況、「どうしようもない」状況の可能性を考慮していないように思われた(Bourne 1964 [1917]: 59)。おそらくロイスが、この異論をはっきりと述べた最初の人物である。一八九一年にロイスはこう述べている。すなわち、デューイの抱える問題は、「もっと困難なあらゆる倫理的問題が存在しているのに[…]能天気な楽観主義」〔でいること〕にあり、デューイはそれらの倫理的問題を「むしろ、あまりにお気楽に見過ごしてしまっている」(Royce 1891: 505)。デューイにとって、倫理の問題も政治の問題も、探究によって解決されるはずのものなのである。

一九一五年にスカダー・クライス(Scudder Klyce)へ宛てた手紙の中で、デューイはこうした批判に応答して、倫理学における困難な問題全てを解決するということは、倫理学の理論をまとめ上げる際の自分の仕事ではない、と述べている。「私〔デューイ〕が言いたいのは、ただこういうことだ。なるほど、そうした異論は[…]もっともだ。私はいかなる『解決策』も与えていないし、与えようともしていない。しかし、道徳的な生とは問題の連続であり、それらの問題が生じる際には道徳規範がそれらの問題の解決策となっているのだ、と述べれば、自然と私は解決策を提案しなくてもよくなるだろうということに、そうした異論を唱える者たちは思い至っていないようだ」(*CJD* 1: 03522: 1915.05.06)。道徳ないし政治に関する哲学者は、まず最優先に、正しさや妥当性とは結局のところ何なのかについて、説得力のある説明を打ち出すことに従事する。それが完了した後ならば、その哲学者は、特定の状況の取り合わせの中では何が正しくて何が間違っているのかを述べるという研究に従事しても良いだろう。そしてもちろん、デューイは理論にだけ関心を持っているのではない。彼は常に、困難な倫理的問題や政治的問題に関わってきた。彼は、一九二〇年の著書『哲学の再構築』の中で、自身の応答を詳しく述べている。ただし、このときの語り口では、くだんの批判は当を得ていると認めているようだ。解決不可能な問題はない。探究は問題を一つひとつ解決する。探究の仕組みはこうしたことを遂行できているのだから、「大いに必要とされているのは、人間たちが集合的に自然へ立ち向かうための協働的研究の組織なのであり、探究という仕事は何世代にもわたって継続的に遂行されるものなのである」(*MW* 12: 100; 1920)。

デューイは時に、共同体という観念とその共同体を束ねている関心に焦点を合わせることによって批判に応答しようとする。

> 問題となるのは、共同体での生活の諸形式が持つ、実際に存在している望ましい特徴を抽出すること、そしてそれらの特徴を活用して望ましくない面を批判したり改善を示唆したりすることである。さて、いかなる社会的集団においても、〔例えば〕盗賊団においてですら、共有されている関心は見出されるし、さらに、他の集団との、ある程度の量の相互作用や協力的な交流も見受けられる。これら二つの特徴から、私たちは自らの基準を引き出している。どれくらいに多数の、そして多様な関心が、意識的に共有されているだろうか。他の形式の集団との交流は、どれくらい十分に、自由に行われているだろうか。[*MW* 9: 89; 1916]

盗賊団の共有する関心はさほど多くなく多様でもないし、盗賊団が他の集団との間で調和のとれた交流を持てるとしてもそれはどうしても限定されるから、盗賊団の「教育」は「偏っていて歪」だ。民主的でリベラルな形式の集団は、私たちの能力を最大化させ、私たちの共有されている関心を拡張し、私たちの社会の可能性を発展させるのであるから、〔盗賊団よりも〕はるかに良い、とデューイは論じている。

民主主義は、政体の一形式という以上のものである。民主主義は、第一に、集団的な生の一様式、伝達・共有されて結束した経験（conjoint communicated experience）の一様式である。ある関心に関わるようになると、それによってそれぞれの個人は、他者の行為に向けて自分自身の行為をしたり、他者の行為は自分自身の行為に意味を与える、指針を与える、と考えたりせねばならなくなる。そうした関心に関わる個人の数を拡張してゆくことは、階級や人種、国の領界といった、人間が自分の活動の十分な意義を知覚することを妨げてしまう障壁を瓦解させることに等しい。
[*MW* 9: 93; 1916]

こうした高邁な感傷は、少数派に当たる社会階級、人種、異なる地域集団に囲まれて暮らすこと、あるいはそうした人たちと結びつきを持つことについてそうした感傷は深刻なまでに無関心であると主張するような人々、そして、そのような感傷とは無縁でいた方が良いと考えるであろう人々に対しては、効果的に響かなかった。しかし、そうした極端な事例が少ない状況においては、私たちも次のことを理解でき始めているだろう。すなわち、民主主義のとりわけ価値のあることとは、民主主義が、多数派とは似ていない人たちについての理解を促進するということなのだ。

楽観主義という批判に対するデューイの最良の応答は、パースに従うものである。デューイは、〔他の〕全てのプラグマティストたちと同様、「探究の『指導』原理ないし『先導』原理」に中心的な役割を与えている（*LW* 12: 19; 1938）。パースはこうした考えを、統制的想定についてのカントの理論から取り入れているが、既に見たようにパースは、そういった想定が真でなくてはならないのだと主張する点ではカントに準じていない。探究を導く原理は探究の成功に貢献する必要不可欠なものなのだということが、探究の過程の中で突き止められてきた。すなわちそれらは、探究という営為にとって実践的に必要な原理なのである。探究それ自体では、それらの原理が真であることは導けないが、少なくとも、探究が立脚しなければならないそれらの原理を想定することは合理的である、ということは導ける。

そうした原理の一つはこうだ。私たちは、目下取り組んでいる問題には解決策があると想定して進まねばならない。そうしないと、私たちは前進できない。実際には悪が存在していて、悲劇的な状況がある。しかしデューイいわく、哲学の仕事は、「人間性がうまく働かない原因を私たちが発見するのに役立つ方法に、どれだけ控えめにでも」貢献することである（*MW* 12: 181: 1920）。哲学がこの仕事を放棄してしまうことになれば、それはもはや哲学などではありえず、成功の可能性など残らないのだということを、哲学は了解していなければならない。悲観主義は学問を麻痺させる（*MW* 12: 181: 1920）。パースが述べるように、私たちは成功という希望を胸に抱きながら進まねばならない。「一切合切ひっくるめた（wholesale）楽観主義」、すなわちあらゆる悪を説明し去ってしまおうとする試みは、もちろんただの見当違いの試みだ。デューイのプラグマティズムが提示するのは「改善論」である。改善論は私たちの諸問題に対して実践的な解決策をもたらすのではなく、「自信と、合理的な希望的観測」をもたらすのである（*MW* 12: 182; 1920）。

もう一つのそうした〔探究を指導する〕原理は、民主的な探究に関するものだとデューイならば言うかもしれない。いかなる経験にも全て持ちこたえる信念にうまく到達できるという希望を持つことができるならば、私たちは他者の経験を真剣に受け止めるであろう。他者の経験を真剣に受け止める最良の方法とは、何かしらの形式による、民主的代表制と集団的意思決定である。

注

（1）さらに長い説明については、Misak（1995: 78）を参照。
（2）Fisch and Cope（1952）、Behrens（2005）、Pearce（forthcoming）を参照。
（3）Schlipp（1939: 18）に収録されているジェイン・デューイ（Jane Dewey）の伝記を参照。
（4）メタフィジカル・クラブにおいて進化概念が果たした役割についての素晴らしい説明が、Pearce（forthcoming）で述べられている。そこでは、初期プラグマティストたちに対するスペンサーの影響について、そして、ヘーゲル思想と進化生物学を結びつける際にサミュエル・アレクサンダー（Samuel Alexander）が果たした役割について説明がなされている。さらに、デューイにとってはスペンサーがダーウィン（Charles Darwin）以上に重要であったという議論が述べられている。
（5）既に見たように、絶対的観念論の形而上学は行為を麻痺させてしまうとジェイムズは考えた。この後でデューイの倫理学を検討する際に見るように、デューイは、この議論は強力であると感じていた。
（6）Dalton（2002: 64）参照。
（7）ロイスも同じ見解を有していたようである。Lamont（1959: 38–39）参照。パースがこの不愉快な書簡を実際に送ったのかどうかは定かでない。

（8）〔原文ではこの箇所のパースの名が Pierce と綴られているが、〕このパースの名の綴り間違いはタイピストの間違いであって、デューイによる間違いではない（*CWJ* 10: 221 n. v）。

（9）デューイはシラーと会っていなかったようだが、一九三七年にニュースクール大学で行ったシラーの業績についての記念講演で、シラーの業績を激賞している（*LW* 11: 155ff.; 1937）。デューイはまた、自分がシラーのプラグマティズムと同じ側に公然と立っていることに完全に満足していたようであり、『ヒューマニズム』（*Humanism*）の書評で彼は、シラーを主観主義的な方に行きすぎていると批判しようとする人々に反対して、シラーを熱心に擁護している。

（10）ここでジェイムズが言及している「ムーア」とは、アーネスト・キャロル・ムーア（Ernest Carroll Moore）である。このムーアはデューイの教え子で、ジェイムズに捧げられた（そしてデューイがジェイムズに校正刷りを送っていた）書籍『論理学理論の研究』の寄稿者の一人であった。デューイがジェイムズに勧めていたもう一つの論文とは、アルフレッド・ヘンリー・ロイドの「動的観念論」（"Dynamic Idealism"）（Lloyd 1898）であった。

（11）デューイはさらに、スピノザやライプニッツについて集中的に述べた文章や、さらに魂や性教育や女性の健康といった話題についての文章も公刊していた。

（12）デューイがこうした知識観を最初に糾弾した文章は、『民主主義と教育』（*Democracy and Education*）に見つかる（*MW* 9: 347–48; 1916）。「知識の観衆説」という文句が最初に登場するのは『確実性の追求』においてである（*LW* 4: 19; 1929）。

（13）一九〇〇年の論文「論理的思考の諸段階」（"Some Stages of Logical Thought"）は、『論理学理論の研究』の先駆けとしての特徴を色濃く備えた著作である。ここでもデューイは探究における疑念の役割に関心を持っているが、やはりここでも、パースと〔パースの論文〕「信念の固定化」についての言及はない。

（14）ジェイムズいわく、「プラグマティズムの照準」は「第一に方法にあり、第二に、真理〔という言葉〕によって意味されているものについての発生論にある」（1975［1907］: 37）。この発言は、真理についての彼の「可塑的」で「生き生きとした」説明を記述する文脈でなされている。

（15）論理学や探究といった話題について、デューイはこう述べる。すなわち、彼は、自分としては同意しかねる人々から最も多くのことを学んだ。〔その中には〕「パースという際立った例外がいた」（*LW* 12: 4; 1938）。

（16）こうした主張を現代風に言い表せば、ロールズ的な言い方で、理論と経験は反照的均衡にあると述べることになるであろう。倫理的問題を考える際には、一種の「道徳幾何学（moral geometry）」（Rawls 1971: 121）を遂行せねばならない。

（17）私が「旧態依然」と言っている理由はこうだ。場合によってデューイは、自分は「真理の『対応説』を保持しており、そして、「どういう意味でそれを保持しているのか」を明確化しているだけなのだと述べているのである（*LW* 14: 179; 1941）。既に見たように、パースもまた、〔真理の〕対応説的な定義を受け入れ、その上でそれについて詳しく述べることができると考えていた。Schwartz（2012）は、こうしたあまり頻繁に目にすることのない言明を私以上に真剣に受け止めた上でデューイについて説明し、さらに、デューイはタルスキ（Alfred Tarski）の真理の定義を喜んで受け入れていたのではないかと述べている。私の読みは、次のことに基づく。ベントリー（Arthur F. Bentley）に宛てた一九四四年の書簡の中でデューイは「私はタルスキのことを全く知らない」（*CJD* 3: 1944.09.11, 15371）と述べており、また彼は、一九四六年にはチザム（Roderick M. Chisholm）にこう述べている。「私〔デューイ〕は、タルスキも、その他の最近出てきている論考も、全く読んでいない。この「空白主義者たち（emptyists）」が見当はずれなのか、私が耄碌して頑固になってしまったのか」（*CJD* 3: 1946.02.16, 13952）。同様に彼はこうも述べている。「私はタルスキについては決して応答しなかった。そのような事柄は私の考えの範疇を逸脱しているので、私はそれに口出ししない方が良いだろうと思う」（*CJD* 3: 1948.05.08, 15698）。

（18）「デューイの新論理」（"Dewey's New Logic"）と題された論文の中で、ラッセルは〔デューイ思想に〕ヘーゲル主義を見つけ出し、それに反対した（Russell 1996［1939］: 146）。

（19）ジェニファー・ウェルチマンがこの点を私に指摘してくれた。感謝する。

（20）デューイによる説明はあまり役立たないことが多い。彼の記述によれば、状況（situation）とは、

「独特で［…］広がりがあり、それ自体の中に、多様でありながら統一された質的全体を形成する様々な区別や関係を含んでいる、限定された存在の総体」（*LW* 12: 125; 1938）である。

(21) Russell（*CP* 10: 146; 1939）参照。いつもながらラッセルは、ここではさほど注意深い読者ではない。デューイに関して彼はたくさんのことを誤解している。Burke（1994）を参照。しかし、これまたいつもながらラッセルは、実際に問題含みなのは何なのかについて正真正銘の洞察を示してくれている。そして、彼ら〔ラッセルとデューイ〕の哲学的見解の不一致がどうあれ、デューイは、ニューヨーク市立大学シティカレッジでのラッセルの任用が一九四〇年の抗議活動によって取り消されたとき、ラッセルを熱心に擁護した。

(22) Kuklick（1977: 340）が指摘するように、ジェイムズは新実在論を先取りしていただけであると見なす傾向があるという点で、この伝記には瑕疵がある。

(23) 例えば、*MW* 12: 117; 1920, *LW* 1: 13; 1925 を参照。

(24) タフツが第一部を執筆しており、ここでは一種の、倫理学の実践史を述べている。デューイは、より理論的な第二部を執筆した。同時代的な諸問題について論じた第三部には、〔タフツとデューイ〕それぞれの執筆した章がある。デューイとタフツはミシガン大学にいた頃は同僚で、その後、シカゴ大学でも同僚であった。その地で彼らは、シカゴ学派の大黒柱を担っていた。

(25) Richardson（1995）参照。

(26) こうしたデューイ理解の仕方については、Welchman（1995: 189）を参照。

(27) 私はこれらの問いについて、拙著『真理・政治・道徳：熟議についてのプラグマティズム的な理論』（*Truth, Politics, Morality: A Pragmatist Account of Deliberation*）にて、プラグマティストに成り代わって応答しようとしてきた。Talisse（2005, 2007）も同様のことを試みている。まさに、他者と関わったり他者と議論したりするという行為によって、そしてまさに、何かを信じたり主張したりするという行為そのものによって、私たちは自分たち自身を、私たちは正しい答えを得ることを目指しているのだという考えにコミットさせている。そして、（パース路線のプラグマティストが考えているように）正しい答えとは、いかなる理由や証拠全てと照らし合わせても持ちこたえるであろう答えであるのならば、私たちは、自分の諸信念をあらゆる利用可能で関連している理由ならびに証拠に晒さなければならないという考えにも、コミットすることになる。私たちは、熟議という考えに、そして、あらゆる見解と経験がその熟議の一部として含まれなければならないという民主的な考えに、コミットしているのである。

(28) Bourne (1997 [1913]) もまた、次のように論じた。すなわち、科学、知的探究、そして「実験を重んじる生き方 (the experimental way of life)」をデューイは強調しているが、これは創造性の首を絞めることになり、危険な帰結をもたらすのだ、と。

訳注

[1] 原文では children learn by doing となっている。"Learning by doing" というのは、現代では教育学者らによって「体験」ベースの教育を志向する標語のように用いられており、俗説的に、デューイが自身の教育哲学を表すために述べた言葉だと理解されている。しかしこれは、『明日の学校』(Schools Of To-morrow) にて先進的な小学校現場の取り組みを描写するために引用符付きで使った表現 (*MW* 10: 25-74) であり、彼の造語かどうかは定かではない。

[2] デューイは、"The Philosophical Work of Herbert Spencer" (1904) などにおいて、むしろスペンサーを痛烈に批判している。他方、デューイはハクスリー (T. H. Huxley) の進化論から大いに影響を受けたと述懐している (*LW* 5: 147)。

[3] British idealism は、「イギリス理想主義」と訳されることもある。本書では全体の論旨を鑑み、大陸の観念論との関連を見通しやすくなる「イギリス観念論」という訳語を採用した。

[4] デューイ＝リップマン論争は、一般的には、「市民の参加を擁護したデューイ」と「専門家の重要性を訴えたリップマン」との対立であったと理解されている。ただ、リップマンはジェイムズとデューイの心理学的な議論をベースにしており、また、デューイの担当編集として、自身のこの二著作の書評をデューイに書いてもらっている。そもそも両者の間にそれほどの論争は無かったように思われる。

第八章　この時代の旅の仲間たち

8-1　ジョージ・ハーバート・ミード（George Herbert Mead）（一八六三〜一九三一）とシカゴ学派

シカゴ大学は、デューイが哲学科の研究科長に着任した時点では、〔設立から〕数年しか経っていなかった。同大学は急速に評判を高めており、デューイはそこで非常に印象的な業績を打ち立てることができた。デューイは、自分と一緒に友人のジョージ・ハーバート・ミード（一八六三〜一九三一）をミシガン大学から連れてきて、似た志を持つ哲学者、教育者、心理学者、社会学者たちのネットワークを見出し、発展させていった。ジェイムズが一九〇三年に述べていることによると、彼は、デューイが次のような知的文化を構築してきたのを目撃したのだという。

シカゴ大学は、ここ六ヶ月間の間に、それまでの十年間ジョン・デューイの下で過ごした下積み

> 期間の成果を生み出している。その成果は素晴らしい。本当の学派、本当の思想を生み出した。そして、重要な思想も！　これまでに、そんな都市、もしくは大学を耳にしたことがあるだろうか。ここ〔ハーヴァード〕には、思想はあるが学派がない。イエールには学派はあるが、思想がない。シカゴには、両方がある。〔*CWJ* 10: 324; 1903〕

シカゴ学派には、『論理学理論の研究』（*Studies in Logical Theory*）に寄稿したデューイの教え子や同僚たちがいた。すなわち、ヘレン・ブラッドフォード・トンプソン（Helen Bradford Thompson）、サイモン・フレイザー・マクレナン（Simon Fraser McLennan）、マイロン・ルシウス・アシュリー（Myron Lucius Ashley）、ウィラード・クラーク・ゴア（Willard Clark Gore）、ウィリアム・アーサー・ハイデル（William Arthur Heidel）、ヘンリー・ワルドグレイヴ・ステュアート（Henry Waldgrave Stuart）、そしてアディソン・ウェブスター・ムーア（Addison Webster Moore）である。しかし、最も傑出していて重要な〔シカゴ学派の〕構成員といえば、ジョージ・ハーバート・ミードとジェイン・アダムズ（Jane Addams）である。

ミードは本を一冊も出版しておらず、彼の仕事は主に、死後に出版された講義ノートを通して知られてきた。ミードは、ロイスのいたハーヴァード大学で学び、さらにジェイムズの子供たちのうちの少なくとも一人の家庭教師をしながらジェイムズの家に滞在していたことがあった。それゆえ彼は、デューイの知的な心の友に、なるべくしてなったのである。とはいえミードは、プラグマティストを自称する心づもりを整えてはいなかった。

ミードは学生の頃、とりわけ、新しい生物学に衝撃を受けていた頃、観念論と実在論をめぐる論争に没頭した。彼が表彰を受けた試験の主題は、「客体世界（the object world）において主体（the subject）はどれくらい大きな部分を占めるのか」を問うものであった。彼はロイスに従って、観念論と進化は完璧な組み合わせであると考えた。近代科学と進化論は、唯物論や経験論に、そして世界における価値の喪失に、直接的に結びつくわけではない(1)。逆にそれらは、ある種の観念論に結びつく。デューイと同様にミードは、生命体は環境内の問題状況（a problematic situation）に反応しながら恒常的な均衡状態を目指すのだ、という議論を打ち出した。彼らは二人とも、経験というものは社会的な経験である、つまり共同体の中で抱かれる経験である、という基礎的な原理にも同意していた。

ミードは、そういった共同体がいかにして存在するようになるのか、そして個々人の自我がそうした共同体の中でどのように形成されるのかについて考えることで、デューイの研究計画に貢献した。ミードの思想の出発点は行為という観念である。私たちは世界の中で行為するのであり、私たちの行為から、自意識や心、社会は生起する。これらの一見したところ抽象的で不可思議で、説明のつかない現象は、民主的な関係性やコミュニケーションを通して発生しているのだ。ミードは、社会学におけるシンボリック相互作用論を唱える学派の創設者であり、自我は社会的に構築されるのだという考え（この考えはミードが読んでいたジェイムズの『心理学原理』（*Principles of Psychology*）にも見つかる）を独自に主張した人物でもある。

プラグマティズムと［ミード］の結びつきのうちであまり知られていなかったものが、ミードによる記号の分析において見つかる。これはパースによる記号の分析と極めてよく似ているのであるが、ミードはパースを読んだことがなかった[2]。パースの『著作集』(*Collected Papers*)がようやく世に出はじめたのはミードが亡くなる頃であったが、〔それより以前に〕オグデン(C. Ogden)とリチャーズ(I. Richards)の一九二三年の有名な著作『意味の意味』(*The Meaning of Meaning*)の中で引用されていたパースの文章が、〔ミードの記号論の〕足がかりになったのかもしれない。少なくとも、次の結びつきはある。すなわち、ミードの教え子であるチャールズ・モリス(Charles Morris)は、「記号が解釈項を生むのであり、解釈項とは最終的な分析における『人間の行為の傾向補正』なのだ、というチャールズ・パースの洞察を、決然と具体化する」(Morris 1946a: 27-8)という試みを自分は進めているのだと考えていた。パース、ミード、モリスの三者ともが、記号の意味とは解釈者の傾向性ないし習慣であると考えている。

ミードはまず、ある行為者(agent)の行為が別の行為者に影響を及ぼす「記号状況(sign situation)」から議論を始める。身振り(gesture)は単純な種類の記号状況である。例えば唸り声をあげたり歯をむき出しにして吠えたりする犬の行動は、他の犬に影響を及ぼす。こうした種類の記号状況においては、身振りによる会話だけをしているのだとミードは述べる。すなわち、唸り声をあげる犬は他の犬に恐怖心を生じさせようと意図しているのではなく、その犬はただいつもの習慣に従って、対抗者を追い払っているだけなのだ。犬は、自分自身の心的状態に集中している。その犬は、自分の身振りがどのように他の犬に影響を及ぼすのかを本当には理解していない。つまりその犬は、自分自身の身振りに対して、他者の視点から、想像の中で反応するということはしない。〔当の状況に〕参加している者たちは、自分自身の視点だけから反応しているのであり、自分がその一部となっている社会的な現象については意識していない(3)。

身振りは他者に行動上の反応を生むが、シンボリックな相互作用に従事していることになるのは、自分がどういう反応を生むことになるのかを分かっている場合だけである。こうした「意義あるシンボル(significant symbols)」は、特別な種類の身振りである。すなわち、誰であっても同じ反応を生むような種類の身振りである。シンボルの使用者は、当の身振りに対して自分も他の人たちがするのと同じ仕方で反応する傾向にあるという点で、他者の役割を引き受けている。いかにしてあるシンボルがある反応を引き出すのかを予想するようになり始めると、そのシンボルの意味に柔軟に気づくようになる。心というものは、こうした意義あるシンボルが機能することによって成り立っている。

パースと同様、ミードにとって意味とは、幽霊のような実体のないものではない。意味とは記号によって創出される反応である。例えば黒雲は、人々が雨を予期して、屋内に駆け込む、あるいは駆け込む準備をするということを意味する。ミードの言葉で言うと、「ある刺激――例えばある身振り――と、それが(最初ではないにせよ)前半の局面となっている社会的行為の後半の局面との間の関係性こそが、意味の発生したり存在したりする場(field)を構築する」(Mead 1967 [1934]: 76)。記号の意味とは、ただそれだけのことである。「言語はただ、論理的ないし陰伏的に既にそこに存在している状況を社会的な過程から引き出すだけである」(Mead 1967 [1934]: 79)。ある記号が別の記号と同じことを意味すると述べることとは、その記号が他者に、同じ種類の反応ないし反応傾向を生じさせると述べることである。これらの行動は表に現れ出る(overt)行動のこともあれば、一種の「想像上の行動」である内的な反応のこともある。

これらの考えは全て、パースの著作からの直接の引き写しになるのかもしれない。しかしミードは、二つの興味深い段階を踏んで、パースの見解をさらに進展させている。第一に、ミードはデューイに与して、記号の理論を生物学の発展と結びつけている。ミードいわく、中枢神経系には表に現れ出る行動の類比的対応物がある。記号への反応傾向は、中枢神経系の中に、潜在的反応として存在している。これは表に現れ出るとは限らないし、そうなる可能性が高いとも限らない。単に対応パターンが存在していて、それが刺激に反応して活性化するかもしれないというだけなのだ。こうしてミードは、プラグマティズムの記号理論を神経生物学という新世界へと導き入れている。

第二に、既に見たようにミードは、シンボリックな相互作用の過程の中で自我は生起すると論じている。個人は、可能的な反応の一覧から一つの反応を選ぶ。このようにして、自我は生じるのだ。この選択がどのように発生するのかが、ミードにとって決定的に重要である。彼の考えによると、人間の人間ならではの特徴は、反省的行動（reflexive behavior）という現象のうちに見出される。私たちは自分の行為衝動を評価・検分する。私たちは、自分自身との間で内的な相互交流を行っている。つまり、自分の衝動に基づいて行為するか、それともそれを控えるのか、行きつ戻りつ思案する。まさにこのようにして、「心」は生起する。これが社会的過程の内在化であり、思考とは内在化された社会的な相互交流なのである。これは、自分自身との会話のようなものである。

ミードがさらに論じていることによると、意味についての私たちの理解は、他者の役割を試しに演じてみてそれに反応を返すというロール・プレイングによって促進される。この種の思考実験の中で、さらには〔ロール・プレイングをする〕実際の遊戯の中で、自我は形成される。ロール・プレイングは自我の感覚を深め、拡張する。というのも、ロール・プレイングは活用できる視点を増やすからである。他者の役割を〔自分でも〕引き受ければ、あなたは、そこから自分の意識を「構築する」ことのできる「素材」を自分にもたらすことになる（Mead 1982: 61）。自我は、共同体の社会化の過程の文脈で発生する。その文脈において私たちは、行動パターンを内在化し、他者の反応を予想することを学習する。それをする中で、「自我の統一性」が生起する。私たちは「一般化された他者」を、継続してゆく自分自身との対話の中に組み入れるのである。

> 個人に自我の統一性を与えてくれる組織的共同体ないし社会的集団は、「一般化された他者」と呼べるだろう。一般化された他者の態度は、当の共同体全体の態度である。[Mead 1934: 154]

デューイと同様、ミードは次のように結論づけている。つまり、この種の人間の活動、すなわち言語による社会的な活動は、「私たちの世界を制作する」際に重要なのである。

ミードはすっかりプラグマティズムの見解を〔自分のものとして〕取り込んでいるように見えるが、シカゴ学派の他の面々は、そうした考えを自分の言葉で表現する際にはさほど体系だっていないことが多かった。しかし、彼らのそれぞれが、興隆しつつある民主主義的／プラグマティズム的な立場の肌理に彩りを添えている。例えばジェイン・アダムズ（一八六〇～一九三五）は、ジェイムズとデューイの両方から影響を受けており、さらに後には今度はデューイに影響を及ぼした。彼女は革新派のソーシャルワーカーであり、アーバニズム運動の先駆者であり、急進的な理念を精力的に支持する人物であった。一九三一年に彼女は、ノーベル賞を受賞する最初の女性となった。アダムズはプラグマティズムに貢献した主要人物と考えられるべきであるが、彼女の影響はこれまであまりはっきりしていなかった。彼女の著作『民主主義と社会倫理』(*Democracy and Social Ethics*) は、倫理学はその本性において社会的なものだから、私たちは道徳的に推理をする際には民主的な方法を採用しなければならない、ということを示そうとする素晴らしい試みである。ジェイムズはこの著作を、「私たちの時代の名著の一つ」(*CWJ* 10: 124; 1902) と呼んでいる。

アダムズは、とことんまでプラグマティズムに従って運動を進めるという考え、つまり、プラグマティズムという哲学的理論を、実践において、特に様々な社会問題に対応するために活用するという考えを抱いていると見なされていた。プラグマティストは、諸問題は実験によって解決されるのだと言うが、これこそまさにアダムズがしたことである。アダムズは一八八九年に、苦境に喘ぐ移民を援助する民主的な慈善実験のための組織であるハルハウス (Hull House) を、共同設立した。ハルハウスは大いに注目を集めた。デューイはその最初の理事会のメンバーであった。論文「社会的セツルメントの機能」(“A Function of the Social Settlement”) の中でアダムズは、ジェイムズとデューイの両方を引用しつつ、大学とセツルメント[1]について、〔両者は〕分業をしているのだと述べている。大学は理想とする考えを生み、セツルメントはそれらの考えを試行する。「このように、二人の哲学者の助けを得た上で、こう考えてみよう。すなわち、知識についての主だった関心は、知識の使用〔への関心〕、つまりは、どういう条件のもとで、どのような仕方で知識は、人間の行いにおいて最も効果的に使われるのかということ〔への関心〕になっているのだ、と」。こうした関心を促進するのに理想的な生き生きとした実験室が、セツルメントである。「セツルメントは、研究とは対照的な応用を表している」。それは、「人生の意味を、人生そのものの観点から、活動という形式で表現する試みなのである」（Addams 1965［1899］: 186）。

アダムズは経験というものを広い意味で捉えており、本書で既に見た通りこうした捉え方はプラグマティストたちに特徴的なものである。さらにアダムズは、倫理学にとってどういう含意があるかに焦点を絞っている。彼女の議論によれば、科学においてそうであるのと同様に、倫理学においても私たちは、できる限り多様な経験の集合を探し求めなければならない。道徳性が社会的なものならば（そもそも、そうでないことなどありうるだろうか）、「道徳性を望む者は多くの人の道徳的経験に触れるようにならねばならない、ということは必定である」（Addams 1907［1902］: 5）。アダムズは、デューイを苦しめた問題（そして、道徳理論を提示しようとする者ならば誰もが苦しむ問題、とつけ加えても良いだろう）を警戒している。道徳的でありたいと願う者はこれこれのことをするべきである、という議論を思いつくことは可能かもしれない。しかし、道徳的でありたいと願っていない者について何を言うべきなのか、私たちには分からず、苦しむのである。

アダムズはこの問題を解決してはいない。しかし、道徳的であろうと願う者に対しては、彼女は以下のようなことが言える。いわく、私たちの倫理的基準とは次のようなものである。

〔私たちの倫理的基準は〕はるばる人通りのない道のりを旅することによって達成されるのではなく、全ての人々が互いに互いのことを分かり、そして少なくともお互いの背負っているものが見て取れるに違いない、人通りの多いありふれた道で、人々と交際することによって達成される。社会的な道徳性を備えた道筋をたどれば、その結果として、民主的精神の実践にまでは至らずとも、民主的精神の気質が必ず生じる。というのも、この道筋は、多様化した人間の経験と、さらにその結果として得られる共感を含意しており、これらこそが民主主義の基礎であり保証であるからだ。［Addams 1907: 6-7］

ジェイムズやパースと同様、アダムズの議論によれば、道徳的直感は私たちの経験の累積的な結果であり、さらに、「本物の経験ならば、科学的データと同様、私たちを路頭に迷わせるようなことなどありえないと私たちは信じている」（Addams 1907: 7）。しかし、路頭に迷うことが無いとしても、私たちはできる限り多く、他者の経験に接触する必要がある。というのも、「そうした接触こそが、社会的秩序に関する意見や、社会的秩序の改善を目指してささやかながらも行われる努力に関する意見を修正する、最も確実な手段である」（Addams 1907: 7）からだ。加えて、新聞や文学は、私たちが他者の経験について学び、さらに、「人生についての合理的で民主的な関心によって真理を発見する」（Addams 1907: 11）助けになりうる。アダムズは次のように述べる。

それゆえ、共通の集団（the common lot）に〔自らを〕重ね合わせることが民主主義の本質的な観念であり、その重ね合わせこそが社会的倫理の根源、社会的倫理の表現となるのだ。それはあたかも、人間の経験を汲み出す偉大なる井戸の水を飲むことを切望しているようなものである。というのも、群衆の熱気と押し合いの中へ向かってゆかねばならないとき、美味ではあるがあまり足しにならない一口の水では、旅の目的地へたどり着くことなどできないと私たちは分かっているのだから。［Addams 1907: 11］

倫理学は私たちに、他者の経験と関わることを要求する。人間的な経験を豊かにするということをしなければ、私たちは決して、何が正しくて何が間違っているのか、何が正義で何が不正なのか〔という問い〕に対する答えを得ることなどない。デューイやその他のプラグマティストたちの倫理学的見解の最良の部分を、洗練された、明瞭で、そして形而上学的ではない形で具体化したものは、アダムズにおいてこそ見て取れる。現代の道徳哲学者たちはアダムズに立ち戻ってみてはどうだろうか。

一九三〇年代初期、シカゴ大学では新学長ロバート・ハッチンス（Robert Hutchins）が権力を握っていた。彼は哲学科の体制変革を視野に入れて、モーティマー・アドラー（Mortimer Alder）を哲学科に連れてきた。(4) これがシカゴ学派の最盛期の終焉であった。そしてプラグマティズムの本拠地はニューヨークへと移ったのである。しかしながら、シカゴにはそれでもプラグマティズムの雰囲気は残っていた。例えば、マンリー・トンプソン（Manley Thompson）とチャールズ・ハーツホーン（Charles Hartshorne）は両者とも、シカゴ学派がもう存在しなくなったずっと後にシカゴ大学哲学科に残っていたパース研究者である。

8-2　ジョージ・サンタヤナ（George Santayana）（一八六三～一九五二）と実在論者

ジョージ・サンタヤナはマドリー生まれのスペイン人で、九歳から〔アメリカの〕ボストンで育った。ハーヴァードで学士課程を終えてから、後には哲学の議論相手となる若い教授陣、ロイスとジェイムズのもとで博士課程を修めた。サンタヤナはハーヴァードの哲学科に留まって教師として成功した。彼はずっと欧州を恋しく思っていたが、一九一二年には念願かなって欧州に移り住み、専門の学術的な哲学は捨て、コロンビア大学とオックスフォード大学から大学人としての暮らしに戻らないかという誘いがあったが袖にした。

ジェイムズやデューイと同様、サンタヤナ〔の活動〕は哲学の諸分野のみならず、知的な領野の大部分に広がっている。彼の自伝と小説はベストセラーになったし、さらに彼は、詩人としても、芸術理論家としても、文芸評論家としてもひとかどの人物であった。一九三六年には、彼は『タイム』誌（*Time*）の表紙を飾っている。「過去を覚えておけない者は〔同じ〕過去を繰り返すことになる」（Santayana 1962［1905］1: 184）といったような、彼の洞察を含んだ一行句は、相当な数が今も生き続けている。詩的な文体のせいで、彼の哲学は、専門の哲学研究をする立場にいる人の多くにとっては謎めいたものとなった。そういう人たちにとって彼は、人間としても、そして「彼の思考が持つ本来の手触りにおいて」（Brownell 1951［1940］: 35）も、摑みどころがないように思われた。

サンタヤナの著述は、その背景にプラグマティズムの思想をまとっていた。彼はジェイムズの友人であり、ジェイムズの気さくで自発的に示してくれる心の温かさを高く評価していた。しかし、彼らの知的な関係性には緊張もあった。サンタヤナは自身の連続講演『アメリカ的性格、アメリカ的意見』（*Character and Opinion in the United States*）の中で、自分がハーヴァードで受けた教育に対する嫌悪感をはっきりと述べている（Santayana 2009 [1920]: 21ff.）。サンタヤナは、容赦なく資本主義的なアメリカと自らが見なしているものについて悪しざまに言うことがあり、彼のそのプラグマティズムの特徴付け方は、ジェイムズとデューイを苛立たせるだけになりかねなかった。サンタヤナの考えでは、アメリカ人は「その心性と生き方において」皆プラグマティストである。そして、「彼らの本当の哲学というのは、事業（enterprise）の哲学だ」。アメリカ人は、「役に立たない思想を軽蔑する気持ちから、そうした思想が存在することをすら喜んで否定してしまう」楽観主義者なのである（Santayana 1951 [1940]: 248-49）。彼は、アメリカ式の「賢しらな商売人の」考え方と関連づけられることを嫌った（Santayana 1925: 677）。彼が好んだのは、スピノザや古代ギリシャ人たちとの知的な交際なのであった。

サンタヤナは、『心理学原理』において推進されていたジェイムズによる経験の捉え方は素晴らしいものと考えたが、ジェイムズの思想のそれ以外の多くの部分についてはさほど入れ込まなかった(5)。サンタヤナはジェイムズの「哲学における研究」を「一貫性のない」「急襲（raids）」だとして、〔ジェイムズの〕信じる意志の主張については賛同しない論調に加わっている。サンタヤナにとって、私たちは「幻想に触発されて」生きるべきだという考えは不愉快に思われた。彼の考えでは、そう信じることが望ましい場合に信じるのではなく、むしろ私たちは、「確かに信じる」ということをしなければならない。つまり、「私たちは信じざるをえないが、〔信じるといっても〕合理的に信じた上で、確実だと思われることを確実であると考え、蓋然的だと思われることを蓋然的であると考え、望ましいと思われることを望ましいものと考え、偽であると思われるものを偽と考えるのである」(Santayana 2009 [1920]: 60)。ジェイムズはここで獲物がかかったとばかりにやり返していて、詩文や宗教についてのサンタヤナの見解を「腐敗の極致」と呼んだ(Santayana 1951 [1940]: 498)。

シラーはサンタヤナから、さらにぞんざいな扱いを受けた。ジェイムズは、一九〇三年にデューイへ宛てた手紙の中で次のように綴っている。「サンタヤナは先日の晩の『会合』で大いに冷笑を込めてくだんの〔シラーの〕著書について報告した上で、後から私に、自分はシラーを、そしてシラーの思想を『嫌っている』と述べた」(*CWJ* 10: 336; 1903)。話題になっている著書はシラーの『ヒューマニズム』(*Humanism*)である。サンタヤナは、デューイの思想にも感心しなかった。『経験と自然』(*Experience and Nature*)の書評の中でサンタヤナは、デューイには「個人を社会的機能に分解してしまう準ヘーゲル主義的傾向がある」(Santayana 1925: 675)と特徴付けている。サンタヤナは、デューイの見解の中で、自然主義と「出来事」の形而上学的な捉え方――そこでは、心と自然が何らかの仕方で一体となっているとされる――との間に緊張関係があることを非常にはっきりと見抜いていた(6)(Santayana 1951 [1940]: 250)。デューイの自然主義は「生半可で息も続かない」とサンタヤナは考えた(Santayana 1925: 680)。サンタヤナは、デューイの哲学の二つの欠点、すなわちその形而上学がうまくいっていないことと、裁定を下す能力に欠けていることを、辛辣な一文でほのめかしているのだ。

デューイはいまだ、エマソン（R. W. Emerson）、シェリング（F. W. J. Schelling）、ヘーゲル（G. W. F. Hegel）と同様の観念論者のままなのである。つまり、「ロマン主義的であり、超越論的であり、自分たちの居る時代や国で道徳的な生を支配しているその着想を絶対者として敬虔に受け入れてしまっている[2]」（Santayana 1925: 680）。

しかし、サンタヤナ自身はプラグマティストたちから距離を置こうとしているにもかかわらず、彼の見解はプラグマティストの見解と非常によく似ている。彼は、一九〇〇年代初期に巻き起こった自然主義の大波の一角となっている。サンタヤナは自身の自然主義を実在論の運動に与するものと捉えていた。彼は、短命に終わった批判的実在論という流派の大黒柱であった。既に見たように、批判的実在論は、自然主義的ではあるが過度に主観的なものとして受け止められたデューイの見解に代わるものとして、新実在論と競合していた思想である。批判的実在論者は、『批判的実在論論集』（*Essays in Critical Realism*）という一九二〇年の書籍にて、自分たちの主張を提示した。彼らはプラグマティズムについて詳しかった。例えば既に見たように、プラット（James Pratt）はジェイムズを注意深く読み込んだ上で批判していた。ラヴジョイ（Arthur Lovejoy）は一九〇八年に、「十三様のプラグマティズム」（"The Thirteen Pragmatisms"）という論文を書いたが、これは、多様なプラグマティストたちが色々な機会に表明した様々な見解、しかも衝突し合うことも頻繁にあった諸見解を、労を惜しまず解析し、数え上げてゆく論文であった。

ドレイク（Durant Drake）は批判的実在論の立場を次のように言い表している。よく言われている二つの「知識の出発点」があるけれども、これらは極端すぎる。客体重視の心性の者（the objectively-minded）の主張によれば、「知覚のデータは、私たち皆が実践上、私たちの身体を取り巻いていて身体に差し迫ってくると信じている物理的な存在物そのものである」（Drake 1920: 3）。これらの物理的存在物は、「何らかの仕方で経験の中に入ってくる」。主体重視の心性の者（the subjective-ly-minded）の主張によれば、「知覚のデータは心理的な存在物である」。知覚のデータは、客体（object）を表す観念ないし表象の世界に「閉じ込められて」いる（Drake 1920: 3）。批判的実在論は、これら両極端の立場の〔それぞれの〕洞察を合成して、それぞれの欠点を回避しようとする。批判的実在論は、他の種類の実在論と同様、知覚的な知識は心的でないものについての特別で説明のつかない種類の直観ないし洞察である、と述べることは回避し、かつ、存在することは知覚されることに他ならないという観念論的な主張も回避する（Sellars 1920: 188）。

既に見たように、これはまさにプラグマティズムも目指していることである。批判的実在論者とプラグマティストは両者ともこう考える。すなわち、私たちは何にも媒介されない仕方で実在を知るのだと主張すると「知的な痙攣状態（intellectual cramp）」に、そして誤った懐疑論に陥ってしまう（Santayana 2000［1922］: 216）。適切な（そして限定的な）懐疑的態度とは、むしろ、あらゆる知識は可謬的であり、人間の諸能力や価値観をその上に纏っているものなのだということを心に留めておくことである。私たちが何かを知ったり、知覚したり、認識したりするときはいつも、私たちはその何かに概念を、すなわちサンタヤナやその他多くの批判的実在論者が（あまり上手な表現ではないながらも）「本質（essenses）」と呼んだものを持ち込む。これら本質は、「どうしても、知覚された存在物の性質であると考えざるをえない」(7)。

さらに批判的実在論者たちは、際立ってプラグマティズム的な論法を用いている。客体というものは独立している。私たちは客体について真なることを言おうとしている。しかし私たちは、客体について真なる言明を主張しようとする際に自分たちは正確であると信じる必要はない（し、信じるべきでもない）（Santayana 1920: 163f.）。私たちに言えることは、次のことに尽きる。すなわち、「私たちを取り巻く物理的世界の存在を信じるという、この本能的な（そして実践上、不可避的に抱かれる）信念は、プラグマティックに正当化可能である」（Drake 1920: 4）。私たちは、自分の信念が「うまく働く」ことに気づくのだ。私たちが観ている「ちっぽけで私的な『映像』」が現実に存在する事物についての映像であるという証拠はないけれども、それでもそうしたことは前提としなければならない（Drake 1920: 5f.）。「実在論を前提としなければ、実在論であれ他の何であれ、証明することは不可能になるだろう」（Santayana 1920: 183）。

時として批判的実在論者たちは、自分たちの立場がいかにプラグマティズムと密接に結びついているかを見抜いている。ラヴジョイは、プラグマティズムがどうして実在論と観念論の間で揺れ動いているのかが分からないとして、問題の起源は、実在論では「『経験横断的（trans-experiential）』である客体や関係を認識できない」というジェイムズの見解の採る道筋へとプラグマティズムが舵を切ったところにあるのだと考えている（Lovejoy 1920a: 41）。ジェイムズの根本的経験論に基づけば、主体と客体は同一の「もの（stuff）」の一部なのであるが、ラヴジョイの考えでは、この根本的経験論の影響下でプラグマティズムは、〔本来の〕原理から外れてしまったのである。「真なるプラグマティズム」は批判的実在論に非常によく似たものである（Lovejoy 1920a: 76ff.）。ラヴジョイは『批判的実在論集』に寄せた小論で次のような結論を導いている。

それゆえ、「プラグマティズム」として広く推進されている学説は、ほとんど、ゆりかごの中に赤子と引き換えに置かれた取り替え子[3]であると言えるかもしれない。〔…〕〔プラグマティズムの〕忠実なる召使いたちには皆、自分たちの本当の義務へと立ち返ってもらおう。彼らがそうしてくれるなら、彼らは〔自分で〕次のことに気づくことになると思う。すなわち、彼らの仕える〔プラグマティズムの〕屋敷と批判的実在論の屋敷の間では、何の諍いをする必要も無い、〔…〕諍いなどありえないのだ、と。［Lovejoy 1920b: 80-81］

批判的実在論者たちは、ジェイムズとさらにその後デューイが、客体と主体を、そして生命体と環境を合成しようとするやり方は気に食わない。批判的実在論者はそれぞれに、心と世界の間の関係性を説明する〔それぞれ〕違った企てを遂行している。例えばセラーズ（Roy Wood Sellars）は（パースと同様）、その関係とはインデックス的な関係であると論じている。しかし、彼らは皆、つまり批判的実在論者たちとプラグマティストたちは皆、心が世界をありのままに表象しているという表象主義的な見解を回避しようとしている。

こうした新しい自然主義者（この場合は批判的実在論者）が、彼らとしては古い自然主義者と見なし始めていた面々（つまりプラグマティストたち）といかに近しいものであったのかを示す好例が、サンタヤナである。彼は自分ではデューイに反対する議論をしていると考えているが、実際のところ彼の立場は、デューイの見解が目指している一般的な方向性と、非常によく合っている。サンタヤナの一九二三年の著作『懐疑論と動物的信仰』(*Scepticism and Animal Faith*)の冒頭の書きぶりは、プラグマティズムに反対する主張をしているかのようではある。いわく、彼がやろうとしているのは「論理的に可能な限りで懐疑論を押し進める」ことである(Santayana 1923: 10)。同様に、『リヴィング・フィロソファーズ文庫』(*The Library of Living Philosophers*)のサンタヤナの巻で彼〔サンタヤナ自身〕が述べていることによると、彼は懐疑論に「最悪の働きをさせるために」懐疑論を招き入れている(Santayana 1951 [1940]: 18)。サンタヤナは、「自身は懐疑論者であるが、人類一般は神話を必要としていると信じている」。そのように考えているのはラッセル(Bertrand Russell)だが、こうした捉え方は珍しくなかった(Schilpp (ed.) 1951 [1940]: 474)。

しかしラッセルは間違っている。サンタヤナは完全に、プラグマティストの反懐疑論の主張と足並みがそろっている。グレン・ティラー(Glenn Tiller)が最近論じているように(Tiller 2008: 133f.)、また当時にはミルトン・ミュニッツ(Milton Munitz)が論じていたように(Munitz 1951 [1940]: 192)、この点におけるサンタヤナの目的はパースの目的と同一線上にある。懐疑論的な動きなど、紙の上に書いただけの疑念をいや増すだけであるとして回避されるべきだ。私たちは懐疑論から自らを解放するべきなのだ。サンタヤナの議論によると、懐疑論はせいぜい、今この時だけの独我論に終わるのが関の山だ。ヒューム(David Hume)と同様、サンタヤナはこう結論づける。すなわち、懐疑論が最悪に働けば、その結果としては、全く何も主張できない、信じられないということになる。このように信念を保留している状態というのは維持し続けられないし、じきに当の懐疑論者は、自分が何かしらの信念を採用していることや、信念の判断をするために何かしらの原理にこだわったりしていることに気づくことになる。サンタヤナは『懐疑論と動物的信仰』の結論を次のように述べている。

私はギリシャの懐疑論者の真似事をして、常識とは裏腹に、誰かが疑いうるかもしれないことは全て疑わしいと言ってきた。しかし、人生を生きる中で、さらには議論を追う中だけででも、私は完全な懐疑論からは離別せねばならなくなるのだから、私は、内心こっそりと、あるいはただの当てずっぽうでそのような〔疑い続けるという〕ことをして、今はこの偏見の陰に、そして〔また別の〕今はあの偏見の陰にと、恥ずかしげもなく隠れるようなことはもうやるまいと決めた。そのかわりに、私は自然と手を取り合い、私が日々を過ごす際にいつも携えている動物的信仰をこそ、私の最も深遠な思弁の規則として受け入れてきたのである。［Santayana 1923: 308］

これはまさに、パースが懐疑論者に対して示した反応である。サンタヤナの言い方を借りれば、私たちの信念は「そもそも根本的に証明が不可能」（Santayana 1923: 35）である。となると、証明が要求されないということは良いことである。私たちは、自分が知覚していると考えている世界、そして時に変化すると考えられる世界の中で、本能的な理性ないし信仰を継続させているのだ。パースのような言い方をすればこうなる。すなわち、私たちに影響を及ぼし、かつ私たちが影響を及ぼす世界が存在するという想定は、探究の、そして実際のところ生きることとの、統制的想定なのである。懐疑論者が忠告してくれるようには、私たちは疑うことができないというだけのことである。パースとサンタヤナ（そしてサンタヤナの仲間の批判的実在論者たち）は、次のような考えに完全に同意するだろう。

世界は存在する、未来は存在する、獲物は追い求めて見つけることができる、見えている獲物は食べることができる、といった動物的な信条にもともとからある諸条項に関しては、いかなる保証も与えられることはありえない。確かに、これらはしばしば誤っていることがある。もしかしたら、いつかある日に、それら全てを偽にしてしまう出来事が生じるのかもしれない。そうなると、それらは全て失効する。しかし、人生が続く間は［…］、この信仰は生き残り続けるに違いない。［Santayana 1923: 180］

既に見た通り、パースの議論によると、私たちは自分が今いるところから出発しなければならない。つまり、たとえ捨てたいと思っても捨てることのできない、ひとかたまりの信念を背負った状態から出発しなければならない。哲学は物事の真っ只中から始まらなければならない。私たちは、自分の信念の多くは真であると想定しているし、それらの信念を証明しようとすること、あるいはそれらの信念が確実に、不可謬的に真であると示そうとすることを強いられる必要はない。デカルト的な確実性の要求は私たちには不要なのである。いかに保証を欠いている信念を留保しようとしてみても、生きることと行為する必要性とが立ちふさがってきて、その留保を続けることはできなくなる。次の発言は、パースがしていてもサンタヤナがしていてもおかしくない。「私は哲学に参加しており、まさにそこで、日々の生に参加しているのだ。そうでなくては、私は誠実ではないことになる」。これは何とサンタヤナの筆による文章である（Santayana 1923: vi）。実際、『懐疑論と動物的信仰』の最初の一文は、哲学者は「物事の真っ只中（*media res*）へ飛び込む」（Santayana 1923: 1）ことを余儀無くされると述べている。「完全な懐疑論者や観念論者に対して実在論を証明することはできない。しかし、誠実な人に対しては、その人が完全な懐疑論者もしくは観念論者ではなく、本心では実在論者なのだと示すことが可能である」（Santayana 1920: 184）。

サンタヤナは、この問題に関する自分の立場を、信じる意志についてのジェイムズの思想から区別しようと骨を折っている。サンタヤナの指摘によると、ジェイムズは「私〔サンタヤナ〕もまた科学と日常生活についての動物的信仰に依拠しているという事実を見過ごしていた」（Santayana 1951［1940］: 499）。つまりサンタヤナも、「そうした前提を立てることなしには生きてゆくことができないような基本的前提」に立脚しているのだ（Santayana 1951［1940］: 505）。しかしサンタヤナは、ある信念が到来するときにはそれらを受け入れねばならないという事実から、私たちは受け入れるべき信念をただ造作もなく選択することができるということを推論しているわけではない。動物的信仰という考えと信じる意志の間には表面上の類似点はあるけれども、サンタヤナは、ジェイムズの立場である信念についての主意主義を忌避している。時に、「成功するはずだという信仰が私たちを勇気づけ、成功をもたらし、それゆえその信仰それ自体の働きによってその信仰が正当化される」ということがあるというジェイムズの見解は、「ジェイムズの最悪の部分に典型的に見られる思想である――最悪とはいえ、そこには常に良い面がある」（Santayana 2009［1920］: 60）。

サンタヤナとパースは、この思想の良い面を明確化しようと粉骨砕身している。彼らは両者ともこう主張する。すなわち、私たちは大量の信念を受け入れなければならないが、〔同時に〕常にそれらの信念を、〔それらの信念に〕反する経験に対して開かれた状態に保たねばならないし、決して、事実や理由とは無関係な根拠に基づいてそれらの信念を信じてしまうことはあってはならない。この最後の点が重要である。パースと同様、サンタヤナが「信仰（faith）」という語を使うときには、理由によって擁護されていないものを指し示そうとはしていない。サンタヤナいわく、「動物的信仰のような非常に野蛮な言葉を用いるのではなく」、「認知的本能とか、経験的確信とか、あるいは実践理性とすら」言っても良かったかもしれない（Santayana 1951［1940］: 586）。これらの代案はそれぞれに、私たちが前提しておく必要のあることの中には規範的なものや恣意的でないものがあるということを明確にしている。サンタヤナは、この主題についての自分の考えをジェイムズの考えから再び区別するべく、次のように述べる。

溝を飛び越えられるという信念が、なぜあなたが溝を飛び越えることの助けになるのか。それは、その信念が、あなたがその溝を飛び越えられるだろうということ、あなたの脚がちょうど良い長さで、その溝の幅は二〇ヤードではなく二ヤードであろうということのしるし（symptom）だからである。こうしたことについて瞬時に下される正確な評価があるおかげで、あなたは自分に自信を持ったり、あるいは少なくとも、その自信が合理化されたりするのである［…］。そうでなければ、あなたはただの愚か者になり、そのせいでずぶ濡れになっていたであろう。［Santayana

2009［1920］: 61］

サンタヤナは、これに関連する次のような考えも取り入れている。その考えとは、先に見た通り、プラグマティストたちが非常に早い時期のアメリカの先駆者たちから採り入れたものであるが、つまりは経験とは「ショック」〔を受けること〕を経て到来するのであり、私たちはこれにこそ注意しなければならない、という考えである（Santayana 1923: 139f.）。サンタヤナいわく、「人間の諸信念の絡まり合いの中で」、「事実や事物と呼ばれる強制的な要素を、示唆や解釈と呼ばれる、比較的に選択の余地があって議論の余地のある要素から」、区別することができる（Santayana 1923: 3）。「粗暴な事実（brute fact）」との邂逅が、サンタヤナの実在論の「下地（ground）」である（Santayana 1951［1940］: 504–5）。「ショックの経験」が「実在論を打ち立てる」――つまりは、「独立した存在から成る世界」を打ち立てる（Santayana 1923: 142）。サンタヤナは、プラグマティストたちと関連づけられることを望んでいない。なぜなら彼は、デューイのようなプラグマティストは「前景（foreground）の哲学者」（Santayana 1925: 680）であって、事物の表面のことだけで満足しきっていると考えるからだ。しかしサンタヤナは実際のところ、前景にあるものだけではなく、前景にはないものが私たちを驚かせることがあるということも真剣に受け止めているプラグマティズムの見解を擁護しているという点で、パースと同じ立場にいる。

サンタヤナが真理と知識についての問いに注意を向ける際には、彼のプラグマティズム的傾向がさらに鮮明に見て取れるようになる。彼の考えでは、「形而上学」というラベルは「むしろ糊が剝がれてしまっていて、舞い落として何にでも無害に乗せておける」(Santayana 1951［1940］: 519)。彼はプラグマティストたちと同様、控えめな種類の形而上学を望んでいる。いわく、哲学者は、「神、事物、プラトンの言うイデア、能動的精神、そして創造的論理」を「玉座から押し落とさ」なければならない。

それら〔神、事物、イデアなど〕は道具的能力の点では素晴らしいのかもしれない［…］が、それらを、はっきりと見えている客体よりも深遠な実在あるいは力と見なすこと、そして、それらこそが、こうした客体を生み出して、その後に何らかの仕方で［…］形而上学者の思想に姿を現すのだと考えることは、全くの偶像崇拝にすぎないだろう。［Santayana 1925: 675］

真理と知識は、非形而上学的な概念である。真理とは、「妥当な観念化、検証済みの仮説、そして不可避的で安定した推論」(Santayana 1962［1905］1: 134) についての事柄である。知識とは、「経験に根拠づけられた、つまり、外的な事実によって統制された、真なる信念である」。知識は「偶然によって真となるのではないし、それに当てはまるものが存在するかもしれないという当てずっぽうに賭けて空中に撃ち放たれるものではない」(Santayana 1923: 180)。

プラグマティズム的な感覚は、理性概念にも持ち込まれている。サンタヤナの議論によると、理性とは、人間ならではの活動全てを生き生きとさせる脈動である。しかしこれは、他の論者がこの言葉を使う際の意味合いにおける「理性」ではない。すなわちこれは、特殊な直観能力と同一視され、そして、宗教その他のお気に入りの主張に対する慰めとなる理屈を広めてゆくために使われる「理性」ではない。宗教、詩歌、心理学、そして倫理学の位置付けというものは、「それらが自然的位置付けに満足しさえすればその限りにおいて」（Santayana 1925: 674）存在する。それらは想像力を適用する範囲のものであり（Santayana 1951［1940］: 499）、「身体を伴った生」に基づく極めて重要で興味深い創作（fiction）なのである（Santayana 1951［1940］: 504）。

デューイは、サンタヤナが反形而上学的な信条を有しているとはあまり確信していなかった(8)。デューイは一九〇五年から一九〇六年にかけて刊行された五巻本の著作『理性の歩み』（*The Life of Reason*）に不満を抱いていた。この著作は「『形而上学』という歓楽街を切望する」兆候を示しており、デューイは書評でそのように述べていた（*MW* 4: 233; 1907）。実際、一見したところ、サンタヤナは確かに昔ながらの形而上学者のように思われる。例えば彼は、「実体（substance）」という概念を気に入っている。しかし、ジョン・ラックス（John Lachs）が指摘するように、サンタヤナはこの語を独特の仕方で用いており、この語によって、世界の、不変で、永続的で究極的な構成物を意味しているのではない（Lachs 2003: 159）。彼はまた、事物、本質、精神、そして真理を別々の種類に分けるカテゴリー体系あるいは存在論を打ち出している点で、明らかに形而上学的であるように思われる。しかし、ここでもまたサンタヤナは、自分のカテゴリー論は私たちが自分の経験を構造化するのに便利な方法であるだけなのだということをはっきりさせようとしている。

私の体系は［…］この世界の体系ではない。私が述べている存在の領域は、宇宙の一部ではないし、それらの領域が合わさって一つの偉大なる宇宙となるわけでもない。それらの領域だけが、明らかに特異で区別するに値すると思われる、事物のカテゴリーないし種類なのであって［…］、私の体系は［…］形而上学的ではない。［Santayana 1923: vi-vii, 強調はサンタヤナによる］

彼は、「科学者たちが私〔サンタヤナ〕に、事物とは何なのかを、発見できる限りにおいて告げてくれるのを待つ」ことになるのだと述べている（Santayana 1923: viii）。サンタヤナの仕事は、私たち人間という動物が自発的に使用するカテゴリーの概要を述べようとすることだ。それが、「体系化された普通の省察」（Santayana 1942: 827）なのである。(9)

時にデューイは、サンタヤナの思想が、「自然主義と観念論の統合」（*MW* 3: 322; 1906）を提供するというデューイ自身の意図とうまく合致していることを見抜いている。しかし全体として、デューイは〔サンタヤナに〕批判的である。ラッセルと同様に、デューイはこう考えている。すなわち、サンタヤナは主観主義と客観主義を合一する方法を見つけられていない。そしてそのせいで、「彼〔サンタヤナ〕は、純然たる信仰を自然の事物にしてしまうという唐突で途中段階なしの実践的な飛躍によって調整された、完全なる懐疑論に陥っている――〔これは、〕私〔デューイ〕は遠慮しておきたい、恣意的なプラグマティズムの一種である」（Dewey 1939: 526）。

しかしデューイとラッセルはサンタヤナをまともに打ち負かしてはいない。既に見たように、パース、ジェイムズ、サンタヤナは皆、私たちはある事柄を希望する・信じるという必要があるのだという考えを大切にしている。サンタヤナとパースは、次のように論じることによってこうした思想を展開した。すなわち、私たちが調査をしたり、行為したり、生きたり、世界についての信念を保持したりしようとするならば、何らかの一般的前提が想定されねばならない。私たちは、世界について私たちが考えることからは独立した世界が存在しているとか、あらゆる経験や証拠と照らし合わせても持ちこたえるであろう見解にたどり着ける可能性があるといったことを前提する必要がある。ジェイムズはというと、探究者は自分にとってうまく役立つ信念なら何であれ前提する資格があると論じることによって、そうした考えを発展させる傾向がある。デューイとラッセルは、ジェイムズとサンタヤナをひとまとめにして、両者ともに、あれこれの状況においてたまたまうまく働くものなら何でも信じようと主張しているとか、両者は神話を信じようと主張しているといったことを示唆している。

サンタヤナがどこかで古典的プラグマティストたちから袂を分かつのだとしたら、それは次のような信念においてだ。すなわち、彼の信念によると、哲学は道を見失っており、哲学はその本来の仕事、つまり幸福の可能性を打ち出し、何が良き人生を送ることなのかを明確化し、それを言祝ぐという仕事に立ち戻る必要がある。「可能性のあることについての知識が幸福の始まりである」（Santayana 1910: 204）との意見を彼は述べている。私たちの実践は、それらの実践がどれくらいうまく人間の幸福に結びつくのかを見届けることによって評価される。サンタヤナの友人でありサンタヤナを敬愛していたラッセルが言い表しているように、彼の思想は「根本から倫理的」（Schilpp（ed.）1951［1940］: 454）である。しかしここでもまた、ラックスが論じてきたように、サンタヤナの倫理学は自然主義的なのである。価値は、「困難で、逆境的である場合すらある環境の中で自分のやり方を形成してゆく、動物の生活サイクルの中でこそ定まる」のである（Lachs 2003: 160）。

8−3　ニューヨークの自然主義者と古典期の最終盤におけるプラグマティズムの地位

デューイは一九〇四年にコロンビア大学に移った。自然主義はその地でも、フレデリック・ウッドブリッジ（Frederick Woodbridge）、ウィリアム・モンタギュー（William Montague）、ウェンデル・ブッシュ（Wendell Bush）の手によって繁栄していた。そしてデューイがニューヨークにいる間も、自然主義はその勢力を増すばかりであった。一九四〇年代におけるニューヨークの自然主義の活動は、当時の先進的な哲学者の何人かによる論文を収録したある書籍の中に見て取ることができる。すなわち、Y・H・クリコリアン（Y. H. Krikorian）編『自然主義と人間精神』（*Naturalism and the Human Spirit*）という一九四四年の書籍である。まさにこの書名が示している通り、この本が目指すプロジェクトは、科学的な世界観の中に価値の位置付けを見つけ出そうとするプラグマティズム的プロジェクトである。寄稿者の多くは、非経験的な探究領域であると思われるものが自然主義においてどういう位置付けを持つのかを調査している。アーネスト・ネーゲル（Ernest Nagel）は、どうすれば論理学を疑わしい形而上学的存在論から解放できるかについて見解を述べている。シドニー・フック（Sydney Hook）は、政治について検討している。アブラハム・エデル（Abraham Edel）は倫理学について、スターリング・ランプレヒト（Sterling Lamprecht）は宗教について、そしてジョージ・ボアス（George Boas）とエドワード・ストロング（Edward Strong）は歴史について検討している。デューイは序論を執筆した。最も反響の大きかった二人の寄稿者は、フックとネーゲルであった。両者とも、デューイの教え子であり批判者でもあるモリス・ラファエル・コーエン（Morris Raphael Cohen）のもとでシティ・カレッジ〔現在のニューヨーク市立大学〕で学部生をしていたことがあり、その後、デューイのもとで大学院課程での研究を続けた人物であった。

ネーゲルは、分析的で、論理学的手法を重視するアメリカの科学哲学者の典型であった。一九五四年に彼は、コロンビア大学哲学科の最初のジョン・デューイ教授職に就いた。彼の一九六一年の著作『科学の構造』（*The Structure of Science*）は科学哲学の名著である。この本の中でネーゲルは、あらゆるプラグマティズム的な性向を低く見ている。彼はデューイの立場を真理についての道具主義と考え、自分自身はそうした考えから距離を置こうとする（Poulos 1986: 540）。それにもかかわらず、この本のまさに前提になっていることを見れば、パースとデューイの影響があらわになる。ネーゲルはまず、問題によって探究が開始されるという考えを述べた上で、真理という概念を「信頼できる形で保証された結論」に置き換える。

他方、フックは徹底したデューイ主義者になり、しばしば「デューイのブルドッグ」と呼ばれるほどであった。大方のところ、彼は、当時の政治的な議論に論争を呼ぶ形で熱烈に没頭したことで記憶されている。フックは熱心なマルクス主義者として出発し、プラグマティズムをマルクス主義と統合しようとした。彼は最終的には、熱心な反共産主義者となり、スターリン主義の興隆に反応し、マッカーシズムの背景にあった感情のいくぶんかを容認するという悪名高いこともしている。後年のフックは、デューイの推し進めた科学的実験主義の方法論は結果として「イデオロギーの終焉」に行き着き、そして、共産主義を阻止する民主主義をアメリカが現出できるようになるだろう、という見解をとった。

このように、デューイの教え子のフックとネーゲルは師の路線に沿った見解を推し進め続けており、デューイの遺産は確固たるものに思われた。しかし実際のところ、彼の知的な財産は心許なかった。デューイのキャリアが大詰めを迎える頃には、プラグマティズムは、その輪郭がはっきりと分かる立場ではなくなっていた。デューイが場を整えて自らそこに居座ろうとあれほど意図していた、観念論と実在論の間の自然主義的な中間地帯には、当人たちはそのことを知ってか知らずか、ともあれ多くのことを互いに共有している立場の面々がひしめき合うようになった。これはもちろん、ちらほら耳にすることのある現象だ。ある哲学的理論が確立され始めるとき、新参者は、たとえその理論の考えが〔自分の〕知的な意識に染み渡っていたとしても、その理論に反対しようとすることがある。これが、一九四〇年代のプラグマティズムにも当てはまる。様々な原理や価値観をプラグマティストたちと共有している多くの哲学者は、何が彼らの見解をプラグマティズムから区別するのかを見抜くのは困難であったのにもかかわらず、「自然主義」あるいは「実在論」という名で呼ばれることを好んだ。論理経験主義者たちが、政治的に憂慮すべき状態にあったヨーロッパから新世界の海岸にはるばる移ってきたときに、彼らを待ち構えていた雰囲気とはこうしたものであった。

注

（1） Pearce（forthcoming）はこのことについて素晴らしい仕方で論じている。

（2）DeWaal（2008: n. 6）参照。
（3）この例についてはDeWaal（2008: 155）を参照。
（4）Gross（2008: 106–7）参照。
（5）Santayana（2009［1920］: 52）並びにKerr-Lawson（1991）参照。
（6）これは、『ジャーナル・オブ・フィロソフィー』誌（*The Journal of Philosophy*）に掲載された、デューイの『経験と自然』についてのサンタヤナの書評の改訂版からの引用である。グレン・ティラー（Glenn Tiller）が私に指摘してくれたことによると、サンタヤナはこの書評を提出した際に、「私は決して、何か確固たるものに対して攻撃を仕掛けたわけではない」と述べつつ、こう述べた。「私は［この書評が］デューイを喜ばせることを、そして怒らせないことを願っている。というのも私は、彼の著作を読むこと――二回は細心の注意を払って読んだ――から歩みを進めて、彼のことを以前にも増して好きになったからである」（Letters, 3: 261）。〔しかし〕デューイは喜ばなかった。彼は、自分の仲間だと考えていた人物から攻撃されていると思って、驚くとともに憤慨した。ずっと後になってサンタヤナは、もし自分がデューイの書評を再度書くことになったならば「もっと共感的」になるだろう、と綴った（Letters, 6: 291）。
（7）Drake（1920: 4 n. 1）ならびにSantayana（1920: 167）参照。
（8）他の面々も同様である。例えばMunitz（1951［1940］）もまた、サンタヤナが本質なるもので満ちた形而上学を推進していることを咎めている。というのも、サンタヤナが用いている真理概念は他とは違っていて、つまり彼は、真理とは、事物の中に具現化する、あるいは具現化した、もしくは具現化されることになる本質の集合であると考えているからだ。例えばSantayana（1942［1938］: 404）を参照。この考えが、彼のプラグマティズム的な真理の理論とどのように整合的であるのかは明らかでない。
（9）Tiller（2008: 129–36）並びにTiller（2002）参照。

訳注

［1］セツルメントとは一般に、貧民街などに宗教家や社会活動家が定住して、住民との交流を通して、その地域の福祉向上に努める事業をいう。アダムズのハルハウスは、こうした社会事業の先駆的な例である。

［2］なお、デューイはこの批判を受けて、次の論文にて再反論を試みている。Dewey, J.（1927）"Half-Hearted Naturalism", *the Journal of Philosophy*, vol. 24, no. 3. この論文でデューイは、自分の自然主義はサンタヤナが批判するような生半可な（half-hearted）ものではなく、むしろ本腰の入った（whole-hearted）ものであると主張している。

［3］取り替え子（changeling）とは、トロールなどが人間の子を攫った後に、その子の代わりにその場に残してゆく子供のことをいう。

※文献・索引は下巻に収録しています。

著者

シェリル・ミサック（Cheryl Misak）

カナダに生まれ、レスブリッジ大学、コロンビア大学で学んだのちに、1988 年にオックスフォード大学で博士号（D. Phil）を取得。その後、1990 年よりトロント大学哲学科教授。プラグマティズムや分析哲学史に関する著作が多数あり、本書以外に次の単著を公刊している。*Cambridge Pragmatism: From Peirce and James to Ramsey and Wittgenstein*（2016）、*Truth, Politics, Morality: Pragmatism and Deliberation*（2000）、*Verificationism: Its History and Prospects*（1995）、*Truth and the End of Inquiry: A Peircean Account of Truth*（1991）。彼女は、古典的プラグマティストの中では特にパースを高く評価し、リチャード・ローティに代表されるネオ・プラグマティズムの路線とは一線を画そうとする態度を明確に示している。こうした態度のもと、2007 年にはみずから編者となり、*New Pragmatists* という論集を公刊した。さらに彼女は、2010 年から 2011 年にかけてパース協会（C. S. Peirce Society）の会長を務めたほか、2019 年現在、*Contemporary Pragmatism*、*Cognitio*、*Notre Dame Philosophical Reviews*、*British Journal for the History of Philosophy* といった哲学研究の重要ジャーナルで編集委員を務めている。

訳者

加藤　隆文（かとう たかふみ）

1985 年京都生まれ。京都大学を卒業後、同大学の文学研究科にて博士（文学）の学位を取得。2019 年現在、大阪成蹊大学芸術学部講師。単著論文としては、「プラグマティズムと実在：パースの実在概念と実践的実在論をめぐって」（*Contemporary and Applied Philosophy*, v. 10, 2019）、「分析プラグマティズムからの提案――分析美学の問い直しのために――」（『美学』254 号、2019 年）、“A Peircean Revision of the Theory of Extended Mind”（*Cognitio*, v. 16, n. 1, 2015）、「パース思想を踏まえた「芸術の人類学」の展開可能性」（『美学』242 号、2013 年）などがある。また、共訳書にクリストファー・フックウェイ著『プラグマティズムの格率』（春秋社、2018 年）がある。

現代プラグマティズム叢書　第1巻
プラグマティズムの歩き方　上巻
——21世紀のためのアメリカ哲学案内

2019年11月20日　第1版第1刷発行
2024年3月20日　第1版第2刷発行

著　者　シェリル・ミサック
訳　者　加《か》藤《とう》隆《たか》文《ふみ》
発行者　井村寿人

発行所　株式会社　勁《けい》草《そう》書房
112-0005 東京都文京区水道2-1-1　振替 00150-2-175253
（編集）電話 03-3815-5277／FAX 03-3814-6968
（営業）電話 03-3814-6861／FAX 03-3814-6854
平文社・松岳社

ISBN978-4-326-19978-5　Printed in Japan

＊落丁本・乱丁本はお取替いたします。
ご感想・お問い合わせは小社ホームページから
お願いいたします。
https://www.keisoshobo.co.jp